DAXUESHENG XINLI QIANNENG

大学生心理潜能

KAIFA YU TUOZHAN

开发与拓展

牟宏玮 编著

中国海洋大学出版社

·青岛·

本书参编人员

（按姓氏笔画排序）

王　萍　王美丽　尹海兰　吴连海

迟昊阳　张　迪　陈云霞　赵方强

图书在版编目(CIP)数据

大学生心理潜能开发与拓展/牟宏玮编著．—青岛：中国海洋大学出版社，2016.9

ISBN 978-7-5670-1244-8

Ⅰ．①大…　Ⅱ．①牟…　Ⅲ．①大学生－心理健康－健康教育　Ⅳ．①G444

中国版本图书馆 CIP 数据核字(2016)第 228423 号

出版发行　中国海洋大学出版社

社　　址　青岛市香港东路 23 号　　　　邮政编码　266071

出 版 人　杨立敏

网　　址　http://www.ouc-press.com

电子信箱　appletjp@163.com

订购电话　0532-82032573（传真）

责任编辑　滕俊平　　　　电　　话　0532-85902342

印　　制　青岛国彩印刷有限公司

版　　次　2016 年 9 月第 1 版

印　　次　2016 年 9 月第 1 次印刷

成品尺寸　170 mm×230 mm

印　　张　12.75

字　　数　218 千

印　　数　1—1000

定　　价　24.00 元

随爱潜入心 育人细无声

（代序）

大学生心理健康教育中的任何一种理论和方法要取得预期的教育效果，都必须以学生个体的直接经验为中心，使学生经过认知—体验—领悟三个环节，将外界的各类刺激，通过自我的身心系统处理后，产生相应的身心反应，从而达到自我领悟的境界，并将部分刺激材料内化为自我心理结构的成分。

"大学生心理潜能开发与拓展"即是这样一门心理训练课程。它从大学生心理发展的年龄特征和已有心理素质发展水平出发，以大学生的健康个性品质培养和心理潜能开发为核心，引导学生正确认识自己，发掘自身潜能，增强自我调节能力，进而达成指导学生积极适应、促进学生主动发展、赋予学生不断挑战与超越的策略和信心的目的，最终引导大学生掌控自己的身心，把握自己的命运，创造精彩的人生。

我们以学生个体的体验为前提，采用团体心理训练方式，以小班化教学，强调参与互动，要求学生用心觉察、用脑思考、用灵体悟、用言交流。团体心理训练是一种以心理学为基础的专业助人知识、理论与技术。它通过团体内的人际交互作用，促使个体在交往中通过观察、学习、体验，认识自我、探讨自我、接纳自我，调整改善与他人的关系，学习新的态度与行为方式，以发展良好适应的心理素质。团体心理训练重在团体成员的互动，实践性强、形式多样、生动有趣，是协助学生成长发展、自我教育的重要方法。本课程充分运用心理学、教育学、神经学等各学科的研究成果之精华，优化组合，编制出一套适合青少年心理生理发展特征、大学生心态变化规律的团体心理训练模式。在课堂上，我们通过"热身—主题探讨/讲解—心理训练—思考、澄清与分享"，将理论讲解与心理训练有机结合，使学生达到知行合一。传统的教学方式虽然有着较高的知识传递效率，却缺乏对学生的思维启发和兴趣拓展。为了激发学生的学术志趣和创造精神，我们重新定义课堂，采取心理训练的教学方法，就是要让老师成为学生身边的“教练”，而不是讲台上的“圣人”。

教师，不是园丁，教师本身应该是一朵花儿，教育是师生互相作用的过程；教师，不是蜡烛，教师不能以化为灰烬做代价，以此去照亮学生；教师，不是春蚕，教师的故步自封才会作茧自缚，心灵的成长来自每个季节；教师，不是人类灵魂工程师，没有谁的灵魂是机器，能用某种工艺任意修理完成。教师就是教师，与学生是互相依赖的生命；教师就是教师，每天都在神圣与平凡中穿行。

我是教师，伟人和罪人，都可能在我这里形成，让人如履薄冰；我是教师，心底里喜怒哀乐翻滚，黑板上天高地远开阔，脚板下三尺讲台扎根；我是教师，这是一份职业，更是一个志业；我是教师，这是一份职责，更是一种使命；我是教师，时光缓缓显形，终见此生天命；我是教师，以现在求证未来，让生命幸福完整！

在我的办公桌上，一直放着学者朱永新《致教师》中的这段话。出身教育世家的我，从小对教师这个职业有着无尽的崇敬与向往，同时也深知只有热爱教育事业、尊重与欣赏每一位学生，才能真正做到“传道、授业、解惑”。心理健康教育课程并非只是理论的传授，更需要心与心的交融，通过教师的言行与所传递的精神力量滋养学生的心灵。

我是一名教师，也是一名心理咨询师，对学生的爱和专业的训练使得我可以敏锐地觉察到学生的情绪与心态变化，及时给予学生关爱与指导。教育归根结底是人和人之间发生的影响，教师的一言一行都可能直接给学生的人生带来不同。教师的生命价值、人生意义在于，我们不仅仅把教师当作谋生的职业，还用自己的生命去影响着别人的生命。希望我的爱可以像润物的春雨一般，给学生带来心灵的滋养。这种影响没有着意教导的痕迹，却是深入人心的。

本书是以“大学生心理潜能开发与拓展”课程讲义为蓝本，以大学生的心理成长需要作为内容取舍的主要依据，希望能给予成长中的大学生心灵的滋养、智慧的启迪。由于时间仓促，加之水平有限，本书定有诸多不妥之处，恳请同行和同学们多提宝贵意见，以便帮助我们不断改进和提高。同时，本书在编写过程中，参考和引用了国内外诸多学者和同仁的大量研究成果，在此一并表示诚挚的感谢！

牟宏玮

2016年8月30日

绪论　你是自己的奇迹

一、心理学误解

心理学在普通大众的眼中，往往披着一层神秘的面纱。作为一个学习、教授心理学的人，我常常被问到“心理学是什么”，“学心理学的都是些什么人”，“你知道我的心里在想什么吗”，“去做心理咨询的都是心理有病的人吧”……或许你也是带着这样的好奇翻开这本书的。其实在没有学习心理学之前，我也认为心理学就是研究每个人心里怎么想的一门学问，就是专门用来治疗心理疾病的一门学科。大家是不是也有和我当初一样的看法呢？其实这些看法很大程度上是源于大众对于心理学的一知半解甚至是误解。下面就让我们先来了解一下常见的对心理学的误解。

（一）误解一：心理学家知道你在想什么

这句话对，但也不完全对！说它对，是因为心理学的确可以在一定程度上通过人的行为来探测人的心理。比如说，一群人在一个屋子里开会，有一个人的脚尖指向门口的方向，他的这个动作表明什么样的心理呢？其实，这个动作就表明他不想待在这个屋子里继续开会了，想离开这个会场。再比如，我们在教室里上课时，一般没有固定的位置，大家可以自由选择自己坐在哪里。那么大家想一下，喜欢挑选前排座位的人是一种什么心态呢？喜欢挑选后排座位的人又是一种什么心态呢？一般来讲，喜欢挑选前排座位的人可能是比较自信的，他们可以很自如地把自己暴露在老师面前；而喜欢挑选后排座位的人可能是不太自信的，一般不太自信的人在别人的注视下就会有点紧张，所以他们选择坐在后排座位，就能远离别人的视线，也就让自己感觉比较轻松。不过，需要强调的是，通过行为来猜测别人的心理，其准确率并不是百分之百的。而且，在心理学领域，甚至在整个科学领域，没有什么规律是百分之百准确的。比如，大家学习的物理学中的牛顿力学三大定律并不是放之四海而皆准的规律，牛顿力学只适用于宏观物体的低速运动，超越了这个适用范围，牛顿力学就不能进行解释了。再比如，在医学领域也没有百分之百的事情，就算是死亡率再高的绝症，都可能出现幸存的奇迹；就算成功率再高的手术，也会存在一定的风险；任何一种药不可能对所有的人都有效，任何一种治疗方法也都有它的适用范围。

在《百家讲坛》的一个系列节目《易经的奥秘》里，曾仕强教授曾讲过这样一个发生在他身边的真实故事。他有一个在美国读数学专业博士的朋友。但是就在这个朋友博士论文答辩的时候，有个老师问了他这样一道题：1＋1等于几。这个朋友就想："我现在已经是博士了，老师绝对不会问我小学生都会的问题。"于是，他就在黑板上写了满满一黑板的数学公式，最后推导出来1＋1是不等于2的。但是，他万万没想到这个老师却对他说："1＋1就是等于2嘛，这个问题连小孩子都知道，你的答辩没通过！"就这样，因为1＋1等于几这个问题，曾仕强教授的这个朋友在苦读了这么多年书以后没有得到博士学位。曾教授说，如果换成他参加这个博士论文答辩，遇到老师问他1＋1等于几这样的问题，他就会回答："在大部分情况下1＋1等于2，但在某些特殊的情况下，1＋1不等于2。如果你让我证明1＋1等于2，我可以证明给你看；如果你让我证明1＋1不等于2，我也可以证明给你看。"这样回答，这个老师还能有什么话说！所以，大家千万别把什么规律、格言当成金科玉律，任何规律、格言都有一定的适用范围，离开了这个范围，都不保证它还会百分之百地适用！举例来说，就算是太阳过去和现在每天都从东方升起，我们也不能确保太阳在未来都会百分之百地从东方升起。在心理学领域也是一样，任何一项研究都有其适用范围。比如我们前面举过的例子，那个把脚尖指向门口的人，我们只可以说他很有可能是心里不想开会，想走出去，但是也不排除他只是偶然地随意把脚尖指向门口，根本没有任何心理学意义，他心里也没有想过不想开会。再比如说座位，我们也不可能百分之百地说坐在前排座位的人就一定是自信的人、坐在后排座位的人就一定是不太自信的人。或许今天他只是迟到了，才被迫坐在后面的；又或许他只是因为想跟朋友坐在一起才坐在后面的，其实在内心深处是想坐在前面的；也有可能他虽然想坐在前排，但因为很少有同学坐在前排，出于从众心理才坐在后面的。那么，说这句话不完全对，是因为一般来讲，心理学在通过外部行为来探索人的心理时，所探索的是一个人的性格特征，一个人被压抑的、自己也不清楚的潜意识里的情绪和欲望等，而不是探索一个人具体在想什么事，因为他具体想什么事对于解决心理问题不是太重要。

（二）误解二：心理学就是心理咨询

心理咨询只是心理学的一个应用分支，但并不是心理学的全部。心理学包含的领域很广，有三个主要的分支：基础心理学、发展心理学、应用心理学。基础心理学主要是研究心理学的基本概念和基本原理，就好像数学、物理、化学中对基本公式的研究一样；发展心理学主要是对人在不同年龄段的心理特征进行研究，包括儿童心理、青少年心理、成年心理、老年心理等；应用心理学则是把心理学的基本原理应用于现实生活的各个领域，包括组织管理、市场消费、医疗保健、体育运动、司法、文学等各个领域。一般来说，心理咨询是面向正常人的，来访者有心理困扰，但没有出现严重的心理偏差。

（三）误解三：心理学只研究病态的人，或者说研究心理学的人心理都有病

心理学主要以正常人的心理现象为研究对象。心理学家不同于精神病学家。学心理学的人有不少曾经是心理出现过严重问题的人。不过，也正是由于自身的心理问题让他们十分痛苦，才使得他们对心理学产生了浓厚的兴趣和强烈的探索欲望。不少心理学界的大师都是在探索如何解决自身心理问题的过程中，逐步摸索出了一套行之有效的治疗方法，创立了一个新心理学理论和流派，成为心理学界的泰山北斗。自身的心理问题对他们来讲并不是障碍，反而很可能成为其前进的动力和成长的资源。

精神分析学派的创始人弗洛伊德，提出了俄狄浦斯情节（恋母情结）。他之所以能提出恋母情结这个理论，是因为他本人就是一个有恋母情结的人。弗洛伊德描述他在幼年时曾出现过典型的亲母反父的心理和行为特征，在分析了自己的心理和行为特点的基础上才提出了这个理论。除此之外，弗洛伊德治疗的病人主要是神经症患者，而他自身就曾患有严重的神经症。他就是在解读自己、理解并治疗自身的神经症的基础上，对神经症的分析和治疗更上一层楼。心理学的流派虽然很多，但是占主流的有三大流派，第一大流派就是精神分析。心理学的第二大流派是行为主义，其创始人是美国心理学家华生。华生曾经患过严重的抑郁症，两次想要自杀。心理学的第三大流派是人本主义，它的代表人物之一罗杰斯在年轻的时候非常孤僻，几乎不与家庭以外的人交往，在上大学之前一个朋友也没有，用现在的专业名词来讲就是有“社会交往障碍”。但是，后

来他在治疗自己的基础上成为人际交往的专家和大师。罗杰斯后来回忆说:“回首往事,我认识到,自己对交谈和治疗的兴趣的确部分地来自我早期的孤独。”除了这些心理学大师之外,我接触过的学习心理学的人曾经患过心理问题的也不在少数。有的小时候曾经被父亲暴打,留下过严重的心理创伤,现在还在做心理辅导;有的因为家人脾气暴躁,自己现在也无法有效地控制好自己的脾气;有的患过焦虑症;有的患过社交恐惧症等。在参加心理咨询师考试培训的社会人员中,也有很大一部分是为了解决自身的心理问题而学习心理学的。比较常见的是婚姻正面临危机但是不知道怎么处理而学心理学的,还有的是单身妈妈想了解教育孩子的方法而学心理学。

由此可见,学心理学的人心理存在问题是一个比较普遍的现象,也是一个非常正常的现象。不仅是学心理学的人,其实只要是人就不可能说这一辈子心理从来没出现过问题。所以,心理有问题并不是一件可耻的事情,而是像生理上会生病一样,是人人都在所难免、人人都在经历的一件正常的事!不同的是,有的人心理素质好,可以自己通过努力调适过来;有的人讳疾忌医,一辈子带着心理问题也稀里糊涂地过来了;而有的人通过积极治疗和努力探索不仅治愈了心理疾病,还使心理素质得到了提升!

(四)误解四:心理学是灵丹妙药

持有这种观点的人对心理学有种盲目的崇拜,认为心理学可以治疗一切心理疾病,而且是一说就通,能立竿见影地解决心理问题。这种观点显然夸大了心理学的作用。有位研究记忆的著名心理学家艾宾浩斯曾经说过一句名言:“心理学有着源远流长的过去,却只有短暂的历史。”这句话在心理学界经常被引用,它点明了心理学的发展现状。虽然从古希腊、古罗马时代历代的哲学家就已经对人类的心理做出了一些阐述,不过,这些见解都是他们根据观察分析得出的主观的看法,而且都是些零星片断,没有成为一个完整的体系,也没有经过临床实践的证实。心理学学科的建立也只有100多年的历史,前面提到过的心理学三大流派的形成都是近100年的事。

所以,心理学相对于物理、化学、生物等这些已经发展得非常成熟的自然科学来说还是一个不成熟的学科。在物理、化学、生物这类自然科学中大家学到的知识都是已经被该学科内部公认的真理,是没有争议的。而在心理学内部则是派系林立,各派都有独立的理论体系,这些体系有时还会相互矛盾、互相攻击。比如,精神分析学派认为人性本恶,这些恶的思想被压抑到潜意识里就形成了心理问题，所以要把这些被压抑的思想挖掘出来才能解决心理问题；而人本主义认为人性本善，只要是在一个理解、真诚、接纳的环境里，每个人都会成长为心理健康的人，但是社会、家庭中很少能找到这样一种环境，因此才使很多人得了心理疾病。所以，心理咨询师要能提供一个理解、真诚、接纳的环境使心理问题得到解决。

由此可见，在心理学内部至今还没有形成一个统一的标准化的理论，而心理学界至今还对很多心理现象没有研究明白，无法解释清楚。那么，讲到这里，显然"认为心理学可以治疗一切心理疾病"的观点是根本不成立的。以心理学目前的发展水平，它对不涉及人格问题的轻度的心理障碍基本上是可以根治的；但是对于人格问题的障碍就很难根治，只能尽量去缓解；而对于某些严重的心理障碍目前还处于探索和研究阶段，无法进行有效的治疗，比如说自闭症、易性癖、偏执性精神障碍，等等。

"心理学能立竿见影地解决心理问题"，这种观点也是不符合心理治疗的实际情况的。心理咨询一般是一次一小时，一周一次，在咨询中极少有见面一个小时就把问题解决掉的。当然，一次就解决问题的案例也并不是没有，这种案例通常是来访者的问题并不严重，没有涉及人格层面或涉及潜意识层面，而来访者的领悟能力又比较高的情况下才有可能发生。大部分的心理咨询少则数周，多则几个月，有些比较严重的问题还有可能持续数年甚至是终身接受心理治疗。

不过，一些人对此很不理解，认为心理咨询师不能很快地把问题解决就是水平低、技术差。其实，理智分析一下，一般都是心理问题比较严重，痛苦到无法忍受的人才去寻求心理帮助。"冰冻三尺，非一日之寒"，这种比较严重的心理问题，其形成绝非一朝一夕的事，所以，要解决它也不可能会立竿见影地见效，肯定是一个长期的过程。所以，对心理咨询抱有不切实际的幻想，无助于问题的解决，只有面对现实，做好长期努力的心理准备，积极配合治疗，才能以最快的速度痊愈。

（五）误解五：心理学是骗人的东西

持这种观点的人一般有两种。一种是对心理学根本就不了解的人，凭想象就感觉心理学骗人。其实，这种观点不攻自破。毛主席说："没有实践就没有发言权。"连心理学是怎么回事都没弄清楚就来下定论、下断言，这个定论、断言的可信度是零。第二种人就是前面讲过的那一种人，他们对心理学抱有过高的期望，希望心理学能包治百病、立竿见影。当希望破灭以后，他们往往也会认为心理学是骗人的。

至此，已经分析完对心理学认识的五个误区，那么究竟什么是心理学也已经呼之欲出了。现在你认为什么是心理学呢？请写下你对心理学的定义：____。

其实“心理学就是一门研究人的行为和心理过程的科学”。它研究人的心理活动规律，并且把这些规律运用在生活中的各个领域，更好地服务于人类。“描述—解释—预测—控制”是心理学的四大功能。描述是指表现层面的；解释是指表现背后的原因；预测是指可以根据规律来预测将要出现的表现；控制是指通过操纵条件来控制行为的出现与不出现以及出现何种行为。心理学的研究内容可以通过图 0-1 来表示。

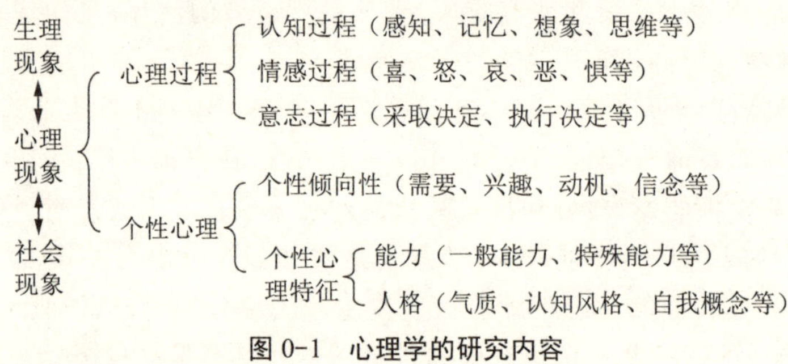

图 0-1　心理学的研究内容

二、心理学的研究领域

当今心理学是一个应用广泛、分支繁多的学科体系。在这个体系中，一些心理学分支承担理论上的任务，一些分支承担实际应用的任务。根据其承担任务性质的不同，大致可以把它们划分为两大领域：基础领域和应用领域。

基础领域的心理学分支，主要探讨心理科学中与各分支心理学都有关的基础理论和基本的方法学问题，研究心理和行为发生、发展的基本规律。此领域包括普通心理学、实验心理学、生理心理学、人格心理学、社会心理学以及比较心理学、发展心理学等多个分支学科。

普通心理学（General Psychology）研究心理和行为现象的一般规律，探讨心理学的基本理论，阐述心理行为的一般规律，概括各分支学科的研究成果，同时为各分支心理学提供理论基础。

实验心理学（Experimental Psychology）是通过实验程序对心理和行为加以研究的一个心理学分支，主要探讨心理实验的原理、设计、方法、设备、技术以及资料处理等问题。许多分支学科都会采用实验程序。

生理心理学(Physiological Psychology)是探讨心理和行为的生理机制的一个心理学分支,主要研究感觉系统、学习和记忆、动机和情绪等各种心理现象的神经机制以及遗传基因、内分泌腺等生物因素对心理和行为的调节等。

人格心理学(Personality Psychology)是以现实的完整的人作为研究对象,对人的思想、情绪及行为的独特模式做整体性解释的一个心理学分支。它注重研究个体心理和行为跨时间稳定性和跨情景一致性的独特性质。

社会心理学(Social Psychology)是心理学和社会学的交叉学科,主要研究社会情境中个体与群体心理的本质及其产生、发展和变化规律的一个心理分支学科。具体研究社会认知、社会动机、社会态度、社会感情、团体心理以及时尚、风俗、舆论、流言等。

比较心理学(Comparative Psychology)是研究比较各种动物的行为并探究行为内在机制和发生发展规律的一个心理学分支学科,同时也通过研究动物行为来考察人类心理的演化。

发展心理学(Developmental Psychology)是研究人类个体不同年龄阶段的心理发生发展规律的一个心理学分支学科。按照人生发展的各个阶段,可分为婴幼儿心理学、儿童心理学、少年心理学、青年心理学、成年心理学和老年心理学。

认知心理学(Cognitive Psychology)有广义和狭义之分。广义的认知心理学指以人或动物的认知过程为研究对象,探索认知过程的内容、机制以及研究方法的心理学;狭义的认知心理学就是根据信息加工观点揭示人类认知过程及其机制的心理学,又叫信息加工心理学。

心理学的应用十分广泛,涉及人类社会生活的各个方面。主要的分支学科有教育心理学、临床心理学、咨询心理学、管理心理学、司法心理学、运动心理学以及广告心理学、健康心理学、商业心理学、军事心理学,等等。

教育心理学(Educational Psychology)是研究教与学过程中的心理和行为的一个心理学分支学科。其目的是促进受教育者掌握知识及技能,发展智力和个性,形成良好的道德品质,旨在建立系统的、科学的教育理论。

临床心理学(Clinical Psychology)是研究行为异常和心理障碍,并从事实际心理疾病的诊断、治疗和预防等工作的一个心理学分支学科。

咨询心理学(Counseling Psychology)是用心理学原理来帮助生活适应困难或心理异常者,使其认识自己、了解环境、澄清观念、解除困惑,进而消除不良习惯,重建积极人生的一个心理学分支学科。

管理心理学(Management Psychology)主要研究组织中的管理人员及其与从属之间交互作用的问题,其目的是促进发展和工作绩效提高。根据管理内涵的不同,还可分为行政管理心理学、企业管理心理学、学校管理心理学等。

司法心理学(Forensic Psychology)又叫法制心理学,是运用心理学原理和方法探讨研究人们在法制活动中的心理学问题,探究司法程序中犯罪动机、犯罪证据的信效度等,以提高司法的公正性的一个心理学分支学科。

运动心理学(Sport Psychology)又叫体育心理学,主要研究人们在体育运动、训练、竞赛活动中的心理和行为问题,是旨在提高体育运动成绩的一个心理学分支学科。

三、你是自己的奇迹

(一)什么是心理潜能

当今时代,潜能开发流行,潜能训练课程火爆,甚至连婴儿的胎教、幼儿的早教都在宣扬全脑开发、素质拓展。那提到"潜能"二字,你会想到什么呢?你认为什么是潜能呢?

詹姆斯(1842—1910),美国心理学家和哲学家,美国机能主义心理学和实用主义哲学的先驱,美国心理学会的创始人之一。他是美国心灵学研究会(1885年成立)的主要创立者,终其一生都在探讨超个人的心理现象与超心理学,认为人的精神生活有不能以生物学概念加以解释的地方,可透过某些现象来领会某种"超越性价值";并强调人有巨大的潜能尚待开发,人的意识只有很少一部分为人所利用。

潜能也是人类原本具备却忘却使用的能力,深藏在深层意识中,也就是潜意识中。所谓的潜意识指的是指人类心理活动中,不能认知或没有认知到的部分,是人类已经发生但并未达到意识状态的心理活动过程。

潜意识内聚集了人类数百万年来的遗传基因层次的讯息,囊括了人类生存最重要的本能与自主神经系统的功能与宇宙法则,即人类过去所得到的所有最好的生存情报都蕴藏在潜意识里。因此如果能了解并开发这股与生俱来的能力,就可能让我们的潜能最大程度地被开发利用。

传统意义上的潜能,是指个体本身所具有的但是还没有完全被挖掘释放的能力。这种能量潜伏在每个人的体内,控七情、处六欲、决生死,引导着人的外在行为,是人最深层次的欲望,也是推动个体行为的内在原动力。大家都熟悉能量守恒定律：能量既不会消灭，也不会创生，只会从一种形式转化为其他形式，或者从一个物体转移到另一个物体，而转化和转移过程中，能量总量保持不变。比如，人一生下来就要学走路，并且每天都在走路，到了18岁，即他18岁那年走路的潜能就是自他学走路以来所沉淀下来的能量。正常情境下这种能量并不显现出来，只在一些特殊的情境下被激发，比如被野狗追赶时，我们或许能够跨越4米的悬崖，这是平时不可能跨越的宽度。其实潜能不仅仅是以往遗留、积淀、储备的能量，更是心理的“发展势力”，是一种动态的、变化的能量。它的释放有时是在一种应激状态中，如果需要持久、稳定的潜能，则需要经过一定的努力与训练以及坚定的意志力，后天逐渐养成。人的一生，归根结底，就是激发潜能、运用潜能、追求自我、实现自我的活动过程。

人的潜能犹如一座待开发的金矿，蕴藏无限，价值无比。既然我们每个人都具有这样的能力，那为什么没有完全被开发利用呢？是什么力量阻碍了我们施展才能呢？

其实，在很多人的习惯思维里有太多的“不可能”。许多事情还没动手做，自己先想当然地否决了，自然偃旗息鼓，不战自败。神话与现实并无界限，100多年前，飞机就是个神话；谈力之前，盲人摄影也是个神话。记得一位大师说过，你所要做的，就是比你想象的更疯狂一点儿。只要你去做，有什么不可能呢？只要你去做，你就是自己的奇迹。

有一个老师，喜欢问同学们一个问题：“如果你是一只鸟，你要做一只什么样的鸟？”有人说要做一只雄鹰，在蓝天上自由自在地翱翔，傲视大地；有人说，要做一只凤凰，一飞冲天，耀人眼目；也有人说，要做一只天鹅，活得多情，飞得优美，即使死，也像《天鹅之死》中的天鹅，让人感伤……也许不会有人要做麻雀、做企鹅。但有个同学的回答让这位老师心中一动。那位同学回答说：“是什么鸟就做什么鸟，什么鸟都行。只要它会飞，它想飞。”做一只想飞的鸟？你一定听过赵传的《我是一只小小鸟》，那只小小鸟，想飞却怎么也飞不高。飞不高的鸟，会成为猎人的目标；飞不高的鸟，会顾影自怜，自惭形秽；飞不高的鸟，会享受不到快乐、成功，享受不到更加广阔自由的蓝天……真的是这样吗？大家都知道凤凰是神话传说中的鸟，是幸福吉祥的鸟，是神鸟。如果现在问你一遍刚才的那个问题：“如果你是一只鸟，你要做一只什么样的鸟？”你会怎么回答？我希望你这样回答：“是什么鸟就做什么鸟！”是的，就做你自己！你有自己的鲜明个性，你有自己独一无二的思想，你不是完美的，你流过泪、有过伤痕，但是依然坚忍，你还有爱，还有梦，你的头脑、你的身体还有无限的潜能等你挖掘、等你引爆……要做你自己，爱你自己，超越你自己，成就你自己！记住：你是自己的奇迹，而这个奇迹只能由你去创造！

蜕变之前

蜷缩在枝头之上／潜藏在密林之间／既没有雨露的体贴温存／也没有阳光的殷情探问／所拥有的／只是平庸的面貌、寒酸的外表／所承受的只有无知无尽的折磨与煎熬／微不足道的卑贱与渺小

以寂寞孤独作经／以凄凉苦涩为纬／织就一处／勉强可以栖息、暂时可以休憩的巢窝／虽然这里环境相当恶劣，使人望而生怯／可是／我很清楚事业的缔造得靠心血／非凡的成就得靠志节／我很明白圆满的境界需要时间／真正的精髓需要提炼／只要我无怨无忧、继续坚守、继续奋斗

总有一天／旧的躯壳将被挣脱、突破／新的生命将会诞生、成形／届时／我将破蛹而出／舞出轻盈的姿态，绽放缤纷的色彩／超越有限的存在，飞向无限的未来

这首诗显然是青少年心理成长历程的缩影，而我们的课程也是为了帮助大学生在成长的过程中，通过心理训练的形式，体验成长中蜕变的痛感与快感，获得一种过去没有过的经验，给人一种豁然开朗、新天新地的感觉，就像破蛹而出的蝴蝶，展现出新的生命，飞向未来无限美好的空间，以丰富自己的人生。在大学生心理健康教育实践中，我们深感有严重心理问题的同学毕竟是少数，而拓展大学生的心灵、开发大学生的智力潜力、培养大学生健康的心理素质更为重要，所以本课程就是为帮助大学生自我成长而设。

（二）大学生心理潜能开发与拓展课程的目的

从大学生心理发展的年龄特征和已有心理素质发展水平出发，以大学生的健康个性品质培养和心理潜能开发为核心，引导同学们正确认识自己，发掘自身潜能，增强自我调节能力，进而达成指导同学们积极适应、促进同学们主动发展、赋予同学们不断挑战与超越的策略、信心的目的，最终引导大学生掌控自己的身心，把握自己的命运，创造精彩的人生。

（三）怎样才能学好这门课

（1）用心觉察。

（2）用脑思考。

（3）用灵体悟。

（4）用言交流。

想一想

案例1

一天，一个喜欢冒险的男孩爬到养鸡场附近的一座山上，发现了一个鹰巢。他从巢里拿了一只鹰蛋，带回养鸡场，把鹰蛋和鸡蛋混在一起，让一只母鸡来孵化。孵出来的小鸡群里有了一只小鹰。小鹰和小鸡一起长大，因而不知道自己除了是小鸡外还会是什么。起初小鹰很满足，过着和鸡一样的生活。

但是，小鹰逐渐长大，就产生了一种奇特不安的感觉。它不时地想："我一定不是一只鸡！"只是它一直没有采取什么行动。直到有一天，一只了不起的老鹰翱翔在养鸡场的上空，小鹰感觉到自己的双翼有一股奇特的新力量，感觉到胸膛里的心脏正在猛烈地跳动着。它抬头看着老鹰的时候，一种想法出现在脑海里："养鸡场不是我待的地方。我要飞上青天，栖息在山岩之上。"

小鹰从来没有飞过，但是它的内心有力量，而且有天性。它展开了双翅，飞到一座矮山的顶上。极为兴奋之下，它再飞到更高的山顶，最后飞上了蓝天。到了高山的顶峰，小鹰发现了伟大的自己。

思考：看完这则寓言，你有什么感想？在实际生活中，你能否真正认清自己的能力？

案例2

鹰是寿命最长的鸟类之一，它的年龄可达70岁左右。当鹰活到40岁的时候，它的爪子开始老化，不能迅猛地抓住猎物；它的喙长得又长又弯，几乎碰到自己的胸膛；它的羽毛长得很厚，使翅膀变得十分沉重，难以飞翔。这时，鹰有两个选择：一是等死；二是于极度痛苦中获得再生。请看鹰的选择：它拼尽全力，振翅一飞冲天，来到山顶，在悬崖上筑巢，在那里停留150天，不再飞翔。它首先用自己老旧的喙击打岩石，直到喙完全脱落，然后静静地等待新喙长出来。然后，它用新长的喙把自己老旧的指甲一根一根拔出来，等待新指甲长出来。再用新指甲把羽毛一片一片拔掉。新羽毛长出来的时候，150天过去了，鹰又开始飞翔，以全新的面貌飞向未来30年的征程。

在我们的生命中，有时候我们也必须做出困难的决定，开始一个更新的过程。我们必须把旧的习惯、旧的观念抛弃,使自己可以重新飞翔。只要我们愿意放下旧的包袱,愿意学习新的理念,就能发挥潜能,创造新的未来。我们需要的是自我革新的意识和再生的决心。

思考:联系自身实际,谈谈该如何开发自己的潜能?

推荐阅读

在经受真正的考验之前,你永远不会知道自己的潜力有多大。每获得一个小小的成就,你的自信就会增长一点。大多数人从未感受过自己的极限在哪里,这是因为他们从来没有机会经受一次足够有分量的考验。

——摘自〔美〕贝尔·格里尔斯《本能》

时常保持开心;去赢得智者的尊重并感染孩子们;虚心接纳真诚的批评,对朋友无意的背叛应足够宽容;发掘别人身上最大的优点;努力让我们生活的世界变得更美好;有一个健康的孩子,找一片空地种种花草,抑或是挽回曾经错误的人际关系;要认识到你曾充实地生活过,甚至一生的呼吸都比以前更为轻松。这就是成功!

——摘自〔美〕安东尼·罗宾《激发无限潜能》

如果把心灵比作一个花园的话,那么你自己就是这个花园的园丁。你常常自觉不自觉地在潜意识里种下思想的种子,这些“种子”往往来源于你的习惯性思考。由于这个花园是非常肥沃的,所以不论这些种子是鲜花还是毒草,只要你种下去,它们都会开花结果。如果种下了荆棘,就不会收获葡萄;如果种下大蓟,就不会收获无花果。你的每一个念头都会成为“因”,而你周遭的一切都是以前原因的“果”。这就解释了为什么掌握自己的思想是如此重要的原因。唯有如此,你才能得到想要的生存环境。

——摘自〔美〕约瑟夫·墨菲《潜意识的力量》

1+1＞2——在团体中引爆你的潜能

小美是个比较内向的女孩，平时在班级宿舍里面都不太敢发表自己的观点和想法。机缘巧合，她参加了校心理咨询中心的团体活动。她很喜欢团体的氛围，大家都非常友善，也愿意真诚地放开自己。她甚至发现，有的同学会注意甚至关心沉默的她。在大家的鼓励下，她决定要做些改变。某次活动中，在老师提问的时候，她主动表达了自己的想法，虽然心里无比紧张，但是看到大家鼓励的目光，她觉得自己逐渐变得有力量。

小美的改变，见证了团体活动与辅导的神奇力量。其实，每个人都有改变的潜能。一个好的团体，就像是一个温暖的家，给了每个团员稳定的基石。当感觉到安全和被接纳的时候，我们就愿意去探索，去体验，挖掘自己内在的潜力。这时，改变就成为可能。

心理学研究表明，人类的生活方式离不开团体，而人的心理适应主要是人际关系、人际互动的适应。从社会学角度看，团体是人类互动的结果，而互动则是人类团体形成和维系的前提。大学生作为社会团体中的一员，其成才与发展，必然不能脱离社会这个大团体，而其潜能开发与拓展的检验与用武之地也是在团体之中。大学生心理潜能开发与拓展这门课本身就是一个大团体，在团体中模拟现实生活场景，在团体中历练自我、提升自我。

一、什么是团体

（一）团体的定义

心理学研究表明，人类的生活离不开团体。关于团体的定义，从很早就开始讨论。1929年，伯吉斯在《人格和社会群体》一书中，将团体定义为“若干互动的具有特定人格的个人集合”。1948年，勒温认为，不管团体大小，结构及活动如何，所有称为团体的都需要建立在其成员彼此互动的基础上。后来有学者认为，团体是通过一定的生活关系结合起来进行共同活动而产生相互作用的集体，是人们社会生活的具体单位。

从这些学者的阐述中，我们能看出，团体有两个重要的要素：一是要有两个以上的成员，二是他们之间需要互动。

思考：飞机场等候登机的旅客是团体吗？电影院看电影的观众是团体吗？我们这个一起听课的班级是团体吗？

（二）团体的特征

1. 团体成员具有互动性

这是团体成员组成团体的目的之一，通过言语、肢体等方式互相交流，如彼此分享感受，交换心得、经验与信息，并在互动中对彼此造成影响。互动是使团体达成目标的重要条件，互动中促进成员对自己及他人的了解，并互相学习、支持、回馈，从而实现成长。

2. 团体具有组织性

团体不仅仅是一群人的聚合而已，而是有组织的。大部分团体中，成员间的关系会发展成一种稳定的形态。团体中最重要的三部分是角色、规范及成员间的关系。成员在团体中有各种角色呈现，例如有人是支持者，有人是沉默者、攻击者、追随者等；规范的产生则是为了使团体有一套行为守则，用来运作团体，这是团体权益或目标完成的保障；成员间的关系与权利形态、彼此吸引及沟通有关。例如，某些成员在团体中较别人更受尊敬，而有些人则不太被喜欢。如果团体的组织不同，其影响和作用也就不一样。

3. 团体的存在是有目标的，能满足成员的需求

团体通常为了某种理由，即某种目的而存在，成员聚集在一起来完成他们独自无法完成的目标。也由于有了共同的目标，所以他们互相分担责任，这是促使团体凝聚的有利因素之一。今天的世界，有越来越多的事情无法由个人完成，而要靠团体的力量达成。在团体里，成员共同解决问题、沟通观念、切磋技艺、创造生产、寻求乐趣，甚至得到安全保障，以免被外人侵扰。他们不但完成了团体目标，更使个人的需求得到了满足。

4. 成员能感受到团体的一体感

所谓团体,即成员认识到团体是完整的、一体的,即认为自己是团体中的一分子,认定别的成员也是团体中的一分子,与团体休戚相关、荣辱与共,成员与团体发出相同的欢呼,体会相同的感受,有一种命运共同体的感觉。团体不只是个体的集合而已,而是相互依存、有共同活动和目标的集体。

5. 团体会随着时间而改变

大部分团体不是静止的,而是会随着时间的进展而不断改变。例如,成员由陌生到熟悉,互动由少到多,分享由浅入深。

形成一个属于自己的小团体

报数分组:大家进行随机的 1 ~ 6 报数,所有报“1”的学生形成一个小组,报“2”的学生形成一个小组,以此类推,将所有同学随机分成 6 组。

滚雪球自我介绍:每个小组成员用一句话介绍自己。一句话中至少应包括以下内容:姓名、院系、与众不同的特征。规则:当第一个人说完后,第二个人必须从第一个人开始讲起,然后再介绍自己。第三个人必须从第一个人开始讲起,介绍完第一个人和第二个人之后才能介绍自己。一直到最后一个人也都必须以此规则从第一个人开始讲起。

(三)团体的基石——团体动力

团体是一个动态的整体,有其内在的驱动力,我们将其称作团体动力。想要真正了解一个团体,就必须要了解团体的动力及其功能。

1. 团体动力的历史起源

20 世纪 30 年代前后,美国经济迅速发展,逐渐地,一些社会问题,如移民问题、黑人问题、青少年犯罪和儿童教育等问题变得日益尖锐。那时候,团体曾一度被看作调节工厂和集体冲突的关键,家庭和一些目的性社团则被认为是战争动乱之后复兴社会生活的必要手段。同一时期兴起的其他一些专业,如集体心理治疗、社团福利工作等,都要求对团体和团体生活有科学的、根本性的认识和理解。就在这个时期,来自德国避难的犹太人库尔特・勒温,在 1939 年发表了《社会空间实验》一文,首次使用了“团体动力学”这个概念,借以表明他要对团体中各种潜在动力的交互作用、团体对个体行为的影响、团体成员间的相互依存关系等做本质性的探索。

勒温被公认为是“团体动力学之父”。他在 1945 年创立了第一个团体动力学研究机构——团体动力学研究中心(Research Center for Group Dynamics: RCGD),并主张将团体作为一个整体来进行研究。他认为,团体是一种具有心理学意义的动力整体。团体的本质在于其所属成员的相互依存,而不在于他们的相似或差异。也就是说,团体的结构特性是由成员之间的相互关系决定的,而不是由单个成员本身的性质决定的。

2. 场论——团体动力学的理论基础

场论是勒温一手创立的理论。勒温借用物理学中场的概念,来解释心理活动,把人的心理和行为视为一种场的现象,受到个人特质与环境的共同作用,大致可以用公式表示成:

$$B = f(P, E)$$

B =行为,P =个人,E =环境。

这里的环境,在某种意义上是指心理环境,是一个整体。而个人,是指每个人不同的意志和需要。当两个及两个以上的人产生互动的时候,他们彼此间的相互依存和相互作用,也会改变彼此的心理环境,从而带来新的个体心理和行为上的变化。这种变化错综复杂,像物理学中的"场"一样。

依据场论的观点,团体的行为是以所有发生影响的、相互依存的事实为基础的。这些事实的相互依存,构成了团体的本质。因而从根本上来说,团体并非个体的集合,而更像是个体相互作用的集合。作为团体,它不是由个体的特征所决定的,而取决于团体成员相互依存的内在关系。于是勒温认为,虽然团体的行动要由构成团体的成员来执行,但是,团体具有较强的整体性,对个体具有很强的支配力。因而一般来说,要改变个体应先使其所属团体发生变化,还要比直接改变个体来得容易。

对于场论,著名学者舍伦伯格曾评论说:"勒温的场论为其转向团体行动研究提供了一个自然的理论基础。"

3. 互动——团体动力的要素

在之前的团体概念中,我们已经提及,互动是构成团体的重要因素,更是团体动力的重要因素。我们生活在社会之中,每天都与他人进行接触和交流,在这个过程中,我们既尝试用自己的观点影响他人,同时也会感知他人的期待,调整自己以适应环境,这就是最基本的社会互动。

在社会互动体系中,个人在小团体中的互动受到个人因素与环境因素的交互影响。来自个人的因素有个人生物性的特质(如体型、相貌)及其衍化而来的人格（如个性特点），来自环境的因素为大环境（社区、社会）及在其孵育下的小环境（家庭、同辈）的文化影响。生态或环境的特质影响了个人的角色认定与角色扮演，此种先定的角色特质会带进团体中，从而影响团体中人们的交互关系。因此，个人在团体中的行为表现及其与他人间的关系实际上是个人特质与环境交互作用的结果。

二、什么是团体辅导

（一）团体辅导的定义

团体辅导是在团体的情境下，由受过专业训练的领导者，运用团体动力学的理论，借助团体的力量和各种心理辅导的技术，通过创建相互信任接纳的团体氛围，使团体成员互助并达到自助，获得新的体验和感受，发展健康人格。

团体辅导以团体为单位，以活动为载体，以自我体验为途径，目标是让每一个成员都能得到充分的发展。

（二）团体辅导的理论依据

1. 人际沟通理论

人际沟通理论，又叫人际交互作用分析理论，是由美国精神分析学家柏恩于1959年创立的。作为一种心理治疗理论，其目的是让人们意识到人与人之间相互交流和分享的重要性，让人们明白人与人之间交互作用的过程和本质，使人们在与别人的互动交流中相互学习和发展，转变自己的态度，获得新的行为方式，领会人际交往中的真谛，建立成熟稳定的人际关系。

人际沟通是个体适应环境、适应社会生活、承担社会角色、形成健全个性的基本途径。人际沟通具有传递信息、心理保健、自我认识和人际协调等功能。人际沟通为团体辅导过程中人与人之间如何交往、怎样增强沟通效果、建立良好的人际关系、避免或减少交往障碍提供了大量有价值的参考，也为增进自我了解和他人了解，在协调的人际关系中获得成长提供了具体的方式和技巧。

2. 社会学习理论

社会学习理论是一种在行为主义刺激——反应学习原理基础上发展起来的理论，着重阐明人是怎样在社会环境中学习的，其主要代表人是班杜拉。班杜拉认为人的生活离不开一定的社会环境，人类行为是在认知、行为和环境的交互影响下形成的，所以研究人的行为不应在实验室里，而应该在一定的社会情境中。

班杜拉的社会学习理论认为个人的行为习得有两种方式:直接经验学习和间接经验学习。其中,间接经验学习是人类学习的主要方式,通常是通过对他人的行为进行“观察”和“模仿”来学习和形成一种新的行为方式,尤其是对人们在社会生活中的各类行为进行观察学习。团体辅导为我们创设了一种特殊的情境,个体在其中有机会互相学习,互相影响。这种环境的力量很容易带来个体行为的变化。

3. 社会交换理论

社会交换理论是社会学家霍曼斯提出的。他受经济交易理论的启发,强调社会互动过程中的社会行为是一种商品交换。其基本假设是,人们所付出的行为发展是为了获得报酬,要么是为了逃避惩罚;并且,人们是按照缩小代价而提高收益的方式行动的。

后来,海斯在此基础上进一步研究了人们交换关系的得失。他发现,人们认为从人际关系中获益的方面是:陪伴、自信、情感支持、交换信息、物质或任务上的帮助、自尊及获得朋友的价值观;为对方付出的代价有:花费时间、增加责任、影响情绪、失去独立性及对其他人际关系的否定影响。社会交换理论提示我们在团体辅导中规则和界限的重要性,如果想在团体中获得成长,也必须付出足够的时间、对其他组员的承诺和关爱。

4. 人本主义理论

人本主义理论有两个重要的代表人物:一个是马斯洛,他提出了需要层次理论;另外一个是罗杰斯,他提出了当事人为中心的治疗方法。

马斯洛的需要层次理论把需求分成生理需求、安全需求、归属和爱需求、尊重需求和自我实现需求五类,依次由较低层次到较高层次。马斯洛需要层次理论揭示每个人都渴望被他人接受、尊重和欣赏,并能够形成良好的人际关系,而团体恰好可以满足人的归属和爱的需要以及被尊重的需要。当在团体中这两种需要被满足的时候,追求自我实现也就成为可能。

而根据罗杰斯的理论,每个人都有不断趋向成熟,充分理解自己和朝积极方向改变的潜在力量。在团体辅导过程中,当拥有一个良好的团体氛围、轻松信任的环境时,团体成员就能毫无顾忌地表达自己一直藏于内心深处的想法和情感,并通过其他成员对自己的肯定或否定的反馈中了解自己,从而真正地了解自我,发生改变。

（三）团体辅导的基本原则

1. 倾听、尊重和理解的原则

倾听是团体辅导的核心所在。渴望得到别人的理解和尊重是人的根本需求。在团体辅导过程中，辅导老师与团体成员、团体成员彼此之间都应该进行心与心的沟通，理解彼此所表现出的各种动机，用心去感受每个人的真实情感。倾听是团体辅导中最为重要的内容，没有了倾听，团体辅导将不能发挥其应有的功能。

倾听主要应做到以下几个方面：有耐心，时刻关注参与者的情感和情绪的变化，不轻易打断参与者，善于利用好肢体语言等。在团体营造的氛围当中，团体成员之间通过互动，激发很多学生一直埋藏在内心深处的感受，如愤恨、害怕、嫉妒等，并情不自禁地要将这些藏在心里的感受宣泄出来。这样的团体情境，有时会感人至深，让人黯然泪下，但有些时候也难免使人尴尬。当成员在倾诉时，辅导老师和其他团体成员，一定要体现出倾听的意愿，让对方感到自己对其的尊重和理解。

同时，团体应提前签订协议，团员之间需要保持基本的互相尊重，即使意见不合，也不允许出现侮辱、谩骂、打架等不文明行为。

2. 保密的原则

保护每个成员的隐私，是团体辅导最基本的原则，这关系到成员能否更好地互相信任，发展更紧密的关系。辅导老师应该在团体辅导开始前向所有的参与者提出保密的要求，制定严格的保密纪律，宣读保密的纪律并要求遵守。只有在保密的前提下，参与者才能真正打开心扉，充分认识自己，探索自己，更好地澄清自己的价值观，团体辅导才能在一定的情景下开展起来，从而达到真正的辅导效果。

3. 真诚开放、积极互动的原则

团体辅导是一种体验式的学习方法，就像是在一个安全的堡垒中设置了一个实验场，让你能在和他人的互动中去体验和感受，从而获得成长。所以在团体辅导中，最重要的就是自己积极参与其中，真诚地开放自己，发挥自己的主体性，这样才能在相互的交流中促进对他人的认知和对自我的了解，从而学会客观地看待一些人和事，进而促使自己真正成长起来。

（四）团体辅导的类型

团体辅导会根据不同的功能、不同的参与人员类型以及不同的规则设置等

被分为不同类型的团体。比较常见的分法一般有四类。

（1）根据参与人员组成的不同，可以分为同质性团体和异质性团体。顾名思义，同质性团体中，团员会在某方面属性相同，或者是年龄，或者是经历，或者是目标，比如老年人团体、妇女团体、减压团体、减肥团体等，大家因为彼此的相似性很容易有许多共同语言和体验，相互之间也容易沟通，不会感到孤立，成员也容易从彼此身上受到启发。这样的团体最典型的就是我们在电影中常见到的互助小组。美国的互助组织形式多样，其中最著名的当属旨在帮助人们戒除上瘾等行为问题的“十二步骤”互诫会。它最早起源于嗜酒者互诫会（Alcoholics Anonymous），后来出现了许多不同主题的互诫会，如戒烟和戒毒等。现在，除了最初的物质成瘾戒除者之外，美国互助小组的参与对象也更为广泛，如跨国领养的父母、孤独症儿童的家长、家暴家庭的孩子和精神疾病患者的亲属等。这种支持网络遍布全美和很多西方国家，使得有需要的人能够不受地域限制、根据自己的时间表去参与位于本地的互助小组。与此相反，异质性团体就是指参加的组员在各方面差异比较大，这样的团体在一定程度上会增加团体的多样性，但是也会对团体的进程有一定阻力。但同质和异质也都是相对而言的，例如，一个学校的班集体，从年龄指标上可以视为同质团体，而从学业、能力、个性等指标来看，则是高度异质化的团体。

（2）可以从团体有无明确计划目标把团体分成结构式团体和非结构式团体。结构式团体是指辅导者事先根据团队目标，对团体辅导的具体程序做充分准备。团体有焦点主题活动，整体安排具有程序化、计划性、系统性的特点，辅导者与成员的角色明确，辅导过程中重视团体互动气氛。例如，我们进行的团队建设，就属于结构式团体。相对而言，非结构式的团体，是指不刻意安排活动目标和方案，辅导者的主要目的是促进组员之间的互动，利用团体动力让组员们进行工作。这种非结构式团体对于处理组员深层次的问题以及与人际相关的问题具有较好的效果。

（3）可以根据组员固定程度，将团体分为封闭式团体和开放式团体。封闭式团体是指组员人数是固定的，从第一次到最后一次，都是固定的人员，这样可以保证团体的安全稳定性，容易建立信任的关系。大部分团体辅导团体都是封闭式团体。一些训练，或者户外拓展的活动，由于人数较多，组员间的讨论也不算深入，因此可能会有组员离开或者新组员加入的情况，这被称为开放式团体。

（4）可以根据团体的功能，将团体分为发展性团体、训练性团体与治疗性团体。发展性团体会将团体主要目标放在促进组员身心健康发展，通过团体成员的主动参与，有效地表达自我，在与伙伴的交流、互动、体验和反思的过程中，获得个人的成长，促进自我完善。训练性团体重视团体成员某项技能的训练，着重演练和培养成员解决问题的能力，形成良好行为。治疗性团体是指通过辅导团体特有的治疗性因素，来改变成员的人格结构，实现心理康复的功能。目前学校中比较常见的形式是发展性团体，治疗性团体多在医院中使用。

（五）团体辅导的发展阶段

1. 团体形成阶段

这个阶段是在团体开始之前，为团体工作进行准备的阶段，虽然大部分工作都需要团体辅导者进行准备，但是每个团员也有一些自己需要尽的义务。在参与一个团体之前，每个团员都需要先了解这个团体是不是适合自己，这样才能够保证自己能积极参与到团体之中。下面是这个阶段团体成员的主要任务：

（1）团体成员需要对团体类型有充分了解，并能接受团体可能对他们所产生的影响。

（2）团体成员需要了解团体的领导者，确认是否适合此时此刻的自己。

（3）团体成员需要开始思考：自己想从团体中获得什么，怎么能在团体中达成自己的目标，从而让自己为团体做好准备。

如果成员是被动的，提前对团体信息了解不充足，与自己期待不符合，就可能会在团体后续活动中产生各种问题。

2. 团体初始阶段

团体初始阶段是确定目标与探索的时期，团体之间需要相互熟悉，了解期望，建立信任的关系。这个阶段大家都会较多保持所谓的“公众形象”，即表现得比较符合社会规则的期待，因为大家对于团体还感到一定的焦虑和不安。所以能够在团体中找到自己的位置，明确自己的方向，是参与者主要的任务。在这个阶段，作为参与者，你可能会有许多顾虑，例如，“我要在多大程度上剖析我自己？”“我想冒多大程度的风险？”“我能信任这些人吗？”“我适合这个团体吗？”“我喜欢谁？”“我不喜欢谁？”“我能被其他人接纳吗？”

试着去认识清楚这些问题，或者带着这些疑问慢慢往前走，或许答案会逐渐明朗。你也可以尝试做一些事情来帮助自己，例如，采取积极的态度和行为创造信任的团体氛围；学习表达个人的情感和想法；尝试表达与团体有关的恐惧、希望、担忧和期望；积极参与建立团体规范；愿意让自己被其他团体成员了解。初期的团体，每个组员都对团体的形成至关重要。

3. 团体过渡阶段

这个阶段是团体中最具有挑战性的阶段。当团体建立了一定信任之后，大家会开始想要更多暴露和表达自己，但同时害怕他人了解自己、担心评价等一些焦虑又会出现从而阻止自我暴露，所以每个成员都开始面对各自的焦虑、自我防卫、冲突和矛盾。而这些内心的矛盾会以冲突的形式呈现在团体之中，可能是组员间的冲突，也可能是组员和团体辅导者之间的冲突。团体在这个阶段可能会面临很大挑战。

在这个阶段，团体辅导者的引领具有重要作用。然而，每个组员也都有义务控制自己的行为，并认清自己内心的冲突阻抗是什么。特别需要注意的是，应增强对团体中自我行为的责任感，不做故意伤害他人的事情；不给任何成员贴标签；学习以建设性的态度去面对别人；乐于面对和解决团体中正在发生的事件、矛盾或冲突，而不是回避它们。

4. 团体工作阶段

如果团体能够顺利消除在过渡阶段的阻抗和矛盾心理，就能够进入真正的工作阶段。在这个阶段，团员会对自己的问题有更加深入的探索，并采取切实有效的方法来帮助其他团员实现行为的转变。团体会产生一种特有的凝聚力和创造力，大家会自发参与其中，并对团体产生强烈的归属感。

当到达这个阶段的时候，团员们需要更加主动地提出自己希望讨论的问题，并开放地接受反馈和给予他人反馈，同时也需要在日常生活中实践团体里的尝试，再把结果带来给大家分享。

5. 团体结束阶段

这是团体的最后一个阶段。这个阶段主要的任务就是巩固大家在团体里所学到的知识，同时和这个团体进行道别。这时候团体里可能会有很多分离的伤感和焦虑，或许有些组员会因为即将结束，不像之前那样积极热情。面对可能的分别，每个团员需要处理好自己面临分离和结束时的情感，并把一些未完成的事情处理好；同时对已经学到的知识，加强巩固和应用，让学习到的知识更加扎实。

三、团体辅导在心理潜能开发中的优势和意义

一般来说，大学生正处于青年期，是人生中心理变化最剧烈的时期。从心理发展的水平来看，大多数大学生的心理状态都处在迅速转向成熟，但还没有

完全成熟的进程中。由于应试教育的压力，使得学生在高中时期少有机会完成对自我的探索，大部分大学生的心理成熟度要远远滞后于生理成熟度。而团体，就像是一个模拟的小型社会，有着清晰的边界和安全的保护，在其中，大家可以学习"了解自己""改变自己"和"实现自我"，最终获得个人的成长。

（一）团体辅导具有很强的感染力和广泛的影响性

在团体辅导的过程中，可以运用多样化的形式和方法，如人际交往、角色分析、文娱活动、肢体接触、影音效果等。这些都能够更有效地烘托团体的主题和氛围，营造一种更加真实的体验。除此之外，平时我们大多是 1 对 1 的交流，但在团体中，是一个多向沟通的过程。对每个团体成员来说，都存在多个影响源。每个成员不仅接受他人的帮助，也可以帮助其他成员。同时大家还可以相互学习模仿团体成员的适应行为，从多个角度洞察自己。在团体辅导过程中，成员之间相互支持，集思广益，共同探寻解决问题的办法，减少了对家长和老师的依赖。

（二）团体辅导的效果容易巩固和发展

团体辅导创造了一个类似真实社会生活的情境，为参加者提供了社交的机会，为他们真实地表现自己提供了情境。在充满信任的良好气氛中，通过示范、模仿、训练等方法，参加者可以尝试与他人建立良好的人际关系。如果能在团体中使小的行为有所改变，这种改变会延伸到团体之外的现实生活中。同时，团体的关系可以从团体辅导延伸到生活中去，这也让团体的影响更加持久。

（三）团体辅导特别适用于人际关系问题

团体辅导对于人际关系能力的潜能开发有特殊的作用。一方面，团体辅导本身就为人际关系的建立提供了交往的场所，学生在团体中可以与来自不同科系、带着不同问题、个性特点不同的人接触和交往，也可以真实地认识一些朋友，学习怎么与人建立关系。另外一方面，随着讨论的深入，团体也可能会出现一些冲突和矛盾。作为每周需要见面的团体，学生在其中不可避免地也要学着去处理这些问题，这也为学生学习处理冲突和矛盾提供了机会。那些长年与同桌、同学不能相处的人，可经由团体辅导改善对人际关系的适应。有些人因缺乏客观的自我评价、缺乏对他人的信任、过分依赖或过分武断，难以与他人建立和保持良好、协调的人际关系，也可以通过团体辅导矫正。

（四）团体辅导有助于提高自我效能感，实现个人成长

毋庸置疑，团体训练可以促进个人的成长。在团体中每个人都会有些属于自己的体验和收获，或是体会到从未有过的愉悦和温暖的感觉，或者是勇敢接受了对自己的挑战，或者是直面自己内心的悲伤，等等。这些体验都可以帮助自己改变以往的认知或者行为模式，并建立新的更加适应的行为体系。

四、团体辅导中的特殊形式——户外拓展训练

（一）户外拓展训练的由来

在20世纪初的德国，一位出生在中产阶级家庭的伟大的教育家库尔特•哈恩，曾先后在柏林和牛津大学接受教育。当时的学校教学，学生捧读教材和教师课堂授课的学校教育方式盛行，哈恩认为这样的学习模式不能够为学生提供好的学习和成长的机会，开始尝试在传统教育之外探索更有效的学习模式。后期由于哈恩个人的教学理念和德国纳粹理念相冲突，他被迫流亡英国。

1939年，第二次世界大战爆发，英国许多海员葬身于大西洋海底。通过大量实地调查研究，哈恩等人发现，能够生还的海员并非是人们想象中的年轻力壮的青年人，而是年龄偏大的有着丰富的求生经验和技能、意志力较顽强的水手，并且他们大多都是以团队的形式生存下来的，很少有人独自生还。哈恩发现了其中存在的问题并进行了相关的研究。1934年，哈恩等人创办了戈登思淘恩学校，后被英国部队征用，用来训练年轻海员在海上的生存能力和触礁后的生存技巧，并明显提高了海员的生存率。哈恩称这项训练为“户外训练”，其寓意为“一艘孤独的小船，离开平静的海港，迎接暴风雨的考验”。拓展训练雏形初现。

由于战争原因，戈登思淘恩学校不得不迁移到威尔士的中部，后来又因课程时间跨度较长、赞助资金短缺面临关闭。这时当地老板劳伦斯•霍尔特资助了哈恩，并于1941年在阿伯德威（威尔士的一座城市）重新建校，对课程进行了相关的改革，这就是全球第一所拓展训练学校。第二次世界大战结束后，这种体验式训练方式的独特创意在世界范围内逐渐被推广开来，被大量的教育学家、社会学家、心理学家、管理学家所推崇，训练对象也由海员扩大到学生、军人、党政机关、工商界人士等群体。训练目标也由简单的体能训练、生存训练扩展成更为高级的心理训练、人格训练、管理训练等。

（二）户外拓展训练的定义

拓展训练，源于英国，是体验式学习的一种，英文名称是“Outward Bound”。训练有不同的类型，如素质拓展训练、户外拓展训练、心理素质拓展训练、户外训练、体验式培训等。

简单来说，拓展训练是以户外活动的形式，让学生参与其中进行体验，从中感悟出活动所蕴含的道理，之后再通过反思获得知识、改变行为的一种教育模式。

拓展训练并非简单的体育加娱乐，而是对正统教育的一次全面提炼和综合补充。通过训练课程能够有效地开发人的潜能，提升和强化个人心理素质，激发团队精神，增强团队凝聚力，使人更为融洽地与群体合作，学会欣赏和关注。

（三）拓展训练的原理和优势

拓展训练利用一般的自然环境或是模拟一定的社会环境，给受训者规定一个有相当难度的任务，诸如野外生存训练和陌生城市生存训练。并且，在拓展训练活动中，以不拘泥于单一的活动方式组织开展拓展活动。拓展训练是现代人和现代组织全新的学习方式和训练方式，通过精心设计的活动，让学员们解决问题、应付挑战，并且在这一过程中，达到“激发潜能，熔炼团队”的培训目的。同时，这一过程也能激发团队的团结合作精神，让一个团队拧成一股绳，因此拓展训练也在公司企业的员工培训中有广泛的应用。

案例 1

小风的父母很早就离开了自己，他一直跟着奶奶长大。他从小就觉得自己和别人不一样，别人有爸爸妈妈，自己没有。有一次，他参加了学校里举办的亲密关系团体辅导，其中有一项活动是要分享自己的家庭树，分享自己和爸妈的关系。他慌了神，不知道该如何是好。看到大家一一分享，他越来越紧张。同组的小伟看出了小风的异常，主动表达对小风的关心。小风觉得很感动。小风试着告诉大家，这件事对他来说是多么困难。他原以为，大家可能会指责他不愿分享，没想到许多组员都表达了对他的理解和尊重，有的组员还表示，如果他什么时候想说了，他们愿意随时听他讲。这种接纳就像一股暖流流到小风的心里，让他本来的犹豫不决消失了。也不知道哪里来的勇气，他把一直藏在心里面的秘密和伤痛分享了出来……

思考：是什么让小风打开了自己的心门？如果你是小风的同组成员，当小风去分享这么重要的感受时，你会怎么做？

案例 2

阿花和阿秋是好朋友，经常一起吃饭，一起上课，形影不离。有一次，阿花看到学校心理咨询中心在招募成长小组的成员，非常想去，但是又有点胆怯，就坚持让阿秋陪着她一起。其实招募启事上已经写明，不建议熟悉的朋友同学同在一个团体中，但是阿花非常坚持，不想打破形影不离的状态。阿秋也确实对团体辅导有些好奇，于是她们就隐瞒了两个人的亲密友好，一起参与了进来。

起初，两个人感觉都很好，有人可以一起去，一起回来。而且虽然团体中的其他人都不太熟悉，但是至少有一个熟悉的人啊。后来阿秋慢慢找到了参与团体的感觉，她不想再仅仅局限于她和阿花两个人。她更多地和其他人一起活动，也开始在团体里面更受关注和欢迎。阿花看在眼里，心里却一直很不是滋味。终于有一次，在团体中，阿花表达了一些自己的想法，阿秋有些不同的意见，所以也很真诚地表达了出来。阿花却感到很生气，仿佛遭到了背叛。两个人的关系走向了破裂的边缘。

思考：是什么让阿花和阿秋的友谊面临破裂？阿花和阿秋的事件对你有什么启示？

案例 3

阿翔在平日的学习生活中比较特立独行，喜欢一个人独来独往，也很少注意别人的想法感受。阿翔是被自己的辅导员老师推荐参加团体的，虽然他很不情愿，但是既然老师劝说，他也就只能进去试试。他很讨厌团体里面的活动，不明白为什么要关注别人，还去做一些这么幼稚的游戏，心里一万个不情愿。他也经常把这些显露在脸上，甚至是自己的言语中，大家也都逐渐地疏远了他，不太喜欢和他一起做活动。

某一次团体活动中，一个组员分享了自己曾经被老师骂——感觉很伤心难过的经历。他听完直接脱口而出："这有什么好伤心的，不就是被老师说吗，也太小题大做了吧！”话音一落，他受到了很多组员的责备，大家都对他不尊重别人的态度表示不满。其实阿翔心里也有很多挫败感，而且不知道怎么和别人相处。

思考：如果阿翔是你们组的成员，你会对他有什么感觉？会怎么对待他？

你会怎么理解阿翔的种种“不合群”表现？

如果你是阿翔，在发生这件事之后，会有什么反思，会怎么做？

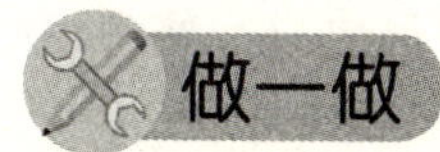

活动1：无家可归

目的：让成员意识到归属感的重要，体会和感受个人与团体的关系、团体对个人的重要性，从而更愿意投入团体，增强团体的凝聚力。

时间：约10分钟。

操作：

（1）开始时让全体成员围圆圈并手拉手，充分体会大家在一起的感觉。

（2）然后，说明游戏规则（当老师说“马兰花儿开”后，同学说“开几朵”，老师会说“开N朵”。同学必须重新组成N人手拉手的一组形成新的“家”。老师会多次变换人数，如2、3、6、3、5……）

（3）请那些没有找到家的人谈谈游离在团体之外的感受，也可以请团体内的成员分享和大家在一起的感觉。

（4）进一步询问：一直有家的那些团队，策略是什么？一直游离在团体之外，是什么原因？

活动2：赞美家乡

目的：找到团体中和自己有一定共性的人，感受团体的归属感，在团体中熟悉更多的团员。

时间：约15分钟。

操作：

（1）请同一省份的同学聚到一起。

（2）请各个省份的同学相互认识，然后分组讨论，列举自己家乡的美景、美食和家乡人民最值得骄傲的人或事。

（3）请各个省份的同学轮流上台，首先用方言向大家问好，然后赞美自己的家乡。

当我们背井离乡来到外地求学时，对家乡的思念也变得尤其强烈。找到同乡，首先能感受到的是熟悉和归属感，我们总能发现同为老乡的人会比其他人与自己有更多的共同点和共同语言。另一方面，或许生活在家乡时，我们都不曾认真感受过它的美，但当向外人介绍时，却更加体会到家乡的自豪感。这种自豪感也带来一种团队的认同，这种认同感把大家都紧密地结合起来。

活动 3：征集签名

目的：让团体成员彼此之间尽快相互熟悉，并且更加深入地了解彼此。

时间：约 10 分钟。

操作：

（1）找到一个符合某项特征的人，并请她或他在相应的表格中签名。

（2）用最快的速度，让每个小格中都有人为你签名，但不能有重复的签名，而且，表格中不能有自己的签名。

（3）别忘了向为你签名的人致谢，并记住她或他的名字。（至少应认得其签名）。

（4）前 5 名完成的人有嘉奖，后 5 名将受罚。

活动 4：背背佳

目的：增进成员间相互了解，体会信任和合作的重要性，促进成员间的信任和合作，提升小组的凝聚力。

时间：约 10 分钟。

操作：

（1）每两个人组成一组，两个人背靠背坐在地上，然后两个人的手臂扣住手臂。各组成员都准备好后，老师下达站起来的命令，各组成员依靠背靠背的支撑一起站起来。

（2）成员在站起来的过程中，扣在一起的手臂不得松开，不得借助其他外力起立，只能依靠背部相互支撑的力量站起来。

（3）当两人成功地站起来时，将两组合并为一组，以同样的方法站起来。这时，要求 4 个人背对背围坐成一个圆圈，相邻两人的手臂相互扣在一起。然后，听到老师的命令后，依靠背部相互支撑的力量站起来。

（4）以此类推，增加到三组、四组，直至全体成员共同站起来为止。

（5）完成过程中计时，对 6 个小组进行排名。请大家分享在活动中的感受，体会团队协作的重要性。

活动 5:扭转乾坤圈

目的:加强成员相互了解,增加团队的协作能力。

时间:约 5 分钟。

操作:

(1) 6 个小组成员分别围成 6 个圆圈,面朝内侧,手拉手。

(2) 宣布在游戏进行中,除非老师允许,大家不能松开手,一旦违反,则任务失败。

(3) 将一个呼啦圈挂到一名成员的手臂上,与之相邻的学员的手需要临时断开,然后仍然保持闭合状态。

(4) 要求大家将呼啦圈通过每个人的身体后,回到第一个人的手臂上,过程中不能松手。

(5) 对完成过程计时,对 6 个小组进行排名。请大家分享在活动中的感受,体会团队协作的重要性。

练一练

1. 团体是什么,有哪些特点?
2. 当我们参与一个团体的时候,有哪些原则需要遵守?
3. 一个团体的发展阶段都有哪些?作为团员每个阶段需要注意什么?
4. 参与团体活动后,你有哪些感悟,收获了什么?

推荐阅读

团体咨询对来访者的态度、对自我和他人的信念以及感受和行为等诸多方面的改变都大有裨益。来访者可以通过探索与人相处的风格来学会更多有效的社交技能。在这种团体的情境中,小组成员可以互相评价并且当场获得有价值的反馈信息。

团体咨询能够在很多方面提供来访者重新塑造日常世界的机会,尤其是当小组成员在年龄、爱好、生活背景和社会地位以及心理问题的类型方面存在很多差异时。团体就如同一个小社会,它是一种现实的翻版——团体内个体间的斗争和冲突与他们在现实生活中的经历相似;另一方面,团体成员的多样性恰恰会带来成员间非常丰富的信息反馈，个体可以通过这些形形色色的人的眼睛来全面地反思自己、了解自己。

——摘自〔美〕杰拉尔德·柯瑞《团体咨询的理论与实践》

团体是社会的缩影，是一种动力互动。团体成员之间的互动就像他们在其他社会关系中与人互动的模式。所以，如果能在更好的团体气氛引导下，成员便可以学习并尝试与人建立良好关系的技巧，并通过在团体内演练或角色扮演及成员的反馈来洞察与转移情绪的困扰，将学到的技巧与方法运用到实际生活中。

——摘自〔美〕欧文·亚龙《团体治疗理论与实践》

一个毛毛虫，身上长满了难看的毛，看了令人厌恶，但是没有多久，这条丑陋的毛毛虫，经过造物者的安排，脱去了原有的丑陋的外衣，换上新装，顷刻间，变成一只美丽的蝴蝶。这种“蜕变”的过程，是生物界最富戏剧性的一种现象。

我们——两足直立的人类，造物者并没有给我们身体上的蜕变，却为我们准备了“心灵”上蜕变的可能。这种蜕变同时也能使我们的外在形象“改头换面”，那就是以一个丑陋、平庸、消极的我，经过成熟与学习，一变而成为美丽、善良、不凡的我。事实上不少人经历了一场“脱胎换骨”的变化之后，生命确实产生了极大的改变，给外人的感觉也完全不一样了。最显著的改变如：自我价值提高、冲突减低或解除、罪疚感消失、是非善恶的辨别力增强。由此导致内心的和谐与快乐，有些人甚至连知觉都变得敏锐了。他们所看到的世界似乎天空更蓝，碧草更绿，路上的陌生人都跟他微笑呢！人类心灵上的蜕变，如同毛毛虫变成蝴蝶，把他带入一个前所未有的新境地。

这就是成长的本质——变。变，也是存在的本质。人无时无刻不在变，但变不一定就是成长，有时是一种衰退。辅导工作就是要帮助人们透过经验发生正向的改变，使人格获得成长，趋向成熟。有时虽然不像毛毛虫蜕变成蝴蝶那样迅速，但希望一步一步地走向圆满的境地。

——摘自吴武典《团体辅导理论与实务》

潜能探源——寻找真正的自我

我们每个人的眼睛都有向外发现和向内观看两种能力。向外可以发现一个无比辽阔的世界，向内可以发现一个无比深邃的内心。可以说，外在的世界有多大，内心的深度就有多深，这是完全成正比的。可惜大多数人一生一直用于外在发现，因眼前的利益得失、荣辱成败而时刻改变着自己的内心感受和面部表情，而从来看不见自己的心到底有什么愿望。正像一位西方诗人所说的：“我们已经走得太远以至于忘记了我们为什么而出发。”尽管永远有人在提醒你的得与失、你的对与错，但是，我们往往在他人过多的言论当中盲从，迷失了自己的心。如果我们用灵魂的眼睛始终审视自己，才可以做到宠辱不惊，把握住自己内心真正的愿望。我们只有认清心中的愿望，以自己的方式善待自己，才会有一个清明、理性、独一无二的人生。

认识自己、了解自己是发展自我的前提与基础，只有对自己有一个全面、客观、深入的认识，才能在此基础上对潜能有更好的开发与拓展。本章将向大家介绍意识与自我意识的含义、探讨自我意识的结构分类与大学生自我意识的发展阶段、特点、影响因素及偏差。通过心理训练帮助大家澄清对自我的认识，更加清晰地回顾、总结并展望自我。

我们从一个故事说起。扁鹊是中国古代著名的医生，有一次去见魏王。魏

王说:“我听说你们家兄弟三人都擅长医术,你们三人中,谁的医术最高明啊?”扁鹊老老实实地回答:“我大哥医术是最高明的,我二哥其次,我的医术最差。”魏王惊讶地问道:“那为什么你闻名天下,而他们两个却默默无闻呢?”扁鹊说:“因为我大哥给人治病总能做到防患于未然。这个人得病,但还没有显出征兆,他手到病除把病根给消除了。这个病人就像没得病一样,所以所有的人都不知道大哥是在给别人预先治病。我二哥治病是在病兆初起之时,他一用药就把病给除去了。大家总认为他能治的是小病,不知道这个病如果发展下去那就是要命的大病啊。我的技术最差,因为我只能在人已经生命垂危的时候才出手治病,往往能够起死回生,妙手回春,所以我的名声就传遍天下。行医治病,防患于未然者最高,但天下无名;病初起而手到病除者次之,但被人认为是治小病,只能名传乡里;病人垂死时才挽救人,虽保住了病人生命,但病人早已元气大伤,还会留有后遗症,这个人已经受损了,但是我却能名传天下。”

这个故事告诉我们什么呢?它告诉我们,世俗的评判标准,未必真的能评价一个人的真正水平。每个人都希望自己的一生是幸福的,是有效率的。只有真正清醒地认识了自己,才可能获得成功的人生。

一、我是谁——自我意识概述

“自我”的影子无处不在,但很多人却难以认识。其实,自我就是指一个人的具体存在形式,它包括着过去、现在以及未来触摸、感知到的一切。健康的自我,会引导我们自尊、自信、自爱。这样的人生充满着神奇、安全感,这样的人生会使生活多一些快乐,多一些勇敢,多一些聪慧,多一些轻装前进的勇气。

(一)自我意识的含义

意识(consciousness)是我们对自身、对行为、对周围环境的觉知,是人所特有的心理现象。自我意识(self-consciousness)是人对自己存在的觉察,即自己认识自己的一切。主我“I”(作为认知者的自我,指个人对外界的感受与思考)对客我“ME”(作为被认识的自我,指个体对自己的态度、情感和判断)的认识。

自我意识是一种特殊的认识过程,认识的主体和客体都是自身。因此,自我意识是主观我“I”对客观我“Me”的认识,并按照社会的要求对客我进行调控。比如,“我(I)认为我(Me)比较低调”。自我意识是人的意识发展的高级形式,是人特有的心理活动,是一个多维度、多层次的心理系统。

（二）自我意识的结构

1. 从内容上可以划分为：生理自我、心理自我、社会自我

生理自我：对自己身体、外貌、衣着、风度、所有物的认识和体验。如我挺帅的；我有点胖；我身材像模特……

心理自我：对自己的智力、性格、气质、理想、能力、情感等心理特征的认识和体验。如我遇事反应挺快的；我是内向型性格……

社会自我：对自己在社会中的地位、在人际关系中的角色和作用等的认识和体验。如朋友喜欢和我待在一起；在人群中，我总是比较显眼那个……

自我意识的这三个属性是既相互独立但又相互关联的。在我们的自我意识系统中，如果有一个系统出了状况，其他的部分亦受池鱼之殃，一个属性可以影响其他的属性。最近网络上流行一句话："芙蓉姐姐减肥都成功了，你还好意思胖下去吗？"减肥，变瘦，是"生理自我"的特点，但它会影响一个人对自己心理自我的判断，比如，自己是不是有自控力、是不是有恒心等。同时，因为身材原因，也可能变得不愿在人群中展示自己，"社会自我"也受到影响。

但是，有时候出问题的部分可以被直接或间接地修补。比如，志强看起来不怎么起眼，长得又瘦又小，相貌也一般（很低的生理自我概念），但他善于学习，兴趣也很广泛（增加了他的心理自我概念），使他成为很友善又乐观的人，而且他随时随地都愿意帮助别人（发展出正面的社会自我概念）。志强用一种间接的方式努力补偿自己的弱点因素，强化其他自我因素，这使得他成为一个受人欢迎的人。

2. 从形式上可以划分为：自我认识、自我体验、自我调控

自我认识：主观我对客观我的认识与评价，包括自我觉察、自我感知、自我概念、自我评价等。如我觉得我是一个蛮感性的人；我觉得我需要在各方面提高一下自己……

自我体验：自己对自己怀有的一种情绪体验，即主观我对客观我所持有的态度，自信、自爱、自卑、优越感等。如我觉得挺喜欢自己的；我对自己有很多不满意的地方……

自我调控：自己对自身行为和思想语言的控制，即主观我对客观我的制约作用，自我调节、监督、制约等。如我想做到的事情一定会制订好计划，一步步把它完成……

上述三种表现形式以自我认识为基础，产生自我体验，进而实现自我控制；

同时又在自我体验的推动下加强自我控制，加深自我认识，增强自我体验。这三者的有机组合和完整统一，就成为一个人的自我意识。

自我认识、自我体验、自我调控即是我们常说的心理学中的知、情、意，三者之间的和谐程度以及与客观现实的吻合程度，决定了个体自我意识的健康状况。自我认识包含自我感觉、自我观察、自我分析、自我评价等，其中自我评价是关键。自我体验包含自尊、自信、自豪、自卑、自怜、自责等，其中自尊感是关键。自我调控包括自我控制、自律自强、自我监督等，其中自我控制是关键。

表 2-1　自我意识的结构

	自我认知	自我体验	自我调控
生理自我	对自己身体、外貌、衣着、风度、家属、所有物等的认识	英俊、漂亮、有吸引力、迷人、自我悦纳	追求身体的外表、物质欲望的满足，维持家庭的利益等
社会自我	对自己的名望、地位、角色、性别、义务、责任、力量的认识	自尊、自信、自爱、自豪、自卑、自怜、自恋	追求名誉地位，与他人竞争，争取得到他人的好感等
心理自我	对自己的智力、性格、气质、兴趣、能力、记忆、思维等特点的认识	有能力、聪明、优雅、敏感、迟钝、感情丰富、细腻	追求信仰，注意行为符合社会规范，要求智慧与能力的发展

3. 从指向上可以划分为：现实自我、投射自我、理想自我

现实自我：自己目前的状况，即现在已经具备的人格特征。这是一种客观存在。

投射自我：个体想象自己在他人心目中的形象。这是一种主观映像。

理想自我：希望自己成为怎样的人，具备何种人格。这是一种未来指向。

二、大学生自我意识的发展

大学阶段同学们开始关注自我，这有很多原因。青年期是身心发展的关键期，更是自我意识发展的关键期。一是由于身体成熟，他们开始注意和关心自己的身体、内驱力及内部欲求；二是由于人际关系的扩大，他们将自己的内在能力与他人进行比较，从而对自己的素质、天赋等问题进行关心；三是由于认识能力的发展，他们开始对自己行动的原因、结果以及自己的存在价值和人生意义进行思考。大学生自我意识的发展，自我明显的分化，意味着自我矛盾冲突的加剧，其结果便造成在新的水平和方向上达到协调一致，即自我统一。

（一）自我意识的发展过程

（1）萌芽阶段：1～3岁，生理自我发展。能区分自己和动作，会使用名字——“我”；出现疑虑感、羞愧感、占有欲、嫉妒感；有独立要求，用自己的想法解释外界。

（2）形成阶段：3岁至青春期前，社会自我发展。接受社会化；形成角色观念，如性别角色、家庭角色、伙伴角色、学生角色等；关注外界，忽视内心。

（3）发展阶段：青春期10年，心理自我发展。丰富的认识内容；深刻的情绪体验；自觉的自我调控；矛盾突出。

（4）完善阶段：青春期后，自我同一性形成。主我和客我、理想我和现实我整合统一。

（二）大学生自我意识的发展

在自我认知、自我体验和自我控制三者相互影响、相互作用的过程中，大学生的自我意识逐渐成熟。大学生自我意识的发展同样经过以下三个阶段：

（1）分化阶段：主观我与客观我的分化标志着大学生自我意识开始走向成熟。

（2）冲突阶段：理想我与现实我的冲突等。

（3）整合阶段：建立自我同一性，实现理想我与现实我的整合统一。每个人对理想我和现实我的整合能力是不同的，根据个体的差异，会产生不同的情况——努力改善现实自我，使之逐渐接近理想自我，达到积极统一；修正理想自我中某些不切实际的过高标准，并改善现实自我，能使两者互相趋近；放弃理想自我而迁就现实自我。与之相应，也会产生不同的整合结果——自我肯定型，心情舒畅、生活如意、容易成功；自我否定型，消极统一，胸无大志、悲观失望、难有作为；自我夸大型，虚假统一；自我冲突型，难以统一，内心苦闷、心事重重、无所适从。

（三）大学生自我意识的独特性

与同龄群体相比，大学生的生活阅历与学习特点决定了其自我意识的独特性，主要表现在以下三个方面。

1. 时间上的“延缓偿付期”

大学并非人生必经时期，对大学生而言，思想上的独立与经济上的依赖，生理上成熟与心理社会性成熟的滞后存在着深刻的矛盾。从年龄上看，大学生到了应该自立、独立承担社会责任的时候，但校园相对单纯的学习生活又使他们应当承担的社会责任从时间上延后。这种社会责任的延后使学生处于“准成人”状态。这样也为大学生广泛深入细致地思考自我提供了时间的现实可能性。值得重视的是，大学生现实的责任感的后移并不能减轻他们心理上的压力，特别是对于贫困学生。很多学生在作业中写道：“每当自己坐在教室里读书时，常常不自觉地想到白发父母，本应当挑起家庭的重担，为父母分忧解难，却还要花父母的血汗钱，想来觉得非常难过，感到很不忍心。一种负罪感悄悄地袭上心头。”

2. 空间上的“自主性”

象牙塔为学生提供了一个多元文化背景下的学习环境，特别是网络更为学生提供了无限广阔的平等自由的学习与交流空间。而东西方文化的交融与发展更为大学生自我意识的发展提供了客观条件。但这种影响是双重的：一方面，大学生来自不同的家庭背景、不同的地域文化，有着不同的人生追求，在共同的学习生活中，大家互相影响、互相包容，在这种互动的环境中逐渐形成自己的价值观念，特别是在心灵的沟通与碰撞中建立与尝试新的自我；另一方面，大学生在多种价值体系、多种文化的冲撞面前，原来建立的价值体系、自我观念会受到强烈的冲击，这种冲击有时甚至会使大学生怀疑自己。特别是大学新生，从原来的环境进入新的环境中，原有的自我价值体系在重建中需要较高的反思能力与自我控制能力，“我是优秀的”可能被期末考试的“红灯”击落得一无是处。这时，调整与反思自我便显得非常重要。

3. 自我意识发展的“不平衡性”

大学生生理、心理与社会自我的发展并非平稳如河川。大学生的主观自我与他观自我往往表现出不一致性，特别是大学高年级学生，一直处于较高的自我意识水平，但随后到来的人才市场职业选择常常使他们长期建立的“高自我意识”与“自我概念”变得摇摇欲坠。一位毕业生说道：“长期以来，一直心存优越感，尽管从多种渠道了解到大学生已不再是天之骄子，但就业市场上的冷遇还是受不了。”高主观自我与他观自我的不平衡，生理、心理与社会自我发展的不平衡都直接影响大学生自我意识发展的水平。造成这种不平衡的主要原因有：一是大学生的人生观、世界观尚在形成与健全之中，对自我的认识易受环境的影响；二是大学生自我概念仍在不断的发展变化之中，大一新生到毕业生的自我概念并不一致，只有大学毕业后才能在不断地变化与调整适应社会的需求中建立自我概念；三是经历高考，大学生真正开始痛苦地“心理断乳”，适应新环境、新的人际关系必然带来发展着的自我意识与自我概念的不平衡。

三、塑造健全的自我意识

（一）健全自我意识的标准

自我意识对人的心理健康起着很重要的作用，它制约着人格的形成发展，在人格的优化中发挥着强大的动力功能。健全的自我意识是心理健康的重要标准，是人类自身内在的一种成功机制，在人才发展中发挥着重要作用。健全自我意识有如下标准。

（1）自我意识健全的人，应该是一个有自知之明的人，既知道自己的优势，也知道自己的劣势，能正确地评价自我和自我发展。

（2）自我意识健全的人，应该是自我认识、自我体验和自我控制协调一致的人。

（3）自我意识健全的人，应该是积极自我肯定的、独立的并与外界保持一致的人。

（4）自我意识健全的人，应该是理想自我与现实自我统一的人，有积极的目标意识和内省意识，积极进取，永无止境。

（二）如何塑造健全的自我意识

1. 遇见未知的自己——客观地认识自我

纪伯伦是美籍黎巴嫩作家，被称为“艺术天才”“黎巴嫩文坛骄子”，是阿拉伯文学的主要奠基人，20世纪阿拉伯新文学道路的开拓者之一。认识事物是困难的，然而，认识自己更为困难。纪伯伦提出了“认识自我”的命题，曾借别人之口阐述说:“认识自我是一切认知之母，我应该认识自己。我认识自己，了解自己身体的各个部分——外貌、分子和原子。我应该除去覆盖在自己心灵秘密上的帷幔，抹掉心灵深处的装饰，还应该弄清我物质存在中精神存在之含义，我精神存在中物质存在之隐秘。”

美国心理学家乔和韩瑞提出关于人自我认识的窗口理论，被称为乔韩窗口理论。他们认为人对自己的认识是一个不断探索的过程。

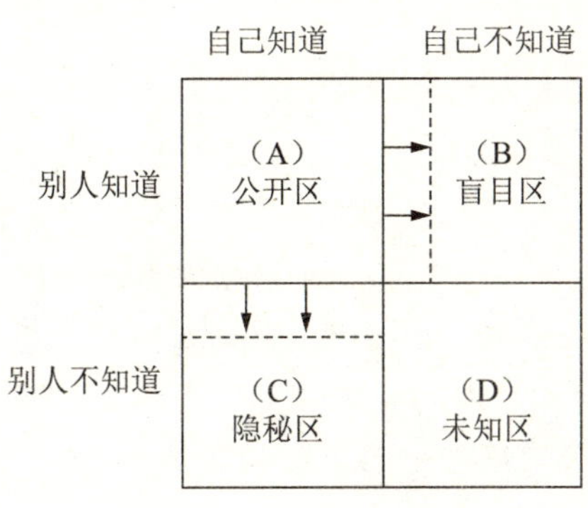

图2-1 乔韩窗口理论

每个人的自我都有四部分：公开的自我，也就是透明真实的自我，这部分自己很了解，别人也很了解；盲目的自我，别人看得很清楚，自己却不了解；秘密的自我，是自己了解但别人不了解的部分；未知的自我，是别人和自己都不了解的潜在部分，通过一些契机可以激发出来。通过与他人分享秘密的自我，通过他人的反馈减少盲目的自我，人对自己的了解就会更加客观。

如果让你用 3～5 个形容词来描绘一下自己，你会写下什么呢？你都是通过什么方式来认识自己的呢？让我们一起来了解一下认识自我的五种方式。

（1）通过自我比较认识自我。

所谓自我比较，就是把现在的自我和过去的自我、所追求的将来的自我进行比较，动态地看待目前的自己。

如果三者之间基本一致，个体就会肯定现在的自我，对自我是满意的、悦纳的，并产生自信和自尊；如果对过去的自我不满意，或觉得现在的自我与将来的自我有较大的差距，那么自我就会产生不平衡，对现在的自我就会持否定态度，个体的自信心会动摇，自尊心也会受到伤害。

对这种自我比较，心理学家詹姆斯提出了一个公式：自尊＝成就／目标。公式中的“自尊”可以看作自我对现在的自我的态度；“成就”是过去活动的结果，因而标志着过去的自我；“追求”即自我为自己设定的目标，因而标志着将来的自我。詹姆斯的这个公式，概括了过去的自我、现在的自我、将来的自我三者的关系。如果已取得的“成就”与追求的“目标”一致，甚至高于“目标”，自信心就会较强，标志着现在的自我充满自信，自尊感就较强。反之，如果“成就”低于自我设定的“目标”。自信心和自尊感都会降低，并对现在的自我产生不满意的感觉。

从这个公式可以看到，一个人过去所取得的成功或失败对个人的自我评价有着重要的影响，并通过此评价影响到整个自我的态度。公式也表明，一个人追求的目标如果超过过去取得的成就，那么对现在的自我就会不满意，心理上的平衡就会被打破。因此，为自己设定恰当的目标就显得十分重要。当然，如果把目标定得很低，不费吹灰之力就能达到，那对个人来讲也是毫无意义的。可是如果把目标定得过高，超过自己的能力或实际条件，结果即使付出巨大的努力也无法达到，这不仅会使行动失败，更重要的是会给自我带来打击和创伤。现实生活中有不少同学就是因为脱离实际定出过高的目标，对自己提出不切实际的期望，从而给自己带来精神上的折磨和痛苦。

（2）通过与他人进行比较认识自我。

认识自我，一个重要的方法，就是与别人做比较。但是，这种比较应该是深层而非表象的。某个人个子很矮，而拿破仑个子也矮，如果据此推定自己也会和拿破仑一样伟大，那就是虚妄和狂傲。所以，智慧之首就是认识自己，这种认识必须是真正深层的认识，而绝不能是肤浅的认识。

“不错，我的身体是有缺陷的，但是要注意，这是伟大的思想家们的共同特点。更奇怪的是，我与巴尔扎克一样，阅读写作时，咖啡壶一定要放在身旁；我同托尔斯泰一样，愿意与粗俗的民众交际攀谈；有时我三四天不洗手脸，贝多芬、惠特曼亦有这样的习惯；我的嗜酒如命，足令马娄和诺眼自愧弗如；我的饕餮般暴饮暴食使巴夏酋长和亚历山大王也要大出冷汗。”

又沉默了片刻，赛艾姆用肮脏的指尖点了点脑门，继续发言：“这就是我！我拥有迄今为止人类历史上的伟人们的种种品质。一位拥有这么多伟大品质的青年是一定能干一番惊天动地的事业的。”

纪伯伦《认识自我》中的主人公赛艾姆“认识自我”的方法可谓简约：首先，他主动寻找与伟人的所谓共同点：“不错，我的身体是有缺陷，但要注意，这是伟大的思想家们的共同特点。更奇怪的是，我与巴尔扎克一样，阅读写作时，咖啡壶一定要放在身旁……”当发现自己的某些身体缺陷和生活习惯与伟人雷同后，赛艾姆随后果断地做出了两个推论：“我拥有迄今为止人类历史上的伟人们的种种品质。一位拥有这么多伟大品质的青年是一定能干一番惊天动地的事业的。”显而易见，他的第一个推论是荒唐的。因为推论的前后项之间没有必然联系，即身体缺陷并不是“伟人们的种种品质”，也并不是成功的必要条件。第二个推论“一位拥有这么多伟大品质的青年是一定能干一番惊天动地的事业的”，由于前提条件的不正确，结果同样也是荒唐的。最后写道：“我们的这位赛艾姆穿着他那肮脏的衣服倒卧在乱七八糟的床上，进入了鼾声如雷的梦乡。”这时读者便可悟出：原来赛艾姆只是一个耽于幻想，缺乏行动力，在虚幻中求得精神满足的人物，根本不可能有所作为。文章开头写他嘟囔着苏格拉底的名言，猛地从座椅上站了起来，展开双臂大声叹道，“对！我必须要认识自我，洞察自己那秘密的心灵，这样我就抛脱了一切疑惧和不安，从我物质的人中找出我精神的人……”这表明他“从开始的自我怀疑到产生决心重新认识自我的念头”。“不错，我的身体是有缺陷，但要注意，这是伟大的思想家们的共同特点。更奇怪的是，我与巴尔扎克一样，阅读写作时，咖啡壶一定要放在身旁；我同托尔斯泰一样，愿意与粗俗的民众交际攀谈……”这表明他是“在与名人的外貌特征的比较中寻找自我”。文章结尾“是的，我已经认识了自己，而神灵也已洞鉴了我。啊！我的灵魂万岁！自我万岁！愿天长地久，诸事如愿”，这一部分表明他“最终获得信心，认定自我”。这与阿Q“用一支竹筷将辫子盘在头顶上”就觉得自己是“革命党”的思维模式十分相似。纪伯伦以漫画式、喜剧性的艺术手法生动地描述了赛艾姆“一本正经”而又滑稽可笑地“认识自我”的全过程，尤其是对赛艾姆的外貌、动作、语言等描写更是幽默风趣，揭示了人性中普遍存在的弱点，从而引导读者更深刻领会作者寄寓在这一人物形象上的严肃的人生思考。

苏格拉底说：“认识你自己。”这将是一个人一生的追寻。而这位赛艾姆，将自己身上的缺点与伟人联系起来，与其说认识自己，不如说是安慰自己。如果“认识你自己”真那么容易，那世上就不会有那么多的狂妄与自大之人了。

人在社会中与人交往，他人就是反映自我的镜子，与他人交往，是个人获得自我认识的重要来源。

通过他人了解自己。苏轼写道：“不识庐山真面目，只缘身在此山中。”认识自己有时候的确比较难，一般来说，当局者迷，旁观者清，周围的人对我们的态度和评价能帮助我们认识自己、了解自己。我们要尊重他人的态度与评价，冷静地分析。对他人的态度与评价我们既不能盲从，也不能忽视。

我们不妨先从家庭中的感情扩展到外面的友爱关系，进入社会又体验到人与人之间的利害关系。有自知之明的人能从这些关系中用心向别人学习，获得足够的经验，然后按照自己的需要去规划自己的前途。但是，在和别人比较时应该注意比较的参照系。

跟别人比较是行动前的条件，还是行为后的结果？比如，大学生来大学学习，如果认为自己来自农村，条件不如别人，就置自己于次等地位，自然会影响心态，而大学毕业后看取得的成绩才有意义。跟人比较是看相对标准还是绝对标准？是可变的标准还是不可变的标准？经常有一些人，认为自己不如他人。其实他们关注的可能是身材、家世等不能改变的条件，没有实际比较的意义。比较的对象是什么人？是与自己条件相类似的人，还是个人心目中的偶像或极不如自己的人？所以，确立一个合理的参照体系，明确一个合理的立足点，对于自我的认识尤为重要。

与他人比较，是个人获得自我认识的主要来源。就像用分数来比较知识能力一样，我们可以在处世方法、感情方式等方面与别人比较，找出自己的位置和形象。我们对自己的很多看法，实际上都是在把自己与别人进行比较之后得来的。很多研究表明，人们想通过准确的社会比较来评判自己的能力、观点、情绪以及人格特点。但是，在比较中主观色彩很重：和谁比，选择的一般是和什么样的人去比较——是比自己强的，还是不如自己的？比什么——是不可改变的，还是通过努力可以改变的？这些都需要个人去思考选择。在和不同的人比较相同的内容中，或者和相同的人比较不同的内容中，我们都可能获得完全不同的答案。那么，思考一下，你经常习惯与和谁比？到底跟谁比、怎样比，才能更好地评价自己？

（3）通过他人对自己的评价认识自我。

若不借助外物，人是永远没办法看清楚自己的，正如要知道自己的长相，人们借助了镜子。那么，反映真实自我、反映内心世界的自我的镜子在哪里？他人就是一面镜子。个体的一言一行都会给周围人产生影响，留下印象。他人对我们的反应与评价，就如同一面镜子，反映出我们的形象，是个体形成自我评价的一个重要线索。比如某人若是被父母所钟爱，被师长所重视，被朋友所尊重和喜爱，大家都乐于和他交往，愿意和他一道学习或工作，那就表示他一定有某些令人喜爱的品质。如果他经常被大家推举担任某项工作，或是经常成为周围人们求教的对象，则表明他具备某些才能，或是在某些方面超越了其他的人。很多人与别人相处时总有一种愿望，就是“想了解别人怎么看待我”。积极地寻求外界的评价对个人自我意识的确立是有必要的。唐太宗李世民曾把魏征批评他的一篇奏章写在屏风上，当作“镜子”，随时对照。他总结自己“照镜子”的体会说：“以铜为镜，可以正衣冠；以古为镜，可以知兴衰；以人为镜，可以明得失。”一般来说，当对方与自己的关系愈密切时，他的态度也愈有影响力。

但是，镜子也不一定能够完美地表达出事物的本来面目。有时会因为反光作用欠佳，使人看不清镜中影像；有时也会因为表面平整的缺陷，而使人物的形象扭曲变形。像游乐场所陈设的哈哈镜，有意夸张地把人映照为种种怪异和滑稽可笑的形象。同样的道理，由别人的态度反映出来的自我印象，有时也存在有意歪曲或夸张。由于对方的偏见或是缺乏了解，使其赞美或批评，常常与当事者本身的情况不尽相符。如果单纯据此来建立自我的印象，则可能存在偏差。

（4）通过实际学习与生活实践认识自我。

学习和工作的成就与挫折可以帮助人们重新认识自己。如果觉得自己具有某方面的天赋或才能，我们不妨寻求适当的机会予以展示，以证实自我感觉的正误。有时，我们主观上并未注意到自己的某种特殊才能，然而，偶然的机会却使这种才能令人吃惊地呈现在自己面前。美国著名科幻作家阿西莫夫在青年时代从实际工作中发现，自己不可能成为一名科学家，却可能成为出类拔萃的科幻作家。于是，他矢志科幻创作，终于获得巨大成功。

如果你一直觉得自己很豁达，但今天会因为一件很小的事而烦恼生气，很长时间不能释怀，这时你可能也很奇怪：怎么会这样，自己到底是什么样的人？

(5) 通过自我觉察、反省认识自己。

我们的思想分成两部分，一是意识，二为潜意识。有人说，潜意识的力量比意识大三万倍，所以要激发潜能，需要运用潜意识。潜意识，是指人类心理活动中，不能认知或没有认知到的部分，是人们"已经发生但并未达到意识状态的心理活动过程"。弗洛伊德又将潜意识分为前意识和无意识两个部分，有的又译为前意识和潜意识。

我们是无法觉察潜意识的，但它影响意识体验的方式却是最基本的——我们如何看待自己和他人，如何看待我们生活中日常活动的意义，我们所做出的关乎生死的快速判断和决定能力以及我们本能体验中所采取的行动。潜意识所完成的工作是人类生存和进化过程中不可或缺的一部分。

有人说，如果将人类的整个意识比喻成一座冰山的话，那么浮出水面的部分就属于显意识的范围，约占意识的5%。换句话说，95%隐藏在冰山底下的意识就是属于潜意识的力量。就算牛顿、尼采等天才人物，一生中也不过运用了他们潜意识力量的10%不到。因此，任何人不论聪明才智高低，也不论愿望多么高不可攀，只要懂得善用这股潜在的能力，就一定可以将愿望具体地在生活中实现。想要认识真正的自我，也要善于通过自我觉察、反省，了解自己的潜意识。

潜能来源于潜意识，从某种意义上来说，潜能就是潜意识。开发潜能的力量，就是诱发潜意识的力量。我们当前生活中的一切，都是潜意识的真实反映。在我们潜意识中的思想和观念，造就了现在的我们。如果想让未来有所不同，你一定要现在就尝试着改变你的潜意识。

看看我们周围的世界吧，大部分人都生活在外部世界，只有那些受到启迪的人才会非常关注内部世界。值得注意的是，这个内部世界，即我们的思想、感情、想象，造就了我们的外部世界。因此，这唯一的创造力产生于我们的内部世界，不管是有意识还是无意识的，我们的意识和潜意识会相互作用。为了改变外部条件，我们得首先改变内部世界。

一旦潜意识接受了一个想法，它就开始执行。潜意识既执行好的想法，也执行坏的想法。我们要是消极地使用这一规律，它就会给我们带来沮丧、失败和不幸。如果我们的习惯思维方式是和谐的、具有建设性的，那我们就会经历健康、成功和一切美好的事情。心情的平静和身体的健康是我们以正确方式思维和感受的必然结果。

2. 接受不完美的自己——积极地悦纳自我

悦纳自我是指个体对自身以及自身所具特征所持的一种积极的态度，即能欣然接受自己现实中的状况，满意于自己有某些长处的同时，也要允许自己有很多不足的地方。承认自己总是有限制的，但要能够接纳自己，爱自己，坦然地面对自身缺陷。

自我接纳看起来是个很平常的字眼，谁会不喜欢自己呢？但实际生活中不能接纳自己的人大有所在。不能接纳自己有很多表现形式。

在对待自己方面：追求完美；常批评责备自己；对自己苛刻；常想改变自己；凡事强迫自己按“应该”怎样去行事，如果做不到会讨厌自己；常使自己负担过重；一定要符合自己或别人为自己设下的形象；等等。

在与人交往方面，可能会出现几种情况：扮小丑，自觉不够吸引力，又怕别人不接纳自己，便经常要做些奇怪的事引人注意，希望自己能受欢迎；扮弱者，自觉常被人忽略，又怕别人取笑，希望得到别人的同情，常常以弱者姿态出现；扮好人，不敢得罪人，怕别人拒绝，别人说是，自己不敢说不；为争取他人好感，讨好别人，忽略、淡化自己，甚至委曲求全，压抑自己；扮超人，不想被人看轻，怕认输，有攻击性且好压倒他人，以为踩低别人，可以抬高自己，尽量避免与人深交，以更好地掩饰自己的不是；扮完人，装作完美的形象，要求自己要事事优秀，不能有任何方面不如别人，否则就难以接受。

在生活中，不接纳自己的人常会把很多能量用在自我否认和排斥上，带着较多对自己的不满、失望，甚至否认和拒绝，不可能很好地学习和生活。同时，不能爱自己的人也不会很好地爱别人。心理疗法专家斯坦芬妮·德瑞克说：“如果不了解和信任自己，我们就不能很好地了解和信任他人。”我们与自己的关系决定了我们与别人的关系，只有看重自己，才能看重别人。在网上有过这样的小笑话：“熊猫的两大理想：去掉黑眼圈和拍一张彩色照片。”熊猫永远也无法把黑白之身变为彩色，那该怎么面对呢？积极地悦纳自己可以从四个方面进行努力。

（1）接受自己的全部。

绝大多数人从小就受到种种有条件的关注或者严格的管束，致使很多人以为只有具备某种条件，如漂亮的外表、优秀的学习成绩、过人的专长、出色的业绩等，才获得被自己和他人接纳的资格。于是，很多人因此背上了自卑的包袱。由于曾经被挑剔，也就逐渐习惯于用挑剔的目光看待自己，越看越觉得无法接受。接纳自己就是无条件地、无批判地接受自己的现状。比如你学习名次落后了，你焦虑，你自责，于是就强迫自己改变。越强迫越混乱，于是，你感觉胆战心惊，压抑焦虑。这样，你就被压抑痛苦所淹没，还怎么改变？这是你用观念和价值来判断的结果。所以，接纳自己不是用观念和价值，而是用心灵，用心灵爱自己，鼓励自己。在爱中，在接纳中你的心被有序地整合起来，你的心就不乱了，脑子就清醒了，做起事情来就开心轻松许多，就会有自己的节拍，才会萌生源于心灵深处的力量。这个力量不是来自外部的强迫。一个人并非要有突出的优点、成就或做出别人希望的改变才能被接纳。自我接纳是人天生就拥有的权利。要无条件地接纳自己，学习做自己的朋友，站在自己这一边，接受并且关心自己的身体和心理状况，不加任何附加条件地接纳自己的一切。

（2）不追求完美，不苛求自己。

我们每个人都有长处，也有短处，要学会接受不完美的自己。一个能接受自己缺陷的人，才有可能接受他人。我们每个人都是有缺陷的人，我们周围所有的人也都一样，完美只是一种概念。世上没有真正完整、完善的人，包括你的父母、朋友，也包括你的老师和任何你敬仰的人。

其实，很多时候正是在我们看来的不完美，塑造了我们的独特性，而完美的心态，就是接受自己的不完美。每个人在这个世界上都是独一无二的，是最独特的那一个，我们要学会做自己。

有一位收藏家，喜欢收集和买卖一些稀少的、有纪念价值的物品，即使要花再高的价钱，他都在所不惜。有一次，听说在英国有人要拍卖世界上最古老的邮票，他十分心动。他想，机会难得，于是赶紧前往拍卖会场。到了现场，他发现这是最少见的邮票，世上只存有两张，而这两张邮票都准备要在会场上拍卖。拍卖的最后，他各以100万英镑买下了这两张邮票，出手之阔绰，惊动了拍卖会场。大家不知道他为何要出这么高的价钱。就在众人仍然还在议论纷纷的时候，这位收藏家走到台上，向大家宣布："各位都看到了，我以200万英镑购得这世上仅存的两枚邮票，现在我要做的是，把其中一张烧掉。"讲完之后，他就从口袋里拿出打火机，把其中一张给烧掉了。当时，与会来宾个个愣在那里，他们不敢相信这是真的，难道他真的发疯了？这个时候，收藏家又说："大家都看到了，我已经烧掉了其中一枚。换句话说，我手上的这一枚是世界上独一无二的，它，才是真正的无价之宝！现在，我要把它卖给懂得鉴赏它的人，请大家出个价吧！”这时，喊价声不绝于耳，大家争先恐后想要获得这独一无二的至宝。最后，邮票竟然以500万英镑成交了，打破了有史以来的最高纪录。收藏家转眼之间就赚了300万英镑！

如果你也拥有一个全世界独一无二的稀有之宝，会如何珍惜它呢？你是否想过，自己本身也是绝无仅有、独一无二的。你的外表、动作、个性和思想都是唯一的，过去没有、现在没有、将来也不会有其他人跟你一模一样。在这天地之中，你就是你，无人可以取代！遗传、环境、遭遇和经验造就了我们自己。无论是什么样子，我们都应接纳自己、喜欢自己、珍视自己，因为毕竟那是我们自己。

学会只做自己，做最好的自己最终会赢得别人的尊重。

（3）自我激励，建立和巩固良好的自我感觉。

自我激励是指个体具有不需要外界奖励和惩罚作为激励手段，能为设定的目标自我努力工作的一种心理特征。自我激励是一个人迈向成功的引擎。

我们很容易遭遇逆境，也很容易被一次次的失败打垮。但是人生不容许我们停留在失败的瞬间，如果不前进的话，就注定被这个世界抛弃。莎士比亚说得好：“行动胜过雄辩。”一旦掌握自我激励，自我塑造的过程也就随即开始。以下方法可以帮我们塑造自我，塑造那个我们一直梦寐以求的自我。

树立远景：迈向自我塑造的第一步，要有一个我们每天早晨醒来为之奋斗的目标，它应是我们人生的目标。远景必须即刻着手建立，而不要往后拖。我们随时可以按自己的想法做些改变，但不能一刻没有远景。

离开舒适区：不断寻求挑战，激励自己。提防自己，不要躺倒在舒适区。舒适区只是避风港，不是安乐窝。它只是我们心中准备迎接下次挑战之前刻意放松和恢复元气的地方。

把握好情绪：人开心的时候，体内就会发生奇妙的变化，从而获得新的动力。令我们开心的事不在别处，就在自己身上。因此，应找出自身的情绪高涨期用来不断激励自己。

调高目标：许多人惊奇地发现，他们之所以达不到目标，是因为主要目标太小，而且模糊不清，使自己失去动力。如果我们的主要目标不能激发我们的想象力，目标的实现就会遥遥无期。因此，真正能激励我们奋发向上的是，确立一个既宏伟又具体的远大目标。

（4）从错误和失败中吸取经验教训。

要以建设性的态度和方法对待自己的弱点和错误。因为弱点也是有意义的。首先，它让我们懂得自己的局限性，使我们不至于狂妄自大；其次，它使我们懂得尊重有相应长处的人。只要我们能吸取教训，那么，错误就会成为我们的老师，从修正错误中学习是学习的主要方式之一。我们要学会正视自己的弱点，要注意不把时间花在自责和沮丧上，而是集中精力在怎样改正上。

3. 实现理想的自己——勇敢地完善自我

每个人都有自己的特长和潜质，在多元化成功的模型中，只要主动选择，每一个人都有成功的机会。

自我完善是个体在认识自我、认可自我的基础上，自觉规划行为目标，主动调节自身行为，积极改造自己的个性，使个性全面发展，对自身能力或素质进行突破，以适应社会要求的过程。

确立正确的理想自我。正确的理想自我是在自我认识、自我认可的基础上，按社会需要和个人的特点来确立自我发展的目标。大学生要积极探索人生，理解人生，树立正确的人生观、价值观和世界观，为理想自我的确立寻找合适的人生坐标，从个人与社会的联系中认识有限人生的价值和意义，并通过实现这一目标而努力地完善自我。

努力提高现实自我。不断战胜旧的自我，重塑新的自我。首先，可以给自己制订一个自我发展的计划。想清楚这三五年想要做的事情。然后，可以考虑近期需要做好的事情是什么，也就是说，为了实现自己的发展目标如何去努力。对这一问题的思考越细致越好。制订计划时，可以用书面的方式，放在容易看到的地方，并且，可以把计划告诉身边的同学朋友，让他们也给自己的学习计划提点意见或出些主意，并监督自己的计划，这有利于计划的顺利实施。

认真进行自我探究，逐步获得积极的自我统一。自我统一意味着主体我和客体我的统一，自我认识、自我体验和自我调控的统一。大学生在认真探索人生的过程中，逐步获得积极的自我统一，实现自身的价值。在获取自我统一的过程中，首先要分析和确认“理想自我”的正确性和可行性，然后与现实自我相对照，最后有针对性地、有计划地解决二者之间的矛盾，缩小差距，最终获得统一。

中国有句古语“自知者英，自制者雄。此为‘英雄’耳”。英雄是一个民族的精英，是时代杰出人物的代名词。但英雄的前提是要有自知之明，即先“英”而后“雄”，这也是我们的老祖先总结而来的一个处世经验。希望同学们都能尊重自己的真实存在，走出自己的人生之路！

案例 1

老师对学生说："有两位工人从烟囱里爬出来，一位很干净，一位很肮脏，请问谁会去洗澡？"

一位学生说："当然是肮脏的工人会去洗澡。"

老师摇了摇头，讲起一件父亲说给他的有趣的事情。父亲说："有一天，我和邻居杰克大叔去清扫南边工厂的一个大烟囱。那烟囱只有踩着钢筋踏梯才能上去。杰克大叔在前面，我在后面。我们抓着扶手，一阶一阶地终于爬上去了。下来时，杰克大叔依旧走在前面，我跟在后面。钻出烟囱，我看见杰克大叔的模样，心想我肯定和他一样，脸脏得像个小丑，于是就到附近的小河里去洗了又洗。而杰克大叔呢，他看见我钻出烟囱时干干净净的，就以为他也和我一样干净呢，于是只草草洗了洗手就大模大样上街了。结果，街上的人都笑痛了肚子，还以为杰克大叔是个疯子呢。"

"干净的工人看见肮脏的工人，他会觉得的确很肮脏。肮脏的工人看到干净的工人很干净，就不这么想了。我想再问你们，哪个工人会去洗澡？"老师又问。

一个人，常常会把别人作为自己的镜子来照。

思考：你是如何认识自己的呢？通过别人来认识自己需要注意些什么呢？

案例 2

天资聪颖的云凡，学习勤奋刻苦，从不甘人后，对自己要求严格。大学一年级第一学期考试后，云凡的成绩在全班名列第一。然而，当他看到几个学习成绩不如自己的学生干部在学生活动中忙前忙后，受到同学关心时，心里很不是滋味。他决心超过他们，保持各方面"第一"的地位，心想"不能让别人说自己是书呆子"。新学期开始后，云凡将大部分精力投入到学生活动中，有时甚至逃课去筹划活动。然而，一个人的时间和精力是有限的，他的学习成绩开始下滑。大二开学了，云凡仍在学生工作方面十分努力，学习也非常刻苦。当他考试不及格时，他认为是自己不够努力，于是就罚自己一天不吃饭，以提醒自己更加刻苦地学习。然而，他的成绩还是越来越糟。他一再惩罚自己，陷入了恶性循环。

这时的云凡开始迷茫，觉得自己好没用，感到没脸见父母……

思考：云凡对自己的认识是全面、客观的吗？他给自己的定位是正确的吗？

活动1：我是谁？

目的：了解自己，认识自己。

准备：笔、纸。

时间：约10分钟。

操作：

（1）请在下面写出20句“我是一个怎样的人”，要求尽量选择一些能反映个人风格的语句，避免出现类似“我是一个男生”这样的句子。

① 我是一个____________________。

② 我是一个____________________。

③ 我是一个____________________。

④ 我是一个____________________。

⑤ 我是一个____________________。

⑥ 我是一个____________________。

⑦ 我是一个____________________。

⑧ 我是一个____________________。

⑨ 我是一个____________________。

⑩ 我是一个____________________。

……

（2）归类：将上述20个句子根据以下内容归类。

① 身体状况（你的外貌、身高、体型等）。

编号：____________________。

② 心理状况（你常有的情绪情感，如开朗、内向、心烦、多愁善感；你的才智状况，如有能力、灵活、迟钝等）。

编号：____________________。

③ 社会状况（与他人的关系，对他人常持有的态度和原则，如乐于助人、爱交朋友、坦诚的、孤独的，等等）。

编号：________________________________。

（3）评估一下你对自己的陈述是积极肯定的还是消极否定的。在你列出的每句话后面加上加号或减号。加号表示“这句话表达了你对自己肯定满意的态度”；减号的意义则相反，表示“这句话表达了你对自己不满意、否定的态度”。看看你的减号与加号的数量各是多少。

（4）总结：如果你加号的数量大于减号的，说明你的自我接纳状况良好。相反，你的减号将近一半甚至超过一半，这显示你不能很好地接纳自己，你的自尊程度较低，这时需要内省一番，寻找问题的根源。比如你是否过低地评价了自己？是什么原因使你成为这样？有没有改善的可能？

活动 2：写一首个人小诗

目的：加深对自我独特性的认识与欣赏。

准备：笔、纸。

时间：约 15 分钟。

操作：写一首关于自己独特性的小诗，用自己的品格填补括号中的内容。

我是

第一节

我是（你所具有的两种特别品格）________________。

我好奇（你所好奇的东西）________________。

我听见（一种想象的声音）________________。

我看见（一种想象的景象）________________。

我想（一种真实的愿望）________________。

我是（重复本诗第一行）________________。

第二节

我假装（你实际上假装在做的事情）________________。

我感到（一种想象的感觉）________________。

我触到（一种想象的触觉）________________。

我担忧（实在令你烦心的事情）________________。

我哭泣（令你非常悲伤的事情）________________。

我是（重复本诗第一行）________________。

第三节

我明白（你知道是事实的事情）________________。

我说（你相信的事情）____________________。

我梦想（你真正梦想的事情）____________________。

我试图（你真正想努力去做的事情）____________________。

我希望（你真正希望之事）____________________。

我是（重复本诗第一行）____________________。

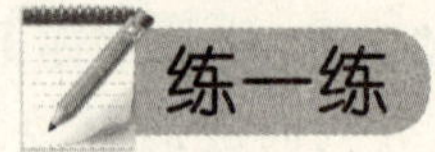

练一练

1. 自我意识系统的组成包括哪些？

2. 什么是健全的自我意识？如何塑造健全的自我意识？

3. 通过本章的学习与思考，你清楚自己是什么样的人吗？

4. 写一篇“我的故事”。以传记的方式写出“我的故事”，写下自己的成长经历或者你眼中的自己，以促进对自己独特性的认识，同时反思自己。

推荐阅读

你不是你的工作，你不是你的成功，也不是你的失败。这些外在的东西，丝毫动摇不到你那个内在的真我……

——摘自张德芬《遇见未知的自己》

此时我认为“自爱”这一课题是世界上最重要的课题之一，因为我很清楚。人们对待别人在大多数情况下就像对待自己一样。如果一个人不爱自己的话，他就不会爱别人。此外，自爱还是一个人得以生存和发展下去的唯一力量。

——摘自〔德〕尼娜·拉里什《自爱的艺术》

所谓接受，即直面我们人生中的所有真相，深深地懂得，任何事实一旦发生就无可更改，而且不管多么亲密的人，我们都不能指望他们为自己而改变。没有学会接受之前，我们都会把注意力放到别人身上，期望别人为自己改变一下，那么自己就得救了。但任何一个独立的人，都不会按照我们的要求去改变的。所以，这种期望注定会失败。学会接受之后，我们就会把注意力转移到自己身上，深深地懂得，自己才是自己的问题的答案。由此，我们开始努力改变自己，并最终获得更大的自由。

——摘自武志红《感谢自己的不完美》

潜能启航——有理想有方向

人的一生，归根结底就是激发、运用潜能，认识、发展、实现自我的过程。在上一章的学习中，我们解决了“我是谁”“我在哪里”的问题；今天，我们将掀开新的篇章，一起探寻“我将去向何方”以及“我该如何到达”。

理想是人生前进的方向，也是潜能开发的风向标，树立正确的远大的理想，才能更好地引导我们充分利用现有能力、挖掘潜在能力。

本章将和大家一起探讨理想对于心理潜能开发与拓展的重要性、如何树立与实现理想。同时结合心理训练，加深对理想与目标的认识，聚焦目标、发挥潜能、澄清自我价值观，帮助大家进一步在职业理想上认识、分析自我，选择适合自己的努力方向。

一、何为理想

饥寒的年代里，理想是温饱；
温饱的年代里，理想是文明；
离乱的年代里，理想是安定；
安定的年代里，理想是繁荣。

——流沙河《理想》

随着时代的变迁，理想的形式也会发生变化。理想是人们在实践中形成的、有实现可能性的、对未来社会和自身发展的向往与追求，是人们的世界观、人生观和价值观在奋斗目标上的集中体现。对现状永不满足、对未来不懈追求，是理想形成的动力和源泉。理想作为一种精神现象，是人类社会实践的产物。人们在改造客观世界和主观世界的实践活动中，既追求眼前的生产生活目标，渴望满足眼前的物质和精神需求，又憧憬未来的生产生活目标，期盼满足未来的物质和精神需求。从一定的意义上讲，理想是人们在实践中形成的、对未来社会和自身发展的向往与追求，是人们的世界观、人生观和价值观在奋斗目标上的集中体现。

理想是美好未来的代名词，也是开发自我心理潜能的导航仪，然而在和人们谈论起理想的时候，却会发现理想在现今社会中的一种尴尬境地，一些人会发出这样的感慨，“理想理想，既不愿意理，也不愿意想”，“理想很丰满，现实很骨感”，“别和我谈理想，戒了”，“通往成功（理想）的路，总是在施工中”……是不是我们不去想、不去谈就不存在问题了呢？让我们一起来看看一位大学生的苦恼：

在中学，我一直都是一个很勤奋的学生，因为那时候有一面理想的旗帜在前方不远处高高地飘扬着。每当在茫茫题海里游得累了、困了，我就会抬头看看那面旗帜。它像一剂解乏治困的药，让我又重新兴奋起来，拼命地游起来。进了大学，我没有了理想的旗帜，一切都变得不堪忍受起来。没有了生活的方向，欲学不能，欲罢不忍。渐渐地，内心深处开始感到空虚、厌烦、郁闷，这难道就是我的大学生活吗？

目标的魅力总是在追求的过程中，如果目标实现后不及时树立新目标的话，就会出现目标间断、理想空白的空虚。也许很多人还都能够回忆起自己刚到大学时的情景：考上大学曾经是我们最大的理想，中学生活是非常苦的，可是也很充实，因为眼前有一面迎风招展的旗帜，当我们累了、倦了，看看它，就对我们起到很大的激励作用。然而当理想实现了，来到大学，下一步应该怎么走？人生规划、职业规划，许多人一无所知，很多同学会用“迷茫”两个字来形容自己的心情，“欲学不能，欲罢不忍”。所以有好多在中学十分勤奋的同学，来到大学后再也没了那股精气神。上大学是人生阶段的一个重要转折，人生中的每一个阶段，要想获得可持续的发展，都必须要在这个阶段里给自己定立目标，树立理想，哪怕这个理想不大，哪怕微不足道，但是我们必须要有，因为这是生命的需要。

二、理想引导潜能发挥

（一）理想是生命的需要

维克多·弗兰克尔是一位奥地利犹太人，同时也是一位具有传奇经历的心理学家。第二次世界大战期间，他被纳粹分子抓到了奥斯维辛集中营。在那个惨无人道的地方，他被关押了三年之久。在这三年之中，他的父母、妻子和哥哥先后死在了集中营，全家人只剩下他和妹妹两个人。三年之后他重获自由，写了一本非常有名的书——《意义与人生》。在这本书里，他没有以一个受害者的身份来揭示纳粹的暴行，而是站在一个心理学家的角度来体味、观察难民营里囚徒的心理现象，以及在艰苦环境下奋力抗争的一些心理体验。在这本书当中，他写到了这样一个事实：因为很多人被关在集中营之前都是有身份的人，可是，当他们成为囚徒以后，这些人失去了一切，而集中营里的生活十分不堪，加之来自身心的折磨，使他们难以忍受，所以有很多人选择了放弃生命——自杀。有的人选择自杀，有的人顽强地活下去了，他们之间的区别是什么呢？弗兰克尔观察到，顽强活下来的人有一个共同特点，就是他们找到了存在的意义、人生的理想，即"我为什么要活下来"。他在著作当中，引用了尼采的一句话，"知道为什么而活着的人，什么样的痛苦他都能承受"。弗兰克尔回顾，在那不堪的三年当中，他之所以能够承受下来，没有自杀，是因为找到了存在的意义——为他的妹妹。他是妹妹唯一的亲人，他要让妹妹在重获自由以后，知道还有亲人存在。弗兰克尔还有一个理想，就是希望自己的学术思想能够为世人所知。其实他本来就有了一部学术著作的雏形，后来被纳粹分子烧毁了，但是他还是希望以后出版一部书，这部书被他称为"精神上的儿子"。这两大精神支柱鼓励他活了下来。

理想是生命的需要，如果没有它，会觉得人生其实就是一个乏味的苦役。拥有政治理想的屈原，在理想破碎以后，便愤然投身汨罗江；而老舍笔下的骆驼祥子，他想要一辆属于自己的车，在这个生活理想破灭之后，"他没了心，他的心被人摘了去"。所以也许我们会有一种体会：当拥有一个理想，因为这是一个没有完成的目标，我们会感觉精神上的紧张和焦虑，会觉得还不如不要这个理想；可是当我们逃离了理想，放弃了理想之后，我们会感到没有理想的压力更是苦不堪言，因为这让我们感受到了空虚，生命意义的空虚。因而，理想的建立对于每个人的生命而言是非常重要的。

或许有人会说，"我不想设定这样的规划、那样的目标，我的人生信念是顺其自然"。的确，在人生的旅途当中，有很多无奈的事情，"无论你如何努力，你都可能得不到它"。如果非要得到它不可，就很容易把自己逼入心理的绝境，所以有时候，一定要有一种生活信念，叫顺其自然。但是对于年轻人，在"顺其自然"之前，或许还要加上"争其必然"，因为只有争其必然、全力以赴，你才真正有可能做到顺其自然。因为作为一个年轻人，你有无限的潜能。每个人心里都有一种声音，就是希望比现在更好，这是发自内心的一种呼唤。当你面对困难时，如果不奋力一搏，反而给自己找一个解脱的理由说"我要顺其自然"的时候，你能够做到真正坦然地接受现在的一切吗？当看到别人成功了，你真的能做到从容和淡定吗？不会。但是如果你全力争取过、拼搏过，那就不一样了，所以"争其必然"，这应该是青年人必备的一种积极进取的人生态度。那么，"其"是指什么呢？人生的道路有千万条，特别是在今天，多元化的社会市场经济的时代，每一个人其实有无穷的自由，无论是职业还是人生态度、人生信仰，或是其他各个方面，你都可以有多种选择。而这个"其"就是你最想得到的那个，也就是理想。杨澜曾经说过，"人生像一场美不胜收的宴席，里边有各种各样你喜欢吃的菜肴，如果每一种都要吃的话你就会撑死"。你的胃受不了，那么一定要选择你最想吃的、你最想要的。而理想，就是你最想要的那一个，向左走，向右走，理想会起到一个定力的作用。当然，在实现理想的过程当中，我们肯定也会有挫折，也会有失败。而当你倦怠的时候，理想是把你唤醒的那个声音；当你跌倒的时候，理想是把你扶起来的那股强有力的力量。正如被称为美国民族精神之父的爱默生曾经说过的一句话"一个心向着自己目标前进的人，整个世界都会给他让路"！理想是生命的需要，因为生命需要理想的支撑！

（二）理想引领我们突破障碍

1. 理想使我们聚焦目标、提高效率

一个没有目标的人就像一艘没有舵的船，永远漂流不定，只会到达失望、失败和沮丧的海滩。许多年前，某报曾做过300条鲸鱼突然死亡的报道。这些鲸鱼在追逐沙丁鱼时，不知不觉被困在一个海湾里，报道上说："这些小鱼把海上巨人引向死亡。鲸鱼因为追逐小利而暴死，为了微不足道的目标而空耗了巨大力量。"

美国作家福斯迪克说得好："蒸汽或瓦斯只是在压缩状态下，才能产生动力；尼亚拉加瀑布也要在巨流之后才能转化成电力。而生命唯有在专心一意、勤奋不懈时，才可获得成长。"下面不妨让我们一起看看"赖嘉的故事"。

赖嘉随父母迁到亚特兰大市时，年仅4岁。他的父母只有小学五年级的学历，因此当赖嘉表示要上大学时，他的亲友大多表示不支持。但赖嘉心意已决，最后果真成为家中唯一进大学的人。但是一年之后，他却因为贪玩导致功课不及格而被迫退学。在接下来的6年里，他过着得过且过的生活，毫无人生目标。他大半时候都在一家低功率的电台担任导播，有时也替卡车卸货。有一天，他拿起柯维的第一本著作《相会在巅峰》。从那时起，他对自己的看法完全改变，发现自己有不平凡的能力。重获新生的赖嘉，终于了解了目标的重要性。的确，目

标决定我们的将来。赖嘉的目标是重返大学，然而他的成绩实在太差了，以致连遭墨瑟大学拒绝两次。在遭到第二次拒绝之后的某天，赖嘉无意间撞见院长韩翠丝，他趁机向她剖明心志。结果，院长答应了他的请求，准许他入学，但有一个附加条件：他的平均分数要达到乙等，否则就要再度退学。赖嘉一改过去的散漫态度，以信心坚定、目标明确、内心无畏的姿态，重新踏入校门。他每季平均进修多个学分。经过2年零3个月，即以优异的成绩取得了学位，紧接着再迈向更高的目标。如今，这个伐木工人的儿子已成为赖嘉博士，他还在全美发展最迅速的教会担任牧师，教会地点就在费城特尔市，距他成长的亚特兰大仅数分钟车程。

从上面的例子我们可以看出，有理想才有结果，理想和目标能够激发我们的潜能，帮助我们聚焦于最重要的事情。

2. 理想使我们有积极性

给自己定下理想和目标之后，理想就会在两个方面起作用：它是努力的依据，也是对你的鞭策。理想给了我们一个看得着的射击靶。随着努力实现这些理想和目标，我们就会有成就感。对许多人来说，制定和实现目标就像一场比赛，随着时间推移，实现了一个又一个目标，这时思想方式和工作方式又会渐渐改变。

有一点很重要：我们的目标必须是具体的，可以实现的。如果计划不具体，无法衡量是否实现了，那会降低我们的积极性。为什么？因为向目标迈进是动力的源泉，如果无法知道自己向目标前进了多少，我们就会泄气。

有一个真实的例子，说明一个人若看不到自己的目标会有怎样的结果。

1952年7月4日清晨，加利福尼亚海岸笼罩在浓雾中。在海岸以西21英里的卡塔林纳岛上，一个34岁的女人涉水太平洋，开始向加州海岸游去。要是成功了，她就是第一位游过卡塔林纳海峡的妇女，这名妇女叫费罗伦丝·查德威克。在此之前她是游过英吉利海峡的第一位妇女。那天早晨，海水冻得她身体发麻，雾很大，连护送她的船都几乎看不到。时间一个钟头一个钟头过去，千千万万人在电视机前看着。有几次，鲨鱼靠近了她，被人开枪吓跑。她仍然在游。在以往这类渡海游泳中最大的问题不是疲劳，而是刺骨的水温。15个钟头之后她很累，身体也冻麻了。她知道自己不能再游了，就叫人拉她上船。她的母亲和教练在另一条船上。他们都告诉她海岸很近了，叫她不要放弃。但她朝加州海岸望去，除了浓雾什么也看不到。几十分钟之后——从她出发算起15个钟头零55分钟之后，人们把她拉上船。又过了几个钟头，她渐渐觉得暖和多了。这时却开始感到失败的打击，她不假思索地对记者说："说实在的，我不是为自己找借口,如果当时我看见陆地也许我能坚持下来。”人们拉她上船的地点,离加州海岸只有半英里!后来她说,令她半途而废的不是疲劳,也不是寒冷,而是因为她在浓雾中看不到目标。查德威克小姐一生中就只有这一次没有坚持到底。2个月之后她成功地游过同一个海峡。她不但是第一位游过卡塔林纳海峡的女性,而且比男子的纪录还快了大约两个钟头。

查德威克虽然是个游泳好手,但也需要看见目标,才能鼓足干劲儿完成她有能力完成的任务。你别低估制定可测目标的重要性。

(三)理想促使我们实现自我

想象一下,你手里有一张足够大的白纸。现在,你的任务是,把它折叠51次。那么,它有多高?一个冰箱?一层楼?或者一栋摩天大厦那么高?

不,这个厚度超过了地球和太阳之间的距离。到现在,笔者用这个问题问过十几个人了,只有两个人说,这可能是一个想象不到的高度,而其他人想到的最高的高度也就是一栋摩天大厦那么高。

折叠51次的高度如此恐怖,但如果仅仅是将51张白纸叠在一起呢?这个对比让不少人感到震撼。因为没有方向、缺乏规划的人生,就像是将51张白纸简单叠在一起。今天做做这个,明天做做那个,每次努力之间并没有联系。这样一来,哪怕每个工作都做得非常出色,它们对你的整个人生来说也不过是简单的叠加而已。

当然,人生比这个寓言更复杂一些。有些人,一生认定一个简单的方向而坚定地做下去,他们的人生最后达到了别人不可企及的高度。譬如,有一个朋友的人生方向是英语,他努力了数十年,仅单词的记忆量就达到了十几万之多,在这一点上达到了一般人无法企及的高度。

有一些人的人生方向也很明确,譬如开公司做老板。这样,他们就需要很多技能——专业技能、管理技能、沟通技能、决策技能,等等。他们可能会在一开始尝试做这个,又尝试做那个,没有一样是特别精通的。但最后,开公司做老板这个方向将以前那些看似零散的努力统合到一起,这也是一种复杂的人生折叠,而不是简单的叠加。

通过规划利用好现有的能力,才能进一步挖掘潜能,让自己的人生启航。要想成功地实现自我、创造未来,必须有理想的指引。

一个人最大的幸福,是能以自己选择的方式生活,择其所爱,爱其所择,会使一个人以己为荣,并呈现出圆融、丰足、喜悦、智慧和充满创造力的气质。

只要对心理学稍有接触的人都知道马斯洛的需求层次理论。很多人还能很快地说出五个层次的需求:生理、安全、爱与归属、受尊重、自我实现。1954年,身为人本心理学中流砥柱的马斯洛出版了影响深远的巨著《动机与人格》,书中提出了上述的需求层次理论。需求层次理论是解释人格的重要理论,也是解释动机的重要理论。他提出个体成长的内在动力是动机,而动机是由多种不同层次与性质的需求所组成的,而各种需求间有高低层次与顺序之分,每个层次的需求与满足的程度,将决定个体的人格发展境界。其中,最高层次的需要即是自我实现的需要,也就是对于实现人生理想的需要。

二、如何树立科学的理想

网上曾有人谈论:参加朋友聚会,听闻一朋友的青年旅馆越做越好,已经开第二家了,从原来的入不敷出到现在小有收入。想当初他砸锅卖铁地去创业开青旅,所有人都觉得他撑不了多久,没想到他竟这么坚持下来,而且成功了。于是,大家都说他真棒,实现了自己的理想。这时,有人说:"好羡慕他是个有理想的人,那我的理想是什么啊?"众人突然安静了几秒。听到有个人长长地舒了口气,他说:"其实我以前也想做背包客,再去丽江、大理那里开个客栈。面朝大海,春暖花开。"有人马上接着说:"我也是。""我好想骑行西藏,去世界流浪。""我想逃离大城市,找个乡下种田,养花,养狗。"顿时,打开了话匣子,每个人纷纷说出自己的理想。可说来说去,大家的理想无非是去旅行、开客栈、骑行西藏,等等,无非就是逃离现有生活的圈子,过一种不用工作、没有俗务缠身的日子。这时,有个人说:"我的理想很简单,就是天上掉了很多钱给我,我的要求很简单。"大家一哄而笑,这个话题也就此结束。

可是理想的话题从来都没有结束。从小学起老师就让学生写作文:《我的理想是××》,于是学生就开始写:"我的理想是老师","我的理想是作家","我的理想是科学家、我的理想是警察","我的理想是宇航员"……小时候的理想是一个个职业、身份标识。

长大后,理想就变成一个更为遥不可及的词。它可能不再是职业身份,而是不能到达的生活。如果你问"80""90"后的青年,十有八九,都有过骑行西藏梦,或者辞职说走就走梦,或者开客栈梦,诸如此类的理想。

而网络、媒体也经常在向人们传递各种旅行的梦想,环游世界、间隔年、背包客等概念,从一开始的新鲜,到如今几乎人人皆知。关于旅行的梦想,变成一种时尚、流行的理想。最常见到的故事可能是某个人放弃原有安稳的生活和工作,追寻自己的理想,行走、旅行,再做一名自由职业者。

于是大多数人的理想也变得如此相似：放弃原有的安稳，去寻找动荡而富有个性的生活方式。可是真正做到的人又有多少呢？多少人不是酒醉时说一下，回头又到自己的寻常轨迹上走着。这种感觉，不就像小时候写的作文吗？写个老师认可的标题，凑个几百字，仿佛给自己贴了一个光明的标签，可以心安地站在大众的队伍里：我也是个有理想的人，而且我的理想也是很棒的！总是写完就是了，至于真的是自己想的吗，真的能做到吗？不用管！梦想嘛，不就是梦里想的嘛！

理想，在你没为它做过什么之前，它都不能叫理想和梦想，只能叫“梦和想”！你的理想，真的是自己想要的吗？是的话，你为什么没有为它做过什么？不是的话，为什么老是拿别人的理想说是你的呢？

为什么这么多人都拿相似的理想放在自己的头上呢？说到底，理想是一种情感诉求。大多数生活在大城市中的人们，一方面适应大城市的快节奏、高竞争度的生活，一方面又渴望能逃离现有生活，于是辞职、旅行成为大多数人的理想。

之前大冰的《他们最幸福》火了之后，有一些人说看完书后就辞职去旅行了，让人发笑又无语。在书里，大冰曾提及他写这些故事的用意：不是为了让其他人也跟着去做，而是告诉人们除了平常看到的生活方式，还有很多人也过着不一样的生活，但是也是幸福的。幸福不应当只有一种模式，生活也不应该只有一种是对的，正如价值观，没有谁对谁错。而理想，应该体现你的价值观，并且你能遵循它，并为之努力，以此寻求你最想要的人生和自我。

当然，还有很多人经常说自己没有理想，他们说只想安静地过个小日子，结婚生子，有房子住，有车开。这么平实的愿望，是理想吗？谁说不是呢！平和舒服地和家人一起生活，觉得幸福、有意义，不就好了吗？谁说理想一定要高大上，一定要孤独前行？它不应当是永远不能实现的，而是经过你的大脑和心灵的辨识，能为之努力，并服从你的价值观和人生观的东西。

所以，别总是随便把别人的理想说成你的。没有经过自己吸收、接纳的东西，不能称之为自己的想法。没有为之努力的理想，也别说是自己的。唯有那些为之努力、为之付出的东西，才是真正属于你的。每一次，当看到有个人遵循自我的价值观实现理想，例如在某个远离喧嚣的地方开了家客栈快乐地生活或放弃安稳工作去追求年少时喜欢的艺术，或为了自己的小家充满爱地奋斗，我们都满怀敬意。理想，属于这样的人。

同学们，你们的理想是什么呢？你们的理想又与什么有关呢？我们该如何树立远大的科学的理想呢？

（一）初心要正

在今天这个时代，我们需要有内心的真实声音，需要常常反省，需要摆脱外在的评价来评判自己真正的能力。日常生活中会有很多扰乱我们视线的现象和诱惑。

你会发现有一些人并不好好工作，他们把大多数时间花费在走“后门”上；你会发现有的人用特殊的手段谋得一个职位或者迅速致富；你会发现有人使一个国有企业破产，而自己却成了有钱有势的人；你会发现有的人论形象、论口才、论能力、论学历根本不能在领导职位上，仅仅因为“朝里有人好做官”而身居其位；你会发现有的人根本不把我们所珍视的价值观放在眼里。在任何时代里，总会有一些人虽破坏规则却能暂时得势，我们不应该羡慕他们。因为规则的失去总是暂时的，不以实力和正当方式得到的东西也必定是空中楼阁，昙花一现。那些我们世世代代相传的价值观念，诸如，勤奋、正直、庄重、敬业、朴素、靠本事吃饭等则是我们永远的立身法则。

（二）志存高远

志存高远的人才能成大事，立大志的人才有可能成大事，那么何为高远？什么样的理想，才能称之为志存高远呢？《三国志》中，曹操和刘备煮酒论英雄，在曹操来看成为英雄应该具备两个条件：第一是大志，第二是良谋，良谋即有智慧。但是先决条件是要有大志，“吞吐天地之志也”。吞吐天地，可以称之为盖世英豪，因为曹操是一个非常有政治抱负的人，他有吞吐天地之志，这样的人才能够成就大业。当然，未必每个人志向的高远一定要表现在气吞山河上，但是它表明了一个高度。作为理想，作为人生当中设立的一个目标，起点一定要高一些，这样能激励你付出更多的努力也就能让你的潜能得到更大的发掘。即使达不到这个目标，你得到的也比那个标准很低的人得到的多得多。所以志存高远的“高远”当中的“高”，纵向来看目标要高一些。

那何为“远”呢？我们看看毛泽东的故事。据说毛泽东在湖南师范读书期间，和同学有一个约定，就是进行交流，有三种话题最好不谈，第一不谈男女之间的事，第二不谈金钱，第三不谈家庭琐事。其实毛泽东并不是一个不食人间烟火的人，只是他把注意力更多地投入到指点江山、激扬文字中。人的精力、能力是有限的，要将其聚焦于最为重要的事情。我们讲的“远”指的是视野要开阔，要能够超越个人的、方寸的利益，如果太计较个人眼前的利益，就会羁绊前进的脚步。一个人的本质就体现在其社会性当中，实现个人理想，一定要有一个社会基础，如果你个人的理想与这个社会的理想格格不入，你把个人的意志凌驾在其他的人、社会，甚至国家的意志之上，是行不通的。其实一个人，不可能没有对个人利益的关注，不追求个人利益的得失，但是如果你的眼睛只关注个人利益，甚至凌驾于其他社会利益之上，将其他人、整个社会都变成实现你的个人利益、理想的一种工具的话，就什么都得不到，所以在建立你个人的理想的时候，视野要开阔一点，要有一个社会视野。

心理学家阿德勒研究的是一个人的视野和一个人心理健康的关系。他发现好多心理不健康的人，是以自我为中心的人，这种自我为中心可以表现在生活的方方面面。比如有的人特别关注自己的形象，整天像安了扫描仪一样，不停扫描自己，过于关注自己，这样的人也叫以自我为中心的人。有的人，整天都会有一些负面的情绪，浑身好像安了很多的按键，所有的按键都有可能导致不良情绪的发生。什么原因呢？高度以自我为中心的人，也许有远大的理想，在生活当中也许想做一个对他人、对社会有用的人，但是，他每天都在忙着处理消极情绪，哪里还能顾得上做他应该做的事情呢？所以，有的时候视野不但影响一个人的心理健康，也会影响其志向的达成。

（三）立志需躬行

老子曾说："合抱之木，生于毫末；九层之台，起于累土；千里之行，始于足下。"志当存高远，但也应始于足下，亲力亲为。"一事精致，便能动人，亦其专心致志而然。""心心在一艺，其艺必工；心心在一职，其职必举。"只要你能够倾一生的时光与精力、倾一生的思维与智慧、倾一生的执着与追求，勤勉苦辛，朝乾夕惕，不气馁、不放弃，把自己所从事的工作做到完美、做到极致，那么，我们就能超越梦想、成就辉煌。

三、大学生职业生涯规划

人生在世，演绎自我、创造辉煌，是每个人的追求。人生的起点重要，下一步的方向更重要，成功的人生需要规划。大学生是未来社会的中坚力量。对于大学生而言，理想的实现、潜能的开发大多与未来要从事的职业相关，因而职业生涯规划也是一门必修课程。

（一）职业生涯规划的定义

美国生涯理论专家唐纳德·舒伯认为生涯是一个人一生中所扮演的各种角色的过程，此观点得到了普遍的认可。

如何界定职业生涯规划？我们认为，职业生涯规划就是在知己（兴趣、性格、气质、能力、技能、价值观等）和知彼（社会环境、职业环境和人际环境）的基础上确定奋斗目标，进行正确抉择，有目标、有计划、有行动、有结果。职业生涯规划的核心内容可以概括为认知自己与环境，选定目标，付诸行动，评估结果，周而复始，是一个环形的动态结构。

（二）职业生涯规划的意义

人，生而寻求意义，追求自我存在的价值，这是人之所以为人的基本需要之一。然而如何让自己在短短不足百年的人生中过得更有价值，却是每个人都应该考虑的事情。人，生而不甘平庸，渴望创造辉煌，实现自我，但是又不免迷失在忙忙碌碌、碌碌无为的现实生活中。

生涯规划的真正目的在于对自己的不断认识和对环境的不断探求，了解自己和环境，挖掘潜能，实现人生价值。生涯规划的真正原因正是我们处在巨变的年代，不是计划不如变化快，恰恰因为计划不如变化快，才更需要有规划。因为人生多变，突发事件频发，如果没有规划、没有方向，必定无从选择，误入歧途而不知。

大学生，天之骄子；大学，成长的舞台，人生的关键时期。迈进大学的校门，是人生的一个转折。面对未来的不确定，大学生迷茫了，困惑了，无所适从，甚至后悔了……作为大学生，如何才能成长、成才、成功，找到并最终实现人生的价值和意义，在大学这个舞台上跳出美丽迷人的舞步？职业生涯规划能为大学生实现自身的梦想助力。

意识是行动的先导。学习职业生涯规划知识，可以激发大学生的规划意识。在心理学上，意识和行为是相互作用的。行动激发意识，意识能够指导行动。学习职业生涯规划的行动，激发进行职业生涯规划的意识；有了职业生涯规划意识，进一步指导生涯行动。大学生生涯规划意识觉醒，意味着关注的自己职业发展，认真思考自己的职业生涯，郑重地选择职业，并为之付出。

与此同时，严峻的就业挑战也给大学生提出了要求。大学毕业生以每年超过 20 万的人数增加，2017 年将超过 700 万。严峻的就业形势面前，大学生更需要学习并掌握职业生涯规划的知识和技能。充实的大学在于成功的规划，成功的人生更在于成功的生涯规划。

（三）职业生涯规划的内涵

人生的选择，大学的生活，严峻的就业形势，人生的关口，职业生涯意识的觉醒，迫切需要进行职业生涯规划。职业生涯规划就是一个探索自己、分析环境、选择目标、采取行动、进行评估的动态过程。

1. 自我探索

“人贵有自知之明”恰恰说明人难有自知之明。“不识庐山真面目，只缘身在此山中”，知人者智，自知者明。职业生涯规划的第一步就是探索自我。在第一章中我们就自我意识的树立进行了探讨，本部分我们围绕与职业生涯规划紧密相关的个人兴趣、性格、能力和价值观四个方面展开学习。

（1）兴趣。

乔治·赫伯特说，爱使一个人适于从事任何工作。职业选择需要择己所爱，即选你所爱，爱你所选，才能从工作中获得满足。兴趣是最好的老师，兴趣是内心所爱，兴趣与职业的成就密切相关。因此，进行职业生涯规划时，探索自己的兴趣，珍爱自己的选择，选择自己喜欢的职业，才能创造出属于自己的辉煌。

在职业生涯规划中，取得一定成就的人很早就知道自己喜欢什么，能找到真正能激发自己激情和热情的事情。沃伦·巴菲特说:“我六七岁的时候就知道自己对投资有兴趣”。那么，兴趣是什么，自己的职业兴趣又是什么呢？能否找到让自己着迷的工作？下面就和大家一起探讨。

兴趣多指个体对事物喜好或关心的情绪，是个体认识一件事物和从事某种活动的一种选择性倾向和积极的情绪。兴趣背后是需要，心理学家皮亚杰说:“兴趣，实际上就是需要的延伸……之所以对于一个对象发生兴趣，是由于它能满足我们的需要。”兴趣是内心动力与快乐的来源，而不是快乐过后的内疚。兴趣是从事活动的强大驱动力，是一个人行动的动力机制，只有当一个人对所做的事情感兴趣的时候才能调动整个身心的积极性，并能主动克服种种困难。

兴趣会带来美好的快乐体验，这种美好的体验本身也具有动力性。兴趣是快乐的来源，兴趣是一种强大的精神动力。但是现实生活中有很多事情会给人带来快乐，也会推动行为持续，但可能导致事后会内疚，有负罪感。比如大学生在休闲娱乐中会体会到快乐，但过后可能会内疚。这不是兴趣，兴趣不是快乐过后的内疚，而是快乐过后的充实，是一种美好的体验。美国心理学教授 Mihaly Csikszent 也指出，专心致志地、积极地从事某种活动，会感到愉快和满足。

兴趣对个体具有重要的作用。成功与兴趣相伴，在成功的路上应寻找兴趣做朋友。个体的行为动力只有来自内部，行为才能够高效地持续下去。兴趣对一个人的巨大作用，主要表现为：① 兴趣为从事的活动做好准备。如对于一名大学生来说，对职业生涯规划感兴趣，就可能激励他勤奋学习相关知识，掌握相关技能，积极进行实践，为成功的职业生涯做好筹划。② 兴趣是从事的活动的发动机，爱之深则知之切。如果你对所学的知识有兴趣，必定学得快乐，学有所成。③ 兴趣可以激发创造性。在学习、工作、生活的道路上，有挫折，更有快乐和幸福。④ 兴趣能使个体对事物和活动，表现出积极的接受，并伴随着快乐等积极的情感体验。⑤ 兴趣促进个体的成长。兴趣可以使人的心智得到发展，知识得以丰富，视野得以开阔，个性更加完善。由此，兴趣对职业生涯规划的影响深远。

兴趣是职业生涯规划中进行自我探索的一个重要方面。关于职业兴趣的探索约翰•霍兰德做出了重要的贡献。约翰 • 霍兰德是美国著名的职业指导专家。他提出人职匹配理论，认为人的兴趣千差万别，但概括起来有6种，具体是实际型、研究型、艺术型、社会型、企业型和传统型。职业也千差万别，但概括起来同样也是6种类型，6种职业兴趣和6种职业类型是一一匹配的。在职业决策中最理想的是个体能够找到与其兴趣类型匹配的职业。他还编制了霍兰德职业兴趣测验量表，此量表可以比较精准地了解和分析职业兴趣所在。

要找到自己的职业兴趣，需要激情与渴望，需要行动和努力，这是人生的探索，而不仅仅是一个测验就可以解决的。做好测验的同时，更要通过实践去体验，探索自己的兴趣所在。另外，兴趣是什么很重要，更重要的是为兴趣做了什么。

（2）性格。

性格决定命运。那究竟什么是性格，性格又在职业生涯规划中扮演什么角色？

心理学普遍认为，性格是个体稳定的态度和习惯化的行为方式，是个体内部的行为倾向，是对个体行为、态度提供的内在解释。性格受先天遗传因素的影响，但更受后天环境的塑造，个体从出生到幼儿园，到小学、中学、大学，乃至踏入社会的整个过程中，性格都在不断变化和完善，逐渐形成自己的特色，成就独特的个体。性格是心理学研究的重点领域，心理学的三大流派——精神分析、行为主义和人本主义都对性格做了不同的解释。精神分析学派认为人格由本我、自我、超我三部分组成，人的性格在幼年就开始形成了。行为主义学派主张心理学的研究对象是可以观察到的行为，认为性格是由后天学习形成的。人本主义学派提出需求层次论和高峰体验论，认为尊重和信任是最基本的性格特征。

性格决定个体是否适合某职业，所以认识性格、正确理解性格就成了职业生涯规划的重要内容。但是对性格的认知和完善却是不那么容易。我们自己和他人对自己性格的评价往往是有很大区别的。如何认识自己的性格呢？下面将介绍性格探索的方法，以便更好地认识和理解自己的性格，做到扬长避短，完善性格，完成职业生涯规划。

MBTI 性格测试，是职业性格探索的优秀工具。心理学家荣格提出心理学类型学说，他把性格分为内向型和外向型、感觉型和直觉型以及思考型和情感型。在荣格的心理学类型理论的基础上，伊莎贝尔·迈尔斯和凯瑟琳·布里格斯增加了判断型和知觉型这一维度，从而提出了一套性格模型，即 Myers-Briggs 类型指标，简称 MBTI。MBTI 作为一种对性格判断和分析的模型，围绕 4 个维度：心理能量的来源（内向和外向）、注意力的指向（感觉和直觉）、决策方式（思考和情感）和执行方式（判断和知觉），四维八极，共 16 种性格特征的组合，以此对性格进行分析判断。它可以系统地了解人的性格特征，解释不同类型的人有不同的思维、情感和行为模式，从而使我们明白为什么不同的人对不同的事物感兴趣，为什么不同的人擅长不同的工作。世界五百强企业中，大约有 80% 的企业在人力资源管理中应用 MBTI。

MBTI 性格编码与职业适应性一一对应。比如，ISTJ 型严肃、少言、精力集中，有始有终；注重实践，有秩序，实事求是，有逻辑，现实，值得信赖；设法组织好每样事情；负责任，他们自己决定该做什么并会坚定不移地去完成它；以做事有次序、有条理为乐——不论在工作上、家庭上或者生活上；重视传统和忠诚等特征。对应的适应职业有：天文学家、数据库管理员、会计、房地产经纪人、侦探、行政管理等，推荐的职业群只是一小部分，在此不能一一列举。运用 MBTI 编码对性格和职业进行解读时，我们应该知道编码相同，性格也不会完全一致，这也是性格的魅力所在。性格编码的分析中应该确立性格没有好坏之分的观念。通过性格编码，可了解到周围人的性格特点，促进沟通交流。性格本身没有好坏之分，扬长避短才是对待性格的正确态度。同学们可结合性格理论，分析自己的性格，找出相应的职业群。

（3）能力。

在心理学上，能力是指顺利完成某一活动所必需的心理条件或特征。这一概念指出能力和活动的关系，能力通过活动表现出来，能力通过活动得到锻炼。能力和活动谁也离不开谁，离开活动能力则是无源之水、无根之木；无活动，则无能力，活动乃能力之本，能力之源。个体要提高能力，唯一的途径就是参加活动。

能力一般分为一般能力、特殊能力和潜能。一般能力，通常理解为智力，它是个体认识客观事物并运用知识解决问题的能力。智力一般包括观察力、注意力、记忆力、思维力、想象力和创造力等几个方面。比较典型且有影响力的理论是心理学家霍华德·加德纳的多元智力理论。他认为人类至少有 7 种不同的智能：语言智力、数理智力、空间智力、节奏智力、动觉智力、交流智力和自省智力。7 种智力在智力结构中皆占据重要的位置，既相互独立，又以不同的形式和方式组合在一起构成个体独特的智力特点。智力体现在个体的方方面面，学习、工作、生活，乃至为人处事、待人接物、个人的生存与发展都是以智力为基础的。

智力的量化表现是智商（IQ），比较经典的智商测验有韦克斯勒智力测试、斯坦福比纳智力量表和瑞文测验等。根据智商测验将智力分为不同的等级。智力发展的影响因素主要有先天和后天两个方面，遗传对智力具有重要的影响，后天对智力的训练同样起到至关重要的作用，二者无论缺乏哪个方面都不能将智力发挥正常或超常水平。大学生的智力平均在115分左右。这一方面得益于大学生本身的先天条件，另一方面更得益于十几年的寒窗苦读，智力得到了训练提高。智力是可以改变的，意味着智力在一定范围内可以提高，也可以降低，所以在整个职业生涯规划中不能忽视智力的训练。

特殊能力，可以简单理解为特长，在本书中特指技能。技能是个体经过后天学习形成的能力。技能的最大特点是依赖于后天的学习和训练。"勤能补拙"，勤学苦练是最好的注解。辛迪•梵和理查德•鲍尔斯将技能分为专业知识技能、可迁移技能和自我管理技能。

专业知识技能是指需要通过专门的教育或者培训才能获得的知识或能力。"术业有专攻"指的就是专业知识技能，比如财务、会计等都是专业知识技能。该技能涉及专业科目，一般用名词来表示，需要经过有意识的、专门的培训和学习才能掌握。相关研究发现，专业知识技能中有超过80%的部分是需要通过专业课程和系统学习来获得的，与专业学习或工作内容直接相关，是个体安身立命的基本条件。因此在职业生涯规划中，专业知识技能是必备的技能，没有专业知识生存都难以保障，何谈发展。专业知识技能还可以通过业余培训、专业会议讲座、自学、资格认证考试等方式获取。

可迁移技能是指经过训练获得的，可以有效地迁移运用到其他不同环境和情况中的技能。比如学习、沟通、表达、组织、管理等。可迁移技能是个体持续且长久运用的技能。可迁移技能主要是在工作、生活和活动中获得并不断得到提升的，可以在不同的多个领域内得到进一步的完善和提高。可迁移技能的特征是其通用性、迁移性。用人单位比较关注和重视可迁移技能，比如问题解决能力、学习能力、沟通能力、组织管理能力和人际关系能力等。随着信息时代的到来，新技术日新月异的发展，知识的更新换代不断加快。这意味着你需要不断学习专业知识技能才能跟上时代的发展。随着个人工作经验的增加和人生阅历的丰富，可迁移技能还会得到不断的发展。终身学习时代的到来更是突出强调了学习能力这一可迁移技能的价值与意义所在。

自我管理技能是指个体具有的特征，涉及个体在不同的环境下如何管理自己。自我管理技能往往以形容词或者副词的形式出现。比如诚实、自信、乐观、耐心、幽默等，不能通过自我管理技能直接完成工作，但是它们是一个人完成各项工作的态度，是个人最有价值的资产。自我管理技能作为适应性技能，还能帮助个体更好地适应变化的环境。对于大学生来说，在大学期间培养良好的自我管理技能显得尤为重要，可以通过追求健康的精神生活、借助榜样的力量、进行专门的训练等途径培养和发展良好的自我管理技能。

第三种能力是潜能，指的是个体潜在能力，可挖掘的潜力是无限的。对潜能予以训练后，容易使你获得某种能力。每个人都具有巨大的潜能，但是大多数都没有意识到或忽略了自己的潜能，而且往往低估自己的潜能。击掌竞速的游戏可以很好地说明这个问题。击掌竞速是指先预估自己 1 分钟内拼命鼓掌的次数，然后检验实际鼓掌的次数。在活动中，大多数人都低估了自己，极少数人会高估自己，极少数人能准确地评估自己，可见潜能是可以深入挖掘的。

需要注意的是，每一种技能都需要培养，但是三大技能的组合更为重要。技能的组合产生复合型人才。复合型人才更具有竞争力，在职业生涯的道路上走得更广、更远。

探索个体三大技能的工具有很多，其中成就故事测试是应用最多的测试。个体可以通过编写成就故事来探索各项技能。成就故事就是在成长过程中有意地制定目标、克服困难、完成任务并带来成就感的故事。成就故事应当包含四个方面的要素，即 STAR。S（situation）：面临的具体情况与形势；T（task）：要达成的目标或需要完成的任务；A（attitudeand action）：采取的态度和行动；R（result）：结果和成就。每一个成就故事都可以体现三大技能，而且很多用人单位也常常用成就故事来考察应聘者，如说说你最有成就感的一件事等。除了成就故事以外，还可以通过职业技能测试来了解职业能力，比如职业技能测验、创造力测验等。

在整个职业能力中，核心竞争力是需要着重探索和培养的。核心竞争力是人无我有，人有我优，是擅长且喜欢并经常使用的，容易做出成绩。核心竞争力使个体具有了不可替代性，最大限度地体现了一个人的价值。

对能力探索的目的，是要帮助个体认识到自己拥有的能力与待开发和挖掘的能力。对大学生来说，最重要的是把精力集中在擅长的能力上，“扬长避短”，进一步拓展和开发这些能力，才能使职业生涯更加精彩。

（4）价值观。

价值观，简单理解是个体认为客观事物对自身的价值与意义。职业价值观就是个体在职业中所追求的、所看重的事物，它决定了事物在个体心中的分量，价值观是一杆秤。如果职业价值观与工作相匹配，那么工作时会活力四射，易出成就。职业价值观也是在生活和工作中所看重的那些原则、标准或品质，是个体行为背后的深层动机和需要，在个体的职业选择和发展中处于核心位置。

价值观每时每刻都在发挥着作用，支配着我们生活中的每一件事。职业价值观在职业生涯中的作用往往是决定性的，甚至可能超过了兴趣和性格对工作的影响。在选择职业时，当价值观与兴趣或者性格发生矛盾时，兴趣和性格往往让步于价值观。事业有成者都非常清楚地知道自己的价值观。职业的成功受控于职业价值观的指引。价值观是一股无形但异常强大的力量，无时无刻不在影响着我们做出何去何从的决定，最后也就决定了我们的一生。美国著名作家约瑟夫•坎贝尔曾说过这样一段话："你知道什么是沮丧吗？那就是当你花了一生的时间爬梯子并最终达到顶端的时候，却发现梯子架的并不是你想上的那堵墙。"一直在努力，却从未真正感到过满足是因为不知道自己想要什么，没有真正了解自己的价值观。

价值观一般可以分为两类：终极价值观和工具价值观。终极价值观与"生存的状态"有关，如"自由"意味着独立和自由选择；工具价值观是个体在日常生活中行动和行为的方式。如"有雄心的"，抱有这种价值观的人常常是努力工作的，有抱负的。关于职业价值观也分为两类：与职业相关的价值观和与工作有关的价值。个体在选择职业的时候，总是希望某种职业能满足自己的物质和精神需要。职业不同，决定了人们的政治地位和经济地位的差别，由此产生了人们对社会不同职业的评价，也相应地形成了个人对待职业的态度，产生了职业价值观。心理学家马丁•凯茨找出了10种与职业有关的价值观：高收入、社会声望、独立性、帮助别人、稳定性、多样性、领导力、兴趣、休闲和尽早进入工作领域。

职业价值观需要不断地澄清。每个人都有一套独一无二的价值观体系。职业目标、职业决策背后都是价值观，个体需要投入精力去了解自己内心真正的愿望。研究发现，大于90%的人不清楚自己的价值观是什么。职业价值观的形成和澄清不是一蹴而就的，而是经过长期的工作实践，历经培训、跳槽或换岗、工作成功或失败等各种体验后才逐步稳定和显露的。职业生涯中，职业锚帮助我们在职业的海洋中停泊。职业锚是指当一个人不得不做出选择的时候，无论如何都不会放弃的职业中的至关重要的价值观。职业锚是个人动机、能力和价值观不断结合、互动的产物，在实际工作中是不断调整的。目前公认的职业锚有8种类型，分别是：技术／职能型、管理型、自主／独立型、安全／稳定型、创业型、服务型、挑战型和生活型。了解自己的职业锚可以参考《职业价值观自测量表》。

2. 环境分析

"职业指导之父"帕森斯指出，要做好职业规划，了解自我是第一步，还要了解职业，然后综合考虑。了解职业，是职业生涯规划环境分析的一部分。做好职业生涯规划的环境分析，除了分析职业环境外，还需要深入分析社会环境和人际环境，三者融合、三位一体才能更全面地了解生涯环境，做出正确的职业生涯决策。下面主要探讨职业生涯规划的环境分析，迈出校园，步入职场，了解工作世界，解决“我在哪里”的问题。

（1）社会环境。

大学生一直处在学校这样一个相对独立的环境中，对进入社会有些期盼、兴奋，又有些恐惧、害怕。大学毕业了，就面临着不同的道路，考公务员，为官从政，步入仕途？还是继续深造，出国或者读研？还是进入企业供职？或是自主创业？何去何从？无所适从的背后是对环境了解的匮乏。

了解社会环境，首先要明确现在所处的是信息时代。信息时代，最不缺的是信息，最缺的也是信息。我们处在一个信息极其丰富但又极不对称的时代。找工作就是找信息，要善于捕捉各种媒介传递的与就业有关的消息和情况，包括就业政策、就业机构、人事制度、劳动力的供求状况、劳动用工制度、经济发展形势与趋势、国家发展规划、就业方法和招聘信息等。

要在信息时代立于不败之地，作为大学生必须掌握获取职业的信息的途径和方法以及怎么能处理、辨别对自己有价值的信息，培养并迅速提高自己的信息能力，掌握信息搜索的方法。“工欲善其事，必先利其器”，掌握方法，培养信息能力。信息能力是信息的获取、理解、分析、加工、处理、传递的理解和活用能力。个体要有强烈的获取信息的意识，学会评估、分析、表达信息，并能灵活运用之为自己服务，才能在信息的海洋里捕捉到对自己最有价值和意义的信息。

（2）职业环境。

职业是人们在社会中所从事的作为谋生手段的工作；社会学上，职业是劳动者获得的社会角色，劳动者为社会承担一定的义务和责任，并获得相应的报酬。很多大学生对自己将来从事什么职业，也就是将来干什么不是很清楚，对职业不了解，更不了解职业的具体内容。在职业迅速变化的时代，新的职业不断涌现，旧的职业不断消亡，职业的变迁也越来越快，职业内容不断发生变化。职位信息主要包括岗位或职位、单位名称、性质、地点、环境、企业文化、发展前景、用人制度、工作职责、专业要求、学历要求、性别要求、生源要求、外语水平要求、计算机能力要求、专业知识要求、专业技能要求、待遇、应聘流程和联络方式等。大学生应该具有对职业信息有更广、更全的了解的意识，并付诸实践。

职业信息对求职的大学生来说至关重要。职业环境的分析在很大程度上就是一个信息搜集、处理和转换的过程，职业信息的搜集和处理都是基础。收集职业信息是求职的第一步，收集的职业信息越丰富、越准确，成功的机会就越多。搜集职业信息首先要坚持真实性原则，要做到信息准确无误且具体；其次要坚持匹配性原则，信息搜集要和自己相匹配，满足自己的需要，还要坚持系统性，有系统、有计划、有步骤地搜集职业信息。职业信息搜集的渠道非常丰富，网络、报纸杂志、学校毕业生就业指导中心、人才市场和人才交流会、亲朋好友、实习或兼职等。尤其推荐各大高校的就业指导中心，如果能把全国相关高校就业指导中心的信息充分利用起来，对大学生搜集职业信息是最好的保证，因为信息来源保证了真实可靠。

职业信息的分析是对搜集到的职业信息进行鉴别、澄清、比较、筛选，为我所用，服务于职业目标。要把搜集来的信息进行必要的调查分析，比较优势和不足。结合自身，比如自己的性格、能力、优势和劣势等进行职业信息筛选，去粗取精，有目的、有针对性地精心整理和分析，使信息具有准确性、全面性和有效性，更好地为自己选择职业服务。在职业生涯的第二阶段，职业信息的搜集、分析、筛选、处理和利用，是充分必要条件。要明确并熟练地掌握信息搜集的技术、方法、渠道，并学会分析。

（3）人际环境。

人际环境分析涉及职业生涯规划中社会支持系统的构建。新的时代发展趋势把人提到了核心位置。现在的时代不是单打独斗的时代，而是一个紧密分工协作的时代。双赢不只止于国家层面，更广泛用于整个社会层面。人脉等于财脉。什么是人脉？《新华词典》的解释为“经由人际关系而形成的人际脉络”，人脉是指人与人之间的联系而形成的网络。人脉即人际关系、人际网络，体现人的人缘、社会关系。不论做什么行业，人人都会使用人脉。“人”字本身由一撇一捺构成，就是指两个独立的个体，相互支撑、帮助，才构成了一个“人”。

斯坦福大学的一个调查报告指出：一个人的财富，12.5%来自知识，87.5%来自人际关系。这是人脉如同财脉的真实写照，是人们追求事业成功和幸福快乐的生活过程中的血脉。如果说血脉是人的生理生命支持系统的话，那么人脉则是人的社会生命支持系统。人脉资源是终身受用的无形资产和潜在财富。因为“一个好汉三个帮，一个篱笆三个桩”，做事必定要有做事的人脉网络和社会支持系统。心理学上的一个著名实验也证明了社会支持系统建立的重要性。该心理实验用流行性感冒病毒对两组被试检验——人缘好的人和孤零零的人的感染程度，发现孤独的人群是人缘好的人群感染程度的4倍。一个缺少社会支持的人更容易被疾病攻击，由此可见在一定程度上说增强人脉、扩大交往、积极乐观，不但助人发展，也能保证身体健康。

人脉圈子的建立是成功人士建功立业的目的，也是手段。读书求学是个体建立和扩展自己人脉的有效手段。大学生恰恰处在这个时期。中国社会正在由熟人社会向生人社会转变，对个体生活产生影响的，可能都是一些陌生人，更提升了人脉的重要性。陌生但不用害怕，“六度空间”理论给出了希望。该理论认为世界上任何两个人产生联系，最多只需要通过6个中间人。我们要积极行动，掌握拓展人脉的原则、方法和路径。拓展人脉的原则很多，首先源于个体优秀的人格品质，比如真诚、乐观、自信、沟通和积极等。我们认为没有沟通解决不了的问题，解决不了的问题是不会沟通或者不去沟通。沟通才能了解别人，包括了解别人的需要、渴望、能力与动机，并给予适当的反应。倾听是了解别人最好的方式。两只耳朵，一张嘴巴，生理的构造也要我们多听少说，但也不是不说话，适当反馈，及时引申，言之有理，何患无友。

在人际环境的探索中，可以充分利用生涯人物访谈。生涯人物访谈，就是通过对同一行业中数位工作者的深入交流获取职业信息的一种方法。一定要记住，生涯人物访谈不是仅仅对一位人物的访谈，而是“数位”，最好是由这一职业中的基层人员、中层人员和高层人员组成。生涯人物访谈主要包括七步：第一步，确定访谈的内容；第二步，寻找访谈的对象；第三步，决定访谈的方式；第四步，准备访谈的清单；第五步，进行生涯人物访谈；第六步，结束访谈；第七步，整理访谈的结果。生涯人物访谈可以印证职业信息；了解与未来工作有关的特殊问题或需要；认识自己的优势和不足；结识职场人士，拓展求职人脉。

3. 生涯抉择

人一直处在做决定之中，什么决定也不做，也是决定。不同的选择，决定了不同的生活。诺贝尔说：有什么样的选择，就有什么样的人生。道理很清晰，践行很困难。面对选择，面临诱惑，面临挑战，面临机遇，想要做出明智的选择，实属不易，而且机不可失，失不再来。职业生涯规划中“男怕入错行”，说得非常清晰。对即将走入职场的大学生来说，只有使用正确的方法进行正确的职业决策，选择正确的职业目标，才能拥有成功的未来。很多人都缺乏为自己做决策的信心与能力，他们担心自己会犯错，拖延症由此诞生。如何做出有利于长远发展的职业决策是职业生涯规划的重要课题。

每一次职业选择都要慎重、合理，并考虑这一决定对将来发展的影响。但人们受从众心理的影响，易盲从、附和，在面对选择时缺乏独立性和理性。一旦做出了抉择，会对一个人的将来，甚至是整个人生产生重要影响。昨天的选择造就了今天的自己，今天的抉择决定明天的未来。对于职业选择，需要尽可能确立清晰的职业目标，然后努力实现它，才有利于个体的成长和成功。

职业抉择无论对自我认识和定位、树立目标还是个人进步，都具有深刻而长远的意义。罗素说，选择职业是人生大事，因为职业决定了一个人的未来……选择职业，就是选择将来的自己。科学地认识职业抉择的意义，掌握职业抉择的方法策略可以帮助我们科学地分析和评估自己，最大限度地发挥自身的潜能与特长，满足社会对人才的需求，从而为职业生涯发展与有效规划奠定坚实的基础。

“我们的决定决定了我们”是一句至理名言。究竟会成为一个什么样的人，决定权在于自身。个体时刻都在做这样或那样的决定。成千上万的小选择累计起来，就决定了个体最终成为一个什么样的人。永远都有选择，但要慎重地进行选择。大学生在进行职业选择的时候会面临各种各样的困惑：考研还是工作？考公务员、事业单位还是去外企？……他们经常陷入选择的困惑境地。职业选择困惑产生的原因可能来自于残酷的社会现实、自卑、理想与现实的差距太大、对职业认识不足等。因此，面对职业选择，需要学习职业决策的科学理念与方法，尤其需要了解决策风格、决策原则和决策方法，从而做出正确选择。

决策风格是指由于不同的决策者所处的决策情境不同以及其经验、知识、能力、性格和气质的差异，所形成的不同的决策行为类型。了解决策风格有助于在职业生涯决策中提高效率和质量。学者哈瑞（1979）提出个体的生涯决策方式可以归纳为理性型、直觉型、依赖型和犹豫型。① 理性型：在进行决策时，系统地收集充分的生涯相关的信息，并且分析各个选项的利弊得失，以做出最佳的决定。② 直觉型：在进行决策时，以自己在特定情境中的感受或者情绪反应为依据，做出直接的决定。这类型的人做决定全凭感觉，较为冲动，很少能系统地收集相关信息。③ 依赖型：等待或依赖他人为自己收集信息且做决定，较为被动和顺从，十分关注他人的意见和期望从而选择。④ 犹豫型：做决策时虽然收集了很多的相关信息，问东问西，但却常常处在挣扎、难下决定的状态中。做决策的过程中，“鱼与熊掌”兼得是个理想状态，现实中必做取舍。如何在不损害他人利益前提下选择最大的利益并且是适合自己的，才是选择的核心所在。匆忙决定、依赖他人，犹豫不决，都是暂时的回避，逃避不代表问题得到了解决，而是问题在逐步积累，问题累积会产生压力和焦虑，由此可能匆忙决定、依赖他人，犹豫不决，导致恶性循环。因此，在面临抉择时，任何选择都有得失，理性选择才是最有价值的决策风格。

进行职业决策，要遵循以下四个原则：① 择己所爱。择己所爱是指在进行职业决策时，选择自己所喜欢的职业，珍惜自己的兴趣。② 择己所能。任何职业都要求从业者掌握一定的技能，具备一定的能力条件。人们从事任何一种职业的心理前提是必须具备此职业需要的能力。③ 择世所需。所谓择世所需，就是要使自己的选择符合社会需求。在职业决策时，一定要分析社会需求，做到择世所需。④ 择己所利。职业是一种谋生的手段和获得幸福的途径。因此在择业时，决策者要考虑自己将来的预期收益，这种预期收益要求你实现最大化的幸福，坚持四项原则，做出理性选择。

在个体整个职业生涯，乃至整个人生中，职业抉择都是极重要的链环。规划职业生涯，学会选择，才有可能走向成功。

4. 行动执行

职业生涯规划的第四步——行动。对自己的认识，对环境的了解，确立了生涯目标，学会了职业决策，完成职业生涯规划，所有的一切都要落实到行动之中。本部分主要探讨求职过程中的两大关键之处：制作简历和参加面试。

(1) 简历。

简历是人生中一份重要的材料。找工作第一件事就是写简历，简历就像写给用人单位的情书，要打动对方，才可能回信和约会。简历主要包括个人学历、简要经历、特长爱好及其他有关情况介绍等，是求职择业的名片，是自我宣传的工具，用来展示应聘者的才能和对招聘单位的价值，赢得面试机会。在职业生涯规划中，简历具有不可替代的功能与作用。

什么样的简历是好简历？好简历的必备要素是逻辑清楚，简明扼要，层次分明。简历中提到的信息点都是围绕着应聘职位的要求展开的，并且做了层次上的分明处理。细节处理出众，如获奖情况里“学习成绩（学习成绩为班级3%）”等。简历对应聘者要有合理定位，只有符合用人单位和职位需求，才有机会进入下一轮。

一份好的简历会在用人单位做出招聘决策时产生正面影响、积极暗示。个人简历的主要要素有：个人求职目标、个人基本信息、教育背景、工作经验、技能特长和所获荣誉等。其中，个人求职目标应与招聘职位一致，而且整个简历内容都有必要围绕这个方面撰写。撰写简历时尤其要注意在内容上要突出，并保证真实客观，没有的内容可以不写但千万不要造假。简历，就是简单的经历。这里的经历，更深层次的理解是精确的经历。简历要简洁明了，精雕细琢。完美的简历具有以下特征：重点突出、目标明确、精益求精、体现个性。在简历写作过程中，要学会扬长避短。比如，大学生工作经验不丰富，则强调自己的教育背景，包括学过的课程和所参加过的相关社会实践活动，并强调自己的学习能力，来弥补经验的不足。

简历是求职择业的第一步，也是能否面试的基础。简历一定要精心打造，紧密围绕用人单位和职位的需求来展示能力。简历要求层次分明，逻辑清晰，突出三大技能，还要精雕细琢，既重点突出又全面体现自身特色。要像写情书一样去写简历，才能打动用人单位的芳心。

（2）面试。

过了简历关，进入面试关。面试并非神秘莫测，很多大学生在求职面试时大都经历过各种形式的面试，已经积累了相当丰富的经验，但是求职面试本身的重要性给多数面试者带来了不小的压力。如何才能打好面试这一仗，用自己的能力和魅力征服面试官？面试来临该怎样着手准备？面试官会问什么问题？面试时会不会因为紧张而影响发挥？面试时，该围绕着什么来展示自己的能力？……

面试就是经过精心设计，在特定场景下，以面试官对考生的面对面交谈与观察为主要手段，由表及里测评考生的知识、能力、经验等有关素质的一种考试活动。面试与口试、笔试、操作演示、背景调查等都是人员素质测评的形式。面试则直接决定了能否求职成功，是成功进入职场的关键因素。

面试需要做好面试前的准备、面试时的表现、面试后的跟进。面试的前期准备：仪表风度、专业知识、工作实践经验、口头表达能力、综合分析能力、应变能力、求职动机等，所有这些都是围绕三大技能展开的。因此在面试时需要彰显自己的三大技能，让其与所应聘的岗位紧密对接，才有可以顺利通过面试。面试材料包括毕业生就业推荐表、简历、自荐信、成绩单及各式证书、已发表的文章、论文、取得的成果、毕业生就业推荐表和简历等。还要做好细节和心理的准备，比如，保证休息、提前到达面试地点等。在心里要明白面试是一种双向沟通过程，保持一种平等和学习的心态。面试前还需要准备面试官可能问的问题。面试常见问题有：请做一分钟自我介绍；请讲述一件让你最有成就感的事情；你为什么选择我们单位或这个职位；你的职业生涯目标是什么；你为什么适合这份工作。等等。

面试时回答这些问题，要紧紧围绕着自己具备的与该职位相关的三大技能去阐释自己的答案，万变不离其宗。

面试时要真诚、诚实，这也是最基本的做人原则。知之为知之，不知为不知，可以说不知道，不可以胡编乱造。同时一定要强调虽然目前还不太了解，但一定会尽快学习和熟悉，在面试结束后的反馈环节，把这些问题做一定的回答，说明自己确实是去了解，给人一种言而有信的感觉，增加面试成功率。

面试时一般开场都要进行自我介绍。良好的第一印象是成功的一半。所以需要精心准备自我介绍。一般建议，至少准备三个不同版本的自我介绍并且将之烂熟于心，有备无患，以给面试官留下好的第一印象。

在回答面试问题的时候，如果不太确定答案的时候也可以提问，与考官进行双向交流和有益探讨。如果我们与考官进行了良好的沟通,会收获很多有益的回馈。面试官不仅仅是想得到正确的答案,更看重答案的分析过程。

面试后的反馈。面试结束后,应聘者需要有礼节地跟进面试结果,如写封感谢信。感谢信表达的内容主要是感谢考官给予面试机会和让自己了解到更多职业信息,并补充面试中可能的遗漏。感谢信可以加深印象,既能雪中送炭,又可以锦上添花。

要想打一个面试的漂亮仗,就要做好面试前精心准备、面试时良好表现、面试后及时跟进三个环节。

在面试中,还要了解各种面试形式,比如公务员、大企业等不同的用人单位面试的独特性。面试的准备好似前奏,要从素质、材料、细节、心态等方面精心准备;面试的过程要精心回答好面试问题,积极真诚;面试后的及时跟进也很重要。熟悉面试的类型,掌握面试的规律,通过学习,我们要熟练掌握面试前、面试中、面试后的各个环节,顺利通过面试这一关。

5. 评估反馈

职业生涯规划既不是一成不变的,也不是一蹴而就的,需要终生维护保养。变是唯一的不变,个体的兴趣、能力、性格和价值观都会不断地发生变化,外部环境更是日新月异的变化,大千世界唯一不变的就是变。所以职业生涯规划更应该与时俱进,把握时机及时评估和调整,只有这样人生才能立于不败之地,才是真正成功的职业生涯规划。

科学的职业生涯规划,评估这个环节是必不可少的。评估是个体对所采取的一切行动进行检查、审视和调整,是一个再认识、再发现的过程。不确定因素要求我们时时注意内外环境的变化,不断地审视、调整自我,完善策略和目标,这可以确保职业生涯规划的有效性。

职业生涯规划评估反馈的内容包括职业甚至生涯路线的重新选择、阶段目标的调整、实施措施与行动计划的变更,等等。通过反馈评估,应该对自己和发展机会更加了解;找出改进之处,并制订改变计划;实施行动计划,取得进步。

职业生涯规划评估要考虑多方面的因素。比如,环境因素,包括社会环境、政治环境、经济环境、科技环境、自然环境、法律环境等;个人因素,包括年龄、性别、学历、工作经历、家庭背景、人格,等等。正确认识和分析两类因素,寻求个人职业生涯规划的完善。

一般来说,任何形式的评估都可以归结为自我素质和行为对现实环境的适应性判断,分析自己的现状,特别是针对变化的环境,找出偏差所在,并做出修改。职业生涯规划是一生的规划。成功的职业生涯需要不断地评估从而调整职业定位，合理的职业生涯定位则基于对自己的准确认知和对环境的正确的判断。实事求是、合理准确地评估自己与环境，适时做出调整，明确职业发展的方向与目标，才能实现人生职业梦想和自身价值。

职业生涯规划需要不断调整，一个好的职业生涯规划，需要具备可行性，需要有实施计划的具体措施和时间。但是职业生涯规划也不能做得过细，可能丧失机会和失去可操作性，必须使职业生涯规划具有足够的弹性，在实践中不断进行评估和调整。

调整是重新调配和安排，使之适合新的情况和要求。职业生涯规划调整的依据是什么呢？从评估环节来看，一切的评估与调整都是以我们的职业发展结果为导向的，主要围绕以下的问题：职业生涯目标评估、职业生涯路径评估和实施策略评估以及其他因素评估，有意外产生，就不得不调整职业生涯规划。

四、我的未来不是梦——让理想照进现实

（一）提高执行力

青春年少，谁没有对未来的憧憬？其实很多人的区别不在于是否有理想，而往往是如何对待理想。在校园里，大学生也经常发出带有伤感色彩的感叹："理想与我渐行渐远。"特别是到大三大四，要离开校园的时候，有的同学说"想当年，我背着行囊来到大学校园的时候，是一个热血青年，可是现在，我的那些梦呢？我的那些向往呢？为什么理想会与我渐行渐远？"究其原因，第一，你的理想其实是空想、幻想，没有现实的基础，最后必然是不了了之。第二个原因，"敏于思而拙于行"，想得太多，付出却很少，甚至没有付出，结果必然是理想与你渐行渐远。有的人，把理想等同于一种念头，"我有一种向往，我有一种想法"。而所谓念头往往是一闪而过，甚至也可能在你的脑海里面徜徉良久，但只是徜徉而已。你拿不出任何的行动来执行它，所以这样的结果就是耽于幻想。"梦里走了许多路，醒来还是在床上。"最后的结果，不但是你等待的东西遥遥无期，而且你已经拥有的东西，比如，你的青春、你的热情、你的智慧，还有你对自己的信任、你对自己的尊重，随着这种惰性也会渐行渐远。践行自己的理想，一定要克服年轻人"敏于思而拙于行"的弱点，提高自己的执行力。

（二）千里之行，始于足下

英国有一位主教去世后，被安葬在伦敦泰晤士河旁，他的墓碑上有这样一段墓志铭："我年少时，意气风发，当时曾梦想要改变世界，但当我年事渐长，阅历增多，我发觉自己无力改变世界，于是缩小范围，决定先改变我自己的国家，但这个

目标还是太大。接着我步入了中年，无奈之余，将试图改变的对象定为自己的亲人。时间年年流逝，他们个个维持原样。当我垂暮之年，我终于明白一件事：我应先改变自己，以身作则而影响家人，也许可以改变家人，也许可以改变国家，改变世界。"这段墓志铭，实际上是这位英国主教给我们提供的一种人生经验：我们人生当中的大小目标搁浅的原因，大都不是外在的阻力，而是来自于自我的挫败感。而眼高手低这种做法很容易造成自我挫败，打击人的自信心。因为有时理想的到来是姗姗来迟的，理想的践行一定要充满自信，而自信心的培养需要一个一个小成功的积累。比如，原先是你不敢做的、不习惯做的事情，现在你向自己提出了挑战，勇于去尝试，就会有收获，而且这个时候你就产生了一种控制力量——自我是有控制力的，自信心也会慢慢地增长并且得到强化。

习得性无助，就是因为若干努力没有得到任何效果，使意志与斗志垮了，只有默默地承受一切，这是由失败的经验造成的。所以如果想成为一个有信心的人，想要面对自己的理想充满斗志，那么你一定要在日常生活当中注意自己的一些行为。对那些小的历史阶段、小的目标，不要不以为然，从小处着手，逐步积累自己的自信心，相信只要坚持下去，就有更大的希望。

老子说："天下难事，必作于易；天下大事，必作于细。"只有把那些你能够做到，或者坚持一下就能够做好的事情做好了，才有资格、有能力、有信心做好更大的事情。

（三）磨炼迟延满足的忍耐力

理想的实现，是一个漫长的过程，你必须要有忍受迟延满足的能力。

发展心理学研究中有一个经典的实验——迟延满足实验。实验者发给4岁被试儿童每人一颗好吃的软糖，同时告诉孩子们：如果马上吃，只能吃一颗；如果等20分钟后再吃，就给吃两颗。有的孩子急不可待，马上把糖吃掉了；而另一些孩子则耐住性子、闭上眼睛或头枕双臂做睡觉状，也有的孩子用自言自语或唱歌来转移注意力消磨时光以克制自己的欲望，从而获得了更丰厚的报酬。研究人员进行了跟踪观察，发现那些以坚韧的毅力获得两颗软糖的孩子，上中学时表现出较强的适应性、自信心和独立自主精神；而那些经不住软糖诱惑的孩子则往往屈服于压力而逃避挑战。在后来几十年的跟踪观察中，也证明那些有耐心等待吃两块糖果的孩子，事业上更容易获得成功。实验证明：自我控制能力是个体在没有外界监督的情况下，适当地控制、调节自己的行为，抑制冲动，抵制诱惑，延迟满足，坚持不懈地保证目标实现的一种综合能力。它是自我意识的重要成分，是一个人走向成功的重要心理素质。

这第二块糖对我们来讲意味深长，它可以是你渴望得到的任何一样东西。比如你渴望改变自己，成为一个受人尊敬的人；渴望拥有一种什么样的能力；渴望能够拥有一份什么样的情感；渴望具有什么样的成功……但是它的到来，需要你对信念、对理想的坚守，你能坚守多久，你能够忍受得住姗姗来迟这个折磨吗？很多人可能做不到这一点。

所以在人生当中，我们往往仰慕那些成功的人。事实上，那些成功的人，只不过是把他们的理想和信念坚守到底而已。正如马云所讲："今天很残酷，明天更残酷，后天很美好，但是大部分人死在明天晚上。"其实马上就要成功，成功的曙光就在前头，可是你实在坚持不了，因为你不知道还需要等多长时间，其实关于理想的实现大致如此。而这种坚忍不拔的忍耐力正是很多青年人可能欠缺的。

我们一定要有这样的精神准备，既忠实于自己的理想，又能够面对现实，这真的不是一个容易的过程。我们可以把能够做到的人称为英雄。如果你是一个平凡的人，但是仍然拥有自己的理想，这个理想未必是吞吐山河的，它可能是我们生活中的小情怀，而这个理想其实也未必容易实现，因为即使它与社会的潮流完全吻合，但在整个实现的过程中，因为资源的有限性和能力的局限性，仍然会遇到许多挫折，你需要做好充分的精神准备。穷且益坚，不坠青云之志，做一个草根英雄，于个人、于民族皆是如此。曾经有人说："人生有两种痛苦，一种是努力的痛苦，一种是后悔的痛苦，但后者却大于前者千百倍。"如果你努力了，或许未必能够达到你的宏伟志愿，但是你问心无愧。希望同学们都能怀揣自己的理想，迈着坚定有力的步伐走向属于你的明天，让理想照进现实！

想一想

小学生周莹说："在没考上初中之前我的理想是考上一个好的初中。现在我考上了，我的理想就变成上初中时能够成为一名好学生！"

初中生汪明说："我最大的理想可能就是在下个学期考进全校前30名。"

高三学生徐琳说："我现在最大的理想就是能够考上一个好一点的大学，然后再考研，或者继续上个什么学。"

即将毕业的大学生赵成说："我的理想是明年找到一个合适的工作，赶快走上工作岗位。”

思考:听了他们的想法,你有什么感受?为什么他们的理想不尽相同?

案例 2

1984 年,在东京国际马拉松邀请赛中,爆出一个大冷门:一位名不见经传的日本选手山田本一出人意料地夺得了世界冠军。许多记者蜂拥而至,他们围着山田本一问得最多的是,他凭什么可以脱颖而出,一举夺冠。山田本一淡淡一笑,说:“凭智慧战胜对手。”

当时,许多人都不明白这句话的道理,甚至还有人认为,这位矮个子是在故弄玄虚。因为大家都知道,马拉松比赛是体力和耐力的较量,速度与爆发力都还在其次,说智慧取胜确实有点牵强附会。

1986 年,意大利国际马拉松邀请赛在米兰举行,山田本一代表日本参赛,又一次获得了世界冠军。当记者再次采访他时,他仍然还是那句老话:“凭智慧战胜对手。”

10 年后,这个谜底终于被解开了。山田本一在他的自传中这样写道:“每次比赛之前,我都先乘车把比赛线路仔细看一遍,并把沿途醒目的标志画下来,比如第一个标志是银行,第二个标志是一个大树,第三个标志是一座红房子——这样一直画到赛程的终点。比赛开始后,我就以百米冲刺的速度奋力向第一个目标冲去,到达第一个目标后,以同样的速度冲向第二个目标——40 多千米的路程就被我分解成这么几个小目标轻松地跑完了。起初,我并不懂这样的道理,把目标定在终点线的那面旗帜上,结果跑到十几公里时就疲惫不堪了。我被前面那遥远的路程吓倒了。”

思考:山田本一成功的秘诀是什么?对你有什么样的启示?

案例 3

意大利某城市有个名叫海因茨的人,他的妻子得了重病,危在旦夕。该市有个药剂师,研制了一种特效药,配制这种药的成本只有 200 美元,但他要价极高,每剂价格为 2000 美元。为了买到这剂药,海因茨变卖家产,并且到处借钱,但最终只凑得 1000 美元。海因茨恳求药剂师说:“我的妻子快要死了,能否将药便宜点卖给我，或者允许我赊账？”药剂师拒绝了他，并且说：“我研制的这种药，正是为了赚钱。”海因茨没别的办法，于是在一个晚上潜入药剂师的仓库把药偷走了，结果被抓进了警察局。

思考：如果你是海因茨，会怎么做？为什么？

活动1：价值拍卖

目的：

（1）激发学生思考自己的价值观念，引导学生树立正确的人生观、价值观。

（2）通过活动让学生体会在人生当中做出选择的重要意义，启发学生思考在人生中该如何做出选择。

准备：拍卖清单、道具纸币、拍卖槌。

时间：约30分钟。

操作：

（1）每人手中有5000元，它代表一个人一生的时间和精力。每个人可以根据自己对人生的理解随意买下拍卖的东西。每样东西都有底价，每次起拍价为1000元，加价最少为500元，价高者得到东西，同时付出金钱。有出价5000元的，直接成交。

（2）拍卖品：良心、欢乐、爱心、自由、礼貌、金钱、智慧、诚信、聪明、名望、健康、权力、孝心、美貌、友情、爱情、长命百岁、豪宅名车、冒险精神、研究生院录取通知书、拥有自己的图书馆、每天都能吃美食。

（3）讨论交流：你竞拍到东西了吗？

你是否后悔过自己刚才争取到的东西太少？

争取到的东西是否真是你最想要的？

你是否后悔你买到的东西呢？为什么？

如果你什么都没有买，那是为什么？

在拍卖的过程中，你的心情如何？

从这个活动中，你能否对自己的价值观有所了解？价值观，简单说就是你觉得什么是重要的、有意义的、对的，它也是你树立理想的重要依据。“一个人在人生的任何一个阶段里，都没有像在青少年时期这样如此关心价值问题。”人生是由无数次选择构成的，不同的选择，把人们导向不同的路途和方向，使各自的人生呈现出不同的色彩和价值，最终收获不同的果实。

活动 2：我的未来不是梦

目的：通过畅想自己的未来，并审视可能遇到的阻碍，寻求解决的资源与方法，立足眼前，从小事做起，朝着自己的理想迈进。

时间：约 20 分钟。

操作：认真思考以下几种情景，在一张 A4 纸上画出你的答案。

（1）如果有一天，有一个奇迹发生，这是你理想的状态，你觉得会是什么样的？

（2）想要实现这个奇迹，目前你最大的阻碍 / 困难是什么？

（3）曾经面对类似的困难，你是如何解决的？有什么资源可以帮助你？

（4）为了实现理想，你现在可以做些什么？

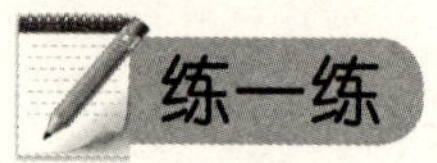

1. 什么是理想？为什么人生需要理想？
2. 如何树立并实现自己的理想？
3. 制订一个 21 天改善计划，建立良好习惯，控制和消除旧的消极性习惯。
4. 根据自身情况，为自己制订一份毕生生涯发展规划。

表 3-1　毕生生涯规划发展表

<table>
<tr><td colspan="9">我的人生梦想：
1.
2.
3.</td></tr>
<tr><td colspan="2" rowspan="2">期限</td><td rowspan="2">具体内涵</td><td rowspan="2">实现时限</td><td rowspan="2">可能遇到的困难</td><td rowspan="2">采取对策是否实现</td><td colspan="3">实现情况</td></tr>
<tr><td>何时实现</td><td>未实现原因</td><td></td></tr>
<tr><td rowspan="3">长期规划</td><td>30 年</td><td>1.
2.
3.</td><td></td><td></td><td></td><td></td><td></td><td></td></tr>
<tr><td>20 年</td><td></td><td></td><td></td><td></td><td></td><td></td><td></td></tr>
<tr><td>8 年～ 10 年</td><td></td><td></td><td></td><td></td><td></td><td></td><td></td></tr>
<tr><td>中期规划</td><td>3 年～ 5 年</td><td></td><td></td><td></td><td></td><td></td><td></td><td></td></tr>
</table>

续表

短期计划	1年～2年							
	半年							
	1月							
	1周							
	1天							
备注	本表格是一个建议，目标项目数量自己可以根据实际情况加以增减							

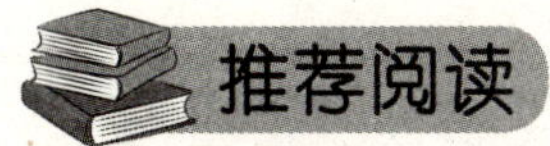

对20来岁的年轻人来说，重要的事情是：用理想来鼓舞自己，用时间来检验自己，用些许的成功来安慰自己。

——摘自冯仑《理想丰满》

在规划自己的目标蓝图时，你可能会记下在自己心中萦绕多年的心愿，也可能记下之前从未意识到的想法。此时你需要清醒地对目标进行决断，因为你的目标决定了你的成就。在外部事件发生前，一定会先有内部的征兆。而当你清晰地认知到自己的目标时，对外部世界也会造成奇异的影响。目标促使我们的机体和思想协同运转，突破我们当前所受的局限。成功之前，须梦想先行。

——摘自〔美〕安东尼·罗宾《激发无限潜能》

人生就是一个不断选择、不断放弃的过程。有阳光也有风雨，有酸甜也有苦辣。至关重要的是选择前的慎重思考，走好人生的每一步，尤其是关键的步骤。作为大学生的你，求职择业是关系到你人生和事业成功的转折点，是人生的拐点。

简言之，职业生涯规划就是为了拐好弯，驾驭人生关口！不同的职业选择，决定你在什么地方工作或居住；不同的职业选择，影响你的生活作息与工作时间；不同的职业选择，决定了你与什么人一起工作，建立怎样的人际关系；不同的职业选择，制约家庭生活形态。

——摘自张静《大学生凭什么找份好工作》

潜能开发——信念成就理想

理想是信念的根据和前提，信念是实现理想的重要保障。当理想作为信念时，它是指人们确信的一种观点和主张；当信念作为理想时，它是与奋斗目标相联系的一种向往和追求。

大千世界，每一样事物都以自己的独特性而存在。花有花的娇羞，树有树的风情，海有海的辽阔，山有山的品格。有位哲人说，世界上没有两片完全相同的叶子，同样也不会有完全相同的两个人。人之所以不同，除了遗传基因的巨大差异外，还与他在成长过程中所形成的信念系统有很大关系。一个人面对世界种种事物的处理态度，所依据的正是他的信念系统。可以说，维持这个人在这个世界生活下去的内在法则就是他的信念系统，而这个信念系统的运作模式便决定了这个人的人生是否成功和快乐、是否能实现他的理想。同学们，你有信念吗？你的人生信条是什么呢？

在本章中，我们将共同学习信念的巨大力量，它是潜能开发的正负催化剂，了解信念的来源，掌握如何树立促进自我成长信念的方法以及如何增强挫折承受能力的方法。

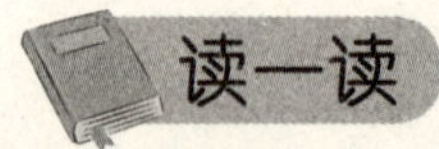

一、何为信念

我们今天所讲的信念是一个相对广义的含义：是自己认为可以确信的看

法；对某人或某事信任、有信心或信赖的一种思想状态；认知、情感和意志的有机统一体，是人们在一定的认识基础上确立的对某种思想或事物坚信不疑并身体力行的心理态度和精神状态。

信念与一般的观念不同，信念具有远比一般认识要高的稳定性，一旦形成，终生不渝，且有巨大惯性，而且会对人的思想和行为产生重大的影响。信念的稳定往往带来情感上的执着，必须正确地对待信念。一旦发现自己的信念与客观情况是相矛盾的，就要自觉地去校正。抱住错误的信念不放，只会处处碰壁。

行为科学认为，人的行为95%以上都是按照大脑潜意识中的那些习惯性看法，即信念的指挥而行事的。信念是人类引导自我前行的本因。一般地，我们所拥有的任何观念，都是自我情感的凝聚，如果我们相信了它，那么，一个普通的观念就会升级成为我们的信念。

在我们对观念的使用中，会受到自我的严格检查与过滤。有些观念被自我留下了，有些被丢弃了；留下来的观念会经过多重的考验与测试，然后就形成了各种不同的信念。而信念的产生源于我们对某一件事的把握感，是我们对观念相信的程度。当然，这种把握感和相信的程度是来自我们过去经验与知识的累积。信念左右我们心念思维活动的范围，并以某种模式规范着自我的思考方式，我们的情感资料都会被"框"在这个模式里运行——思想的框框在哪里，信念就只能在哪里徘徊。好在我们能够拥有多种不同的信念，以便扩展自我思想的格局。

信念与信仰也不同。信仰是指人们对某种理论、学说、主义的信服和尊崇，并把它奉为自己的行为准则和活动指南，它是一个人做什么和不做什么的根本准则和态度，是信念最集中、最高层次的表现形式。

简单地说，信念就是"事情应该是怎样的"或"事情就是这样的"的主观判断，是我们认为维持世界运作下去的法则，是解释和支持行动或没有行动的理由，是解释和支持变化或没有变化的理由，是对于这个世界各种关系的主观逻辑原理。信念在我们的潜能开发过程中扮演着非常重要的角色，当一个人坚持着一个信念的时候，有时会看不到、听不到不符合这个信念的东西。

对于很多人来说，信念也就等于真理——事情本来就应该是这样的。所以，对于信念的拥有者来说（更准确地说是对这个人内心的运作系统来说），信念是绝对的。这点也就是很多人迷惘和困扰的来源。信念是某人认为世事应该是怎样的，但并不是说真理便一定是这样。能够把主观观念和客观真理分开并且明白它们是两回事，便是一个人已经达到了一定智慧水平的认证。

每个人拥有的信念，数以百万计，无法完全说清楚，因为绝大部分信念都存在潜意识里,不能全部呈现,也不会轻易在意识层呈现出来。它们在潜意识里默默地“照顾”我们,支持我们的生活。如果没有信念支持,我们就会不知道如何是好。

你或许记得美国“9•11”事件发生时的电视新闻片段,有一个镜头是:当时两幢大厦倒下来了,画面中有一个人,背后全部是大厦倒下产生的烟雾。这个人满目灰尘,眼睛动也不动,眼里、脸上是一片茫然,他走路的姿势很像一个刚学会走路的婴儿,没有方向感,也看不出他是想走下去抑或停下来。他内心所处的状态就是:本有一套信念全不管用了,根本就不知道是怎么一回事,该怎样做。一个人在这样的状态下很容易休克,是致命的。

当一个人坚持着一个信念的时候,是会看不到、听不见不符合这个信念的东西的。试想,如果你从来没有见过、听过电梯(升降机)这个事物,现在你站在一幢大厦的电梯对面。你看到一群人走进去,门关上。然后过了一会,门打开了,出来的人,其性别、衣服、面貌都完全不同了,你心里会怎么想?会有怎样的感觉或情绪?这个东西很奇怪,能够把走进去的人完全改变了。太平洋中的一些岛屿上,原住民第一次见到登陆的白人时,有些人认定白人是魔鬼,结果便是战争,造成生命的损失;也有一些岛屿的原住民把白人当作上天派来的使者,拥戴白人成了他们的王;还有一些接受白人为同等的身份,让他们留下来,和平相处。从这些可以看出,我们对一个人、一件事物,必须有了一些信念,才能知道该怎样行动:行动由信念决定。如果对出现的人或事物没什么信念,便必须在记忆经验里找出类似或接近的资料,做一个决定(信念的决定),才能有所行动。找出有关的信念和凭其他资料形成新的信念是潜意识的工作,可以在非常快的过程里完成,可能完全不被意识察觉。

信念的力量是伟大的,它支持着人们生活,催促着人们奋斗,推动着人们进步,正是它,创造了世界上一个又一个的奇迹。

二、信念的力量

认知行为ABC理论是由美国心理学家埃利斯创建的,认为激发事件A(activating event的第一个英文字母)只是引发情绪和行为后果C(consequence的第一个英文字母)的间接原因,而引起C的直接原因则是个体对激发事件A的认知和评价而产生的信念B(belief的第一个英文字母),即人的消极情绪和行为障碍结果(C),不是由于某一激发事件(A)直接引发的,而是由于经受这一事件的个体对它不正确的认知和评价所产生的错误信念(B)所直接引起的。错误信念也称为非理性信念。

通常人们会认为诱发事件A直接导致人的情绪和行为结果C,发生什么事就引起什么情绪体验。然而,你有没有发现同样一件事对不同的人,会引起不同的情绪体验?同样是报考英语六级,结果两个人都没过。一个人无所谓,而另一个人却伤心欲绝。

为什么?这是因为诱发事件A与情绪、行为结果C之间还有个对诱发事件A的看法、解释的B在起作用。一个人可能认为:这次考试只是试一试,考不过也没关系,下次可以再来;也可能觉得这是背水一战,不能失败。于是不同的B带来的C大相径庭。

(一)信念能开发我们的潜能

在诺曼•卡真斯所写的《一个病理的解剖》一书中,有一则关于20世纪最伟大的大提琴家卡萨尔斯的故事。这是一则关于信念的故事,也许我们会从中得到启示。

卡真斯和卡萨尔斯会面的日子,恰在卡萨尔斯90大寿前不久。卡真斯说,他实在不忍看那老人所过的日子。他是那么的衰老,加上严重的关节炎,不得不让人协助穿衣服;呼吸费劲,看得出患有肺气肿;走起路来颤颤巍巍,头不时地往前颠;双手有些肿胀,十根手指像鹰爪般地钩曲着。从外表看来,他实在是老态龙钟。就在吃早餐前,他贴近钢琴——那是他擅长的几种乐器之一。很吃力地,他才坐上钢琴凳,颤抖地把那钩曲肿胀的手指抬到琴键上。霎时,神奇的事发生了。卡萨尔斯突然完全变了个人似的,透出飞扬的神采,而身体也跟着开始能动并弹奏起来,仿佛是一位健康的、强壮的、柔软的钢琴家。"他的手指缓缓地舒展移向琴键,好像迎向阳光的树枝嫩芽,他的背脊直挺挺的,呼吸也似乎顺畅起来。"弹奏钢琴的念头,完完全全地改变了他的心理和生理状态。当他弹奏巴哈的钢琴曲时,是那么纯熟灵巧,丝丝入扣。随着他奏起布拉姆斯的协奏曲,手指在琴键上像游鱼般地轻快地滑逝。"他整个身子像被音乐融化,"卡真斯写道:"不再僵直和佝偻,代之以柔软和优雅,不再为关节炎所苦。"在他演奏完毕,离座而起时,跟他当初就座弹奏时全然不同。他站得更挺,看来更高,走起路来腿也不再拖着地。他飞快地走向餐桌,大口地吃着,然后走出家门,漫步在海滩的清风中。

这就是信念产生的威力。信念是一种指导原则和信仰,让我们明了人生的意义和方向;信念人人都可以支取,并且取之不尽,用之不竭;信念像一张早已安置好的滤网，过滤我们所看的世界；信念也像大脑的指挥中枢，照着所相信的，去看事情的变化。卡萨尔斯热爱音乐和艺术，那不仅曾使他的人生美丽、高贵，并且仍每日带给他神奇。是信念，让他每日从一个疲惫的老人化为活泼的精灵；是信念，让他活下去。

司图密尔曾说过："一个有信念的人，所发出来的力量，不下于99位仅心存兴趣的人。"这也就是为何信念能开启卓越之门的缘故。当内心相信，信念便会传送一个指令给神经系统，我们便不由自主地进入信以为真的状态。所以，若能好好控制信念，它就能发挥极大的力量，开创美好的未来；相反的，它也会让你的人生毁灭。信念，能帮助我们挖掘出深藏在内心的无穷力量。

对人类行为了解得越多，就越会发现信念影响人类的非凡力量。在许多方面，这股力量的作为与我们所认为的情况背道而驰，尤其是在生理状况方面，信念（也就是内心反映）有时会控制事实。有许多人在催眠状态下，碰触一块冰块，然后告诉他们碰的是烧红的金属，结果在碰触部位就冒出水泡。

信念不断地把讯息传给大脑和神经系统，造成期望的结果。所以，在一定意义上说，如果你相信会成功，信念就会鼓舞你去实现；如果你相信会失败，信念也会让你经历失败。

（二）信念能毁灭我们的潜能

在美国，有一对孪生兄弟，他们出生在一个贫穷的家庭，母亲是一个酒鬼，喝醉酒之后往往控制不住情绪；父亲是个赌徒，而且脾气非常暴躁。后来这两个兄弟走了不一样的道路。弟弟无恶不作，锒铛入狱。记者去采访弟弟："你今天为什么会是这样的结果呢？"弟弟说："因为我的家庭，因为我的父母。"同时记者又去采访孪生兄弟的哥哥，这时哥哥已是一个很成功的企业家，而且还竞选上了议员。记者问："你为什么今天会有这么大的成就呢？"哥哥同样也回答说："因为我的家庭，因为我的父母。"

20世纪初，有人发现某处丛林里有一个还过着石器时代生活的部落，而且这个部落的人从来没有接触过现代文明社会！这个消息在人类学界里引起轰动，一些专家便组团去做研究。

原来这个部落一直生活在热带丛林里，世世代代都没有离开过丛林。他们认为丛林就是世界，丛林外面什么都没有。经过好一段时间，两个热心的专家和一些原住民混熟了，能够与他们沟通，告诉他们丛林外面还有世界。可是怎么说原住民都不相信，两个专家便想带原住民走出丛林，让他们自己感受一下。

有几个原住民愿意跟他俩去。走了数天，到达丛林的边缘，原住民都停下来了。两个专家问他们为什么停下来，原住民说："到了尽头，没有路了！"两个专家不明白，告诉原住民再往前走下午便到，但是原住民怎样都说不肯继续走。终于，两个专家决定示范，走出了丛林十来步，转身叫原住民走过来。但是，无论专家怎样说，原住民都完全没有反应，就像没有看到、听到他俩似的。两人没有办法只得走回丛林，问原住民："刚才你们为什么不走过来？"原住民回答："刚才你们哪里去啦？为什么你们不见了？"

当一个人坚持着一个信念的时候，是会看不到、听不见不符合这个信念的东西的，自然也会限制自身潜能的发挥。我们对一个人一件事物，必须有了一些信念，才知道该如何行动——行动由信念决定。

（三）信念能影响我们的情感、判断和预期

1968 年的一天，美国心理学家罗森塔尔和助手们来到一所小学，对小学里面的学生进行了一项"未来发展趋势测试"，随后将一份"最有前途的发展者"名单交给了校长和老师，叮嘱他们要保密，一定不能泄漏给学生。罗森塔尔的测试结果会准确吗？老师们不禁对这一份名单产生了怀疑，因为这份名单的内容所包含的名字，只有一小部分是那些平时成绩好、深得老师喜爱、看起来以后发展一定很好的学生，其他大多是成绩平平、表现一般，甚至还有一些是令人头疼的"问题学生"。然而，8 个月后，罗森塔尔对这一小学的学生又进行了测试，神奇的是，出现在名单上的学生成绩较没有出现在名单上的学生有了很大的进步，并且表现出了性格活泼开朗、自信心强、求知欲旺盛等积极特点。

我们不禁要问：为什么罗森塔尔的测验如此准确？

答案是，罗森塔尔的测试根本没有进行结果统计，它所给出的名单只是随机抽取的学生姓名而已。也就是说，并不是罗森塔尔的测试具有预测能力，而是他的名单对老师起到了暗示作用，左右了老师对名单上的同学的评价。于是老师对名单上的学生评价自动开启了"有前途学生"的心理模式，而老师又将自己的这一心理活动通过自己的情感、语言和行为传递给学生。虽然名单上的学生们并不知道被划为"最有前途的发展者"，但是他们能够从老师对待自己的方式中找到老师的关注和对他们的期望，从而在各方面有了异乎寻常的进步。

试想一下，如果当初老师们收到的是一份"最没有前途的发展者"名单，那么名单上的孩子还会取得出人意料的进步吗？结果一定是相反的，因为一旦开启的是"没有前途"信念模式，老师们对于同样的学生同样的行为，会如"疑邻

盗斧”那样，有了不一样的解读。在“有前途学生”的信念模式下，上课面对老师的提问不举手就回答可能会被认为是有创造力、聪明、反应快；而如果不举手就回答问题的是一个成绩并不突出甚至还经常不交作业的学生的话，同样的行为就会被“没有前途学生”的信念模式解读为不守纪律、破坏课堂氛围，甚至会被老师请到走廊里好好反省一下。

讲到这里，有些同学也许会问：这不就是老师对于所谓“好学生”和“坏学生”的偏见吗？其实，类似于“好学生的行为都有他的理由”和“坏学生的一举一动都是在和老师作对”这样概括的看法和理解在我们的生活当中比比皆是。比如，我们会认为男性果断坚毅，女性柔弱易伤感；美国人热情开放，法国人感性浪漫；理工科出身的人聪明机敏，而文科专业的学生随性散漫……在心理学中，甚至有一个专业名词来描述对这种按性别、种族、年龄或职业等进行社会分类形成的关于某人的固定印象，叫作刻板印象。例如，每一个人的头脑中其实都有一个原型，你在现实世界中寻找的无非就是最符合这个原型的人。所以，人们常常发现，恋爱的几任男友或女友其实都是很相似的一类人，那是因为他们在头脑中就喜欢这一类型，这一类型的人总是对他们产生吸引力。

刻板印象

刻板印象的概念最早在1922年由一个名叫李普曼的记者提出，是指按照性别、种族、年龄或职业等进行社会分类形成的关于某类人的固定印象，是关于特定群体的特征、属性、行为的一组观念，或者说是对一个社会群体及其成员相联系的特征或属性的认知表征。

在生活中，最常见的有关刻板印象的例子，就是对不同人的印象，比如我们会比较轻易地认为：老年人是保守的，年轻人是冲动的；北方人是豪爽的，南方人是精明的；等等。在某些条件下，刻板印象有助于对现实中的人加以归类进行概括性的认识，成为知觉他人的捷径；但在某些条件下，这些高度概括特征的过度推广，常常是造成人们认知偏差的主要原因，造成“一竿子打死一船人”的后果，甚至引起不同群体之间的仇恨。

前苏联心理学家包达列夫曾做过这样一个实验：把参加试验的人随机分成两组，向他们展示同一个人的照片，照片的特征是眼睛深凹，下巴外翘。在展示照片的同时，他告诉其中的一组被试者：这个人是一个十恶不赦的罪犯；对第二组被试者却说：这个人是一位知识渊博的科学家。然后，请两组被试者各用词汇来描述照片上这个人的相貌并进行评价。结果，第一组被试者在描述时，多使用“仇恨”“绝望”等字眼儿；第二组被试者则多使用“深邃”“坚强”。在第一组被试者的眼中，眼睛深凹表示凶狠、狡猾，下巴尖翘反映着顽固不化的性格；而在第二组被试者看来，眼睛深凹表明他具有深邃的思想，下巴尖翘则反映他具有探索的顽强精神。

由这么一个简单的实验就可以看出：刻板印象是如何牢牢占据我们的思维的。

黑格尔告诉我们：熟知与真知有区别，甚至可以说有着一段很大的距离。熟知只是看到了眼前事物的轮廓，而对其内涵却没有加以深思，因而并不是真知。

信念可以是真知，也可能是熟知，它影响着我们的潜能发挥，影响着我们的身体、情感、预期和判断，在我们的人生中扮演着重要的角色。那信念究竟从何而来？我们该拥有哪种信念？如何去培养它呢？

三、信念的来源

（1）本人的亲身经验，如被火烫伤而知道火能伤人。

（2）观察他人的经验，如见到同学顽皮而被罚，因而知道某些行为不可以在上课时做。

（3）接受信任之人的教诲。例如，父母说要提防陌生人，所以我们对不熟悉的人有抗拒之心。父母、长辈、老师等在一个孩子成长过程中会灌输很多信念给他。灌输的方式有两种：一是直接语言灌输；二是行为灌输，就是他们怎样做、怎样对一些事情做出回应的过程里，孩子看到、听到而形成了信念。其中绝大部分是好的，也帮助了孩子成长，但是有些时候，也会有例外。有一个母亲对女儿说，一个男人最重要的是要有上进心，女儿恋爱时挑选的就是一个很有上进心的男子。10年后他们分手了，原因就是那个男人太有上进心了，总是忙于事业而没有给家庭足够的时间。这时候她才明白，男人的上进心对婚姻幸福而言并不是最重要的。

（4）自我思考做出的总结。在一个新出现的情况里，以前的信念不管用，需要新的信念去支持行动。例如，在新的工作环境里，一个人总是对你的问候没有反应，这没有先例可供参考。在苦思之下，你得出了一个结论：他妒忌你有能力。现在，凭着这个信念，你便知道如何对待他了。由此可见，行为需要信念支持。但是，这仅是自己思考而建立的信念，可能很片面、主观。而思考的速度很快，说过一千次的谎言都可以变成真理，在脑袋里重复一千次“他妒忌我有能力”的结论，很快便是“一定是这样”的“真理”了。然后，带着这样的心态，只看到、听到并配合这个信念的东西，很容易便把自己困在绝境中。

事实上，没有任何信念在所有情况里绝对有效。绝大部分信念能帮助我们处理生活中出现的情况，但也有少部分是因为我们接受时没有好好地理解和消化，或者欠缺全面的定位（与其他信念契合），因此在某些情况出现时，发现有冲突存在。我们称这些信念为“局限性信念”或者“障碍性信念”。

如果一个人能够在不良经验之后反省，明白了问题所在而改变自己的信念，以后便能够有更好的人生；如果坚持没有效果的信念而只是不断地埋怨别人、抱怨环境，便会使自己陷入困扰之中。信念本应是一个人所拥有的工具，其作用与其他人生工具一样：帮助人们建立成功快乐的人生。如果一个人把某件工具放在比自己的人生更高的位置，不惜牺牲人生的成功、快乐去坚持一个信念，那便本末倒置了。有些人对一些信念如对宗教里的神一般，为坚持这些信念长期地辛劳，甚至愿意为这些信念而死。他们会得到很多人的尊敬，但是却不能运用自己的力量做出更多更好的事，也不会有成功快乐的人生，这很可惜。信念必须有价值观的支持。信念的改变，也需要来自价值观的改变。

四、阻碍成长的信念

很多人在童年成长过程中，充满被别人否定的经验，累积下来，内心对自己的定位就是：“我不会成功，没有快乐地去生活的资格。”由此形成了很多妨碍成长的信念。今天，经常能够听到这一类的说法，其中一些十分明显：“做了又有什么用？”“我的命怎么会这样好？”“我不相信我能做到。”比较隐晦的是：“整个社会都是这样，没有办法！”“什么都试过了，没有用的。”“我已经尽了力。”“为什么他不改变而要我改变？”“都是他的错嘛！”

任何会使一个人减少生活得更好的机会、减少有更好明天的可能性的信念，都是妨碍成长的信念。确切地说，妨碍成长的信念有以下几类。

（1）使自己失去学习的机会，因而不能有所提升的信念。

例如，“他哪里会有什么好主意！”“你没有资格教我！”“你是什么身份，竟然对我提出意见！”“这样做不会有用”。

（2）使自己留在原地，停滞不前的信念。

例如，“我们现在已经够好了，不敢妄想得到更多”，“在这个环境里，我们应该知足”，“今天已经这么辛苦，哪有时间去想明天的事”，“保持这个状态已经足够好了”。

（3）减少自己有更多选择的可能性，限制本人能力发挥的信念。

例如，“我不应该那样冒险”，“我不应该这样贪心”，“这样太过分了，我不允许自己这样想”，“以我的身份，怎能随便上前跟他谈话”，“我不敢去尝试，我怕失败”,“做人应该满足,不要妄想”。

(4) 把责任交给其他的人、事、物,因而自己无能为力。

例如,“是他们不对,为什么要我改变?”“人在江湖,身不由己!”“这样的环境,我还能做些什么?”“事情这样发展,我只能叹息!”“他们不做,我也没有办法!”

(5) 把原因归结为一些不能控制的因素,因而不能挑战或者改变。

例如,“这是天意,没有办法!”“我天生就是这样,怎么办?”“你不能改变世界的定律!”“那是超自然现象,科学无法解释。”“你不能解释的便不应该做!”

(6) 维持自己“没有资格”身份的信念

例如,“我的人生只能希望平稳,从没想过会有大富大贵的日子。”“我哪会有那么幸运?”“做到像他那样成功,你不是说笑吧?”“有做老总的一天?从来没有想过!”“我就是这样的一个人!”“活得像李嘉诚?做白日梦吧!”另外一种“没有资格”的态度就是坚持没有效果的做法,当有新方法出现时,便找其他借口拒绝考虑或接受,例如,“他说话态度不好,我接受不了。”“他想出来的哪里会有好东西?”“用他的方法,那么我的尊严怎么办?”而忘记了追求效果、追求人生的成功快乐,才是最重要的考虑因素。

一个人也许在成长过程中充满不幸,孩童时期不断地受到伤害,造成众多心理障碍;也可能有不少悲惨遭遇,或许因车祸而失去一条腿,还可能失业、妻子病逝等。假如有一个人如此不幸,上述情况全都发生在他的身上,他仍然可以决定下一分钟享有他可以享有的快乐:他能够选择与左边的人吵架,也可以选择与右边的人说笑话。就算没有人在身边,他也可以选择想一些使自己开心或者不开心的事。通常,我们以为是某人或某些事使自己不快乐,事实不然,我们是因为对生活中某人或某些事产生某种想法,而使自己不快乐。一旦你有了这个信念,你的焦点就会从外转向内,你学会了向内求,你整个人生将变得不同,你将不会再把责任推到别人身上,那你就活出了自己。

所以,只要我们还活着,就有能力、权利和资格在众多选择中决定自己可以有多少快乐。这个权利,没有任何东西能够把它夺去。以此为前提,没有人可以推诿自己的责任:每个人本来就有绝对的能力和权利去使自己活得好一点。

五、树立促进自我成长的信念

渴望成功的人总是精神抖擞,以向上的态度追求目标,而且劲头十足地朝正确方向迈进。我们都知道，不论在运动场上或生活中，动力均扮演了很重要的角色。动力是希望所激发出来的，而希望就是一种信心满怀的期待。信念能改变人们眼中发出的光芒，促进自我成长。那究竟该如何树立促进自我成长的信念呢？

（一）莫要管中窥豹——你所看到的只是世界的一部分

事实上，我们所看到的世界只是大脑对真实世界的映射，而这种映射是以长久以来形成的信念模式为基础的。更重要的是，对于认知资源有限的个体而言，对于这个世界的认知和反映往往只是真实世界的一部分。比如图 4-1 中的摄像机就像我们的大脑，只截取了现实事件的一部分，但恰恰是对这一部分的解读，很可能是和事实完全相反的。更为不幸的是，我们很容易就忘记这一点，并且常常因为对于“眼见为实”的深信不疑，成了坐井观天的那只青蛙。

图 4-1　看到的未必是真实的

我们的感知来自心智、大脑，而我们的大脑常常被欺骗，比如魔术里面迷惑人心的高超手法、电影里面以假乱真的特技制作、各种各样的视错觉图片，等等。图 4-2 中你所看到的就是典型的视错觉图像。两个被周围六个圆圈所簇拥的圆哪个更大？看起来一定是左下角被小圆所包围的那一个，但实际上这两个圆大小一样，只不过在背景的衬托下有了不一样的大小感受而已。德国 Purdue 大学的心理学家 Jessi Witt 甚至对这一视错觉现象在篮球运动员投球时的影响作用进行了研究。研究结果发现，往类似于左边的球洞进行投篮的成绩要好于往类似于右侧的球洞进行投篮的成绩。心理学家给出的可能的解释是：球洞看起来更大，让投篮者更有信心，也有更为出色的表现。

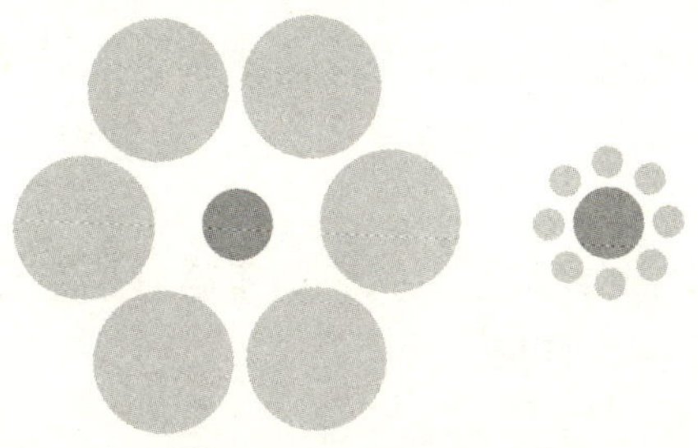

图 4-2 视错觉图片

此外，大脑还经常给我们传递一些并不存在的信号，比如五到八成的截肢患者会在其身体截去部位体验到幻肢的现象，即所谓的“幻肢痛”。也就是说，虽然失去了四肢，但会感觉失去的四肢仍旧依附在躯干上并和身体的其他部分一起移动，有些还会感受到幻肢带来的疼痛感。而随着神经认知科学技术的发展，神经学家通过核磁共振成像技术发现：当患者移动假肢时，大脑皮层相应区域也会产生活动，而这跟真正存在的肢体移动时的活动模式完全一致。当患者使用幻肢给自己面颊挠痒痒时，相应大脑区域也就是面部在大脑的代表区也会相应地被激活。这一来自神经科学的证据确确实实地告诉我们：大脑会欺骗我们。当了解到心智模式对于我们认知周围环境的意义时，这些都会成为给我们带来阻碍的心智漏洞。

因而，我们需要保持开放、学习的态度，不被“眼前”的一切所蒙蔽。

（二）不畏浮云遮望眼——对事情分析判断时保持客观的态度

为什么事实常常被主观认知所歪曲？每个人都戴着有色眼镜看问题。你的眼镜是什么颜色的？所谓积极与消极，也是“眼镜”的颜色不同造成的。

你会选择谁？

假如，你是一名唱片公司的老总，要挑选一名歌手进行包装，将其推向市场。有这样两个候选女孩：A女孩的声音非常有辨识度，艺术学院通俗唱法出身，有着不俗的科班功底，参加过歌手大赛，得到了第二名的好成绩。同时，这个女孩能歌善舞，曾经出过一张歌舞专辑，复古的风格和独特的声音给听过的人留下了深刻的印象。B女孩的声音也极为有特点，她的音乐风格在结合现代西方电子音乐的同时，希望能继承传统文化中的民族精髓和原生态特色，从而创造出高品质的音乐作品。同时，这个女孩还利用4年的时间游历了许多国家和地区，对佛教有着深刻理解。你会选择哪个女孩呢？如果我告诉你，这两个女孩其实是一个人，你会相信吗？如果没有之前在节目中唱着《咚巴拉》载歌载舞的周鹏，也就没有后来唱着《万物生》获得世界音乐大奖的萨顶顶。不受任何思维定式的影响，才能选出真正的好声音，也只有保持客观理性的态度，才能树立正确的信念。

然而我们在生活中，却经常会陷入一些不合理的信念之中无法自拔。让我们一起来看看你是否会有这样的不合理信念。

1. 绝对化的要求

这是指人们常常以自己的意愿为出发点，认为某事物必定发生或不发生的想法。它常常表现为将“希望”“想要”等绝对化为“必须”“应该”或“一定要”等。例如，“我必须成功”，“别人必须对我好”。这种绝对化的要求之所以不合理，是因为每一客观事物都有其自身的发展规律，不可能依个人的意志为转移。对于某个人来说，他不可能在每一件事上都获得成功，周围的人或事物的表现及发展也不会依他的意愿来改变。因此，当某些事物的发展与其对事物的绝对化要求相悖时，他就会感到难以接受和适应，从而极易陷入情绪困扰之中。

2. 过分概括的评价

这是一种以偏概全的不合理思维方式的表现，常常把“有时”“某些”过分概括化为“总是”“所有”等。用艾利斯的话来说，这就好像凭一本书的封面来判定它的好坏一样。它具体体现在人们对自己或他人的不合理评价上，典型特征是以某一件或某几件事来评价自身或他人的整体价值。例如，有些人遭受失败后，就会认为自己“一无是处、毫无价值”，这种片面的自我否定往往导致自卑自弃、自罪自责等不良情绪。而这种评价一旦指向他人，就会一味地指责别人，产生怨怼、敌意等消极情绪。我们应该认识到，“金无足赤，人无完人”，每个人都有犯错误的可能性。

3. 糟糕至极的结果

这种观念认为如果一件不好的事情发生，那将非常可怕。例如，“我没考上大学，一切都完了”，“我没当上处长，不会有前途了”。这种想法是非理性的，因为对任何一件事情来说，都会有比之更坏的情况发生，所以没有一件事情可被定义为糟糕至极。如果一个人坚持这种“糟糕”观，就会陷入不良的情绪体验之中，而一蹶不振。

表 4-1 区分合理信念与不合理信念的标准

合理信念	不合理信念
一般均为客观事实	包含更多主观臆测
使人不被伤害	使人产生情绪困扰
使人更快达到预测目标	使人为达不到不现实的目标而困扰
使人不断调整自己、积极面对困难	使人把责任推给他人，自己困惑
使人很快摆脱情绪困扰	使人长期陷入情绪困扰不可自拔

信念要有理性作为支撑，只有理性思维才能使人拥有正确的认识，也才能形成坚定的信念。信念是以客观的事实为条件的，信其真和其为真是两回事。这就是说信念有真实的和虚假的区分。

“信念是正确的或错误的，取决于它是否在某种事实中得到证实。”正确的信念是建立在对客观事物科学认识的基础上，它能经得起理性的论据、逻辑的推断和事实的证明，经得起实践的检验并在各种证明和检验后会愈发显得不可动摇；反之，建立在对客观事物错误认识基础上的信念，是无法从理论和事实中得到证明的，是经受不住实践的检验的。

（三）天无绝人之路——培养积极乐观的态度

有什么样的信念方式就会有什么样的人生。人的改变会遵循一定的轨迹，即结果决定于行为，行为决定于态度，态度决定于信念，信念决定于自我期望。

有什么样的内心期望，你就会选择什么样的信念，接着就会有什么样的处事态度以及什么样的行为，于是也就会产生什么样的结果。在你的心目中，你认为自己是什么你就会成为什么。如果你认为自己是一个平平淡淡的人，你就真的平平淡淡；如果你认为自己注定是一个不平凡的人，你就会干出一番大事业。

所以，积极思维者，得到积极的结果；消极思维者，得到消极的结果。人有什么样的思考问题的方式，就会有什么样的人生。

有时，对事物的看法没有对错之分，只有积极与消极之分。两个秀才在赶考的路上遇到了一支出殡的队伍。于是第一个秀才想：考试的日子遇到棺材真倒霉，他的心情也自然受到了影响，结果名落孙山。而另一个秀才却想：棺材与“官”“财”二字正好谐音，这不意味着好运当头吗？受此影响他在考试中发挥出色，结果金榜题名。

事物的本身并不影响人，人们只受对事物看法的影响。对事物的看法，没有绝对的对错之分，但有积极与消极之分，而且每个人都必定要为自己的看法承担最后的结果。

积极思维者对事物永远都能找到积极的解释，然后寻求积极的解决办法，最终得到积极的结果。接下来积极的结果又会正向强化积极的情绪，从而使他成为更加积极的思维者。

具体来说，这些人具有以下一些特征：即使是在最艰难的时刻都能鼓励自己，并且会尽量将自己的积极情绪感染周围的同伴；永远积极乐观；从不抱怨；总是积极地寻求解决问题的方法，因此他总能让希望之火重新点燃；从不自我设限，因而能激发自身无限的潜能。

而消极思维者对事物永远都会找到消极的解释，并且总能为自己找到抱怨的借口，最终得到了消极的结果。接下来，消极的结果又会逆向强化他消极的情绪，从而使他成为更加消极的思维者。

雨后，一只蜘蛛艰难地向墙上已经支离破碎的网爬去，由于墙壁潮湿，它爬到一定的高度，就会掉下来。它一次次地向上爬，一次次地又掉下来…… 第一个人看到了，叹了一口气，自言自语："我的一生不正如这只蜘蛛吗？忙忙碌碌而无所得。"于是，他日渐消沉。第二个人看到了，说："这只蜘蛛真愚蠢，为什么不从旁边干燥的地方绕一下爬上去？我以后可不能像它那样愚蠢。"于是，他变得聪明起来。第三个人看到了，他立刻被蜘蛛屡败屡战的精神感动了。于是，他变得坚强起来。

社会的每次进步都源于人类潜能的力量，农耕文化、工业革命、信息时代，上天入海，每次潜能的开发都伴随着财富的转移。发明家爱迪生说："如果我们做了自己所能做的一切，结果真的会让自己大吃一惊。"的确，爱迪生发明电灯前实验了5000多次，结果都失败了。当人们赞赏他不怕失败、不畏艰难的精神时，爱迪生说："我不是失败了5000次，我是找到了5000种没有成功的方法。"失败是成功之母。成功者之所以成功是因为成功者相信自己，尤其是在别人都不相信他的时候。如果不是乐观的心态，如果不是坚定的信心，坚持不懈地努力，爱迪生不会成功发明电灯。

世界级成功学导师麦克斯韦尔说，生活的战斗并不总是更强、更快的人赢，迟早，赢家会是那个认为自己能够做到的人。威尔·詹姆士也说，能够保证不确定事业成功的，是你一开始就持有能够做到的信念。而这一信念就源于积极乐观的心态。

信念是认知、情感和意志的有机统一体，是人们在一定的认识基础上确立的对某种思想或事物坚信不疑并身体力行的心理态度和精神状态。前面我们已经对信念的认知与情感内容进行了探讨与学习，意志是信念的重要组成部分，也是使理想成为现实的重要精神力量。下面，我们一起来学习信念中意志的部分。

六、何为意志

意志是有意识地支配、调节行为，通过克服困难，以实现预定目的的心理过程。意志是指引人类行为的力量，也是人们为了满足这些目的而进行的行为本身。意志行为分为准备阶段（在思想上权衡行动的动机、确定行动的目标、选择行动的方法，并做出行动的决定）和执行阶段（执行所采取的行动）。在执行阶段，意志的强弱主要体现在坚持预定的目标和计划好的行为程序，以及制止不利于达成目标的行动。

七、意志的品质

意志品质是指构成人意志的诸因素的总和，在信念的树立过程中其主要作用包括独立性、坚定性和自制性。了解意志品质，对培养优良品质、克服不良品质有重要意义。

（一）独立性

意志的独立性是指不屈服于周围人们的压力，不随波逐流，能根据自己的认识和信念，独立地采取决定，执行决定。独立性不同于武断，武断表现为置周围人的意见于不顾而一意孤行。如果一个人过于主观地判断事物，而不去客观地了解和分析情况，不听取他人的意见等，可以说这个人很武断，含贬义。独立性是和理智地分析吸收周围人的合理意见相联系的。与独立性相反的意志品质是易受暗示性与独断性。易受暗示性的人，行动缺乏主见，没有信心。容易受别人左右，因而会随便改变自己原来的决定。独断性的人则盲目自信，拒绝他人的合理意见和劝告，一意孤行，固执己见。易受暗示性与独断性都有缺乏对事物自觉、正确的认识，分不清是非曲直的倾向。

你也许经历过这样的场面：当一场音乐会或报告结束时，前排的赞赏者起立鼓掌，紧跟其后具有同样感受的人也起立鼓掌。现在，起立鼓掌的浪潮波及了未受鼓动者，他们也从舒适的椅子上站起来，给予礼节性的喝彩。可是，你还想坐着（也许你对这场表演并不十分满意）。但是，当起立鼓掌的浪潮扫过时，你还会独自坐着吗？成为少数与众不同者，真的很不容易。再比如在班级中讨论评选先进个人，大多数同学都同意评选某同学，你虽然不怎么同意，但碍于情面，就跟大伙一样，举手表示同意了。这些现象都说明了个人在团体中时常表现出的一种集合现象——从众。能坚守自己的信念，而不为周围人和事所左右，确实不容易，但这也正是独立性的可贵之处。

（二）坚定性

坚定性也叫顽强性，表现为长时间坚信自己决定的合理性，并坚持不懈地为执行决定而努力。具有坚定性的人，能在困难面前不退缩，在压力面前不屈服，在引诱面前不动摇。所谓“富贵不能淫，贫贱不能移，威武不能屈”就是意志坚定的表现。这种人具有明确的行动方向，并且能坚定不移地朝着这个方向前进。

猜猜看，在成功地卖出肯德基配方之前，哈兰•山德士上校总共经历过多少次失败？1009次！再猜猜看，在登上珠穆朗玛峰之前，为筹集一万美元的登山经费，总共寄出了多少封信？敲了多少家门？892次！坚持几乎无所不催，再牛的防线也挡不住傻子一样的坚持。

再猜猜看，一匹价值100万英镑的赛马，和一匹只值100英镑的赛马有什么区别？优秀的赛马能比普通的赛马快上几十秒就已经很不错了。赛马比赛中通常出现的情况是，第一名和第四名之间只相差一只鼻子那么短的距离。人生之间的差异也是这样。冠军和“差点成为冠军的人”之间并没有太大差别：我们都只有一个脑子、一对起伏用以呼吸的肺叶、一双眼睛、一对耳朵和一张嘴。但是，那些细小的差别把冠军和一般人区分开来。大部分赛马都能够在比赛中跑到第四名的位置。生活中，大部分人也是这样。但是，能够最终获得冠军的是那些在事情处于困难之地，其他人都开始松懈下来的时候，会更使劲地往前一步的人。成功的道路上其实并不拥挤，因为坚持到底的人不多。

Discovery频道《荒野求生》节目的主持人贝尔曾经有过一段特种兵的经历，他曾经这样回忆道：“我永远不会忘记，自己通过特种兵选拔那天的情景，在经过漫长而令人筋疲力尽的淘汰过程之后，原来的140名候选人，只有包括我在内的4人得以幸留。我终于感受到，自己已经准备好‘授勋’了。但是，这个‘授勋’仪式会是你能想象得到的最不起眼的场面。没有喧闹热烈的场面，没有号兵，也没有游行检阅队伍，有的仅是我们4个留下的人，站在训练营外一幢不起眼的小房子里。我们身上满是搏斗过的痕迹和瘀伤，都已经筋疲力尽，但是，我们的心脏在荣耀地热烈燃烧。一名威严的军官走了进来，面向我们说了这段我这辈子都不会忘记的话:‘从今天起,你们就是这个家庭的一员。我了解你们为了能够站到这里所做的付出。你们4个和所有其他落选者之间的差别其实很显而易见,那就是,当感到快要承受不住的时候,你们有能力比别人多付出那么一点点。平凡和卓越之间的差别常常只是这个不起眼的字眼——多一点。当别人放弃的时候,你付出更多。这就是差别。’这短短几句话对我的触动极大,我从未忘记。这些言语非常简单,但是,对一名年轻的士兵而言,特别是对还不够强大且自信的我来说,这些话给了我某种东西,让我可以勇敢地去牢牢抓住。从那以后,我一直按照那位军官所言,在丛林里、沙漠中、山峦间或者是生活中的艰难时刻,没有忘记多付出那么一点点。”

要想达到我们人生的顶峰,只需要比一般人更加坚持,多使那么一点劲。只需那么一点点就够,因为只有一只鼻子那么短的距离。重新给予自己耐心,带着与生俱来的坚毅,信心满满地在各个领域突破自己吧。

(三)自制力

你有没有过这种情况:打开今天决定要看的书,看了两页,拍张照片,发了个朋友圈打卡,然后等待着点赞评论,再抽个时间回复评论,等待与渴望被关注的时间一点一点过去,直到该洗漱睡觉了,你才发现,那本书一直停留在第二页上;想学英语,看看时间还早,看会电视剧吧,这个电视剧怎么拍的,情节都对不上啊,太无聊了,还是玩会游戏吧;游戏玩得差不多了,一看时间,半夜12点了;算了,还是明天再学吧,反正也不差这一天。

我们给自己找到了很多借口,拖延症啊,懒癌晚期啊,人生得意须尽欢啊,五花八门,各式各样,这些借口也都说得过去,还附带着勇于自嘲的幽默感。然后呢?然后,我们哀叹着“我也想改变啊”,“我好迷茫无助”,“我好惆怅无奈”,“我也不想这样的”,“我想做得更好但就是找不到方向”。再然后,我们仍然在原地踏步,止步不前。你有没有透过这些表象去看看自己的内在?你为什么做不到?

因为你连最起码的自制力都没有。自制力是什么?自制力是善于掌握和支配自己行动的能力。它表现为在意志行动中,不受无关诱因的干扰,能控制自己的情绪,坚持完成意志行动。同时能制止自身不利于达到目的的行动,像邱少云在敌人阵地前埋伏,被敌人的燃烧弹火焰烧着,仍严守纪律,克制着自己一动不动,最后壮烈牺牲,使部队完成了潜伏任务,就是意志自制性的范例。与自制性相反的是任性和怯懦。任性的人自我约束力差,不能有效地调节自己的言论和行动,不能控制自己的情绪,行为常常为情绪所支配。怯懦的人胆小怕事,遇到困难或情况突变时惊慌失措，畏缩不前。

罗伊·L·史密斯说："自制力宛若受到控制的火焰，正是它造就了天才。"如果想要有所成就，就放下那些借口，培养好自制力，你终将能收获你想要的。

八、提高挫折承受能力

人的一生中，每个人都曾沐浴幸福和快乐，也会历经坎坷和挫折。当幸福快乐时，我们总是感觉时间短暂；而痛苦时，我们却抱怨度日如年。幸福和痛苦本来就是双胞胎，痛苦往往是伴随幸福并存。会享受幸福，也要会享受痛苦。享受幸福会增加成就感，享受痛苦则会提高自信心和忍耐力。身陷痛苦的囹圄，你的心灵颤抖了吗？地处绝望的深潭，你坚持了吗？这就要看你有没有信念和意志力。

（一）挫折的含义

挫折是指个体的意志行为受到无法克服的干扰或阻碍，预定目标不能实现时所产生的一种紧张状态和情绪反应。

（二）挫折产生的要素

（1）需要和由此产生的动机。

（2）在动机驱使下有目的的行为。

（3）阻碍人们实现目标、满足需求的情境和事物——挫折情境／挫折源（实际、想象）。

（4）对挫折情境的知觉、认识和评价——挫折认知。

（5）因受到挫折而产生的情绪和行为反应——挫折反应。

（三）如何提高挫折承受能力

1. 正确看待挫折

挫折是客观存在的，人生不如意事十之八九，人生难免会遇到挫折，这是不可避免的，而挫折有着正面和负面的影响。它既可使人走向成熟、取得成就，也可能破坏个人的前途，关键在于怎样面对挫折。没有河床的冲刷，便没有钻石的璀璨；没有挫折的考验，便没有不屈的人格。正因为有挫折，才有勇士与懦夫之分。英国哲学家培根说："超越自然的奇迹多是在对逆境的征服中出现的。"当遇到坎坷、挫折时，不悲观失望，不长吁短叹，不停滞不前，把它作为人生的一次历练，把它看成一种人生成长中的常态，这将助你更好地谱写出自己的人生精彩。人生必有坎坷和挫折。挫折是成功的先导，不怕挫折比渴望成功更可贵。

在汉语里，“危机”是由两个字组成的，一个代表危险，另一个代表机遇。这种说法的明智之处在于它揭示了突破自我的可能性，意味着点燃潜能的机会来临了。事实上，每个人可能都会有类似的体验，在千钧一发的危急关头，身体往往能爆发出惊人的能量，完成正常情况下绝不可能完成的壮举。

置身于舒适的环境，却体会不到争取舒适过程中的酸甜苦辣，顿时舒适也失去了颜色。它会让你感到无聊空虚，更重要的是会让你沉于安逸，麻痹潜能，忘记目标。

献身于你所追逐的目标，不要被眼前的安逸和轻松所迷惑，一定要更加专注于你的目标。记住，再大的痛苦也不会永远持续。

逆境是唤醒潜能的最好时机。当所处的环境恶劣得不能再恶劣时，我们才能够真正知道我们的潜能有多大——逆境是唤醒人体本能的最好时机。1941年，英国正处于第二次世界大战期间最黑暗的日子里，丘吉尔对年轻的一代人说：“这是极好的日子——这是我们国家所经历的最好不过的日子。”为什么丘吉尔会跟他们说，那些黑暗的、不确定的、生命无保障、自由受限的时间也是他们生命中最好的日子？他懂得，当日子艰难得不能再艰难、当所处环境恶劣得不能再恶劣时，才能够真正知道自己的潜能有多大。

能够发现自己原来可以比想象中成就更多，坚持更久，这也许是生命中最美妙的体验了。只有经受考验时，才会意识到原来你也可以如此光芒闪耀。尽管是老生常谈，此话一点不假：钻石之所以成为钻石，是因为它们经受强大的压力。否则，它们和一堆煤渣没有任何差别。生活和你玩得最狠的花招就是，让你将逆境视为自己的朋友、老师和向导。风暴的来袭，只为使你更强大。

在通往梦想的路途上，没有人不会遭遇阻碍。经验会教会你一个道理，那就是：那些阻碍其实预示了你正朝着一条正确的道路前进。如果发现在行走的路上没有任何阻碍，你也不会有什么收获。

因此，要拥抱逆境，拥抱阻碍，为你的成功做好准备。从今天开始，去迎接你生命中最好的日子……

2. 合理应对挫折

心理防御机制，是指个体面临挫折或冲突的紧张情境时，在其内部心理活动中具有的自觉或不自觉的解脱烦恼，减轻内心不安，以恢复心理平衡与稳定的一种适应性倾向。心理防御机制的积极意义在于能够使主体在遭受困难与挫折后减轻或免除精神压力，恢复心理平衡，甚至激发主体的主观能动性，激励主体以顽强的毅力克服困难，战胜挫折；消极的意义在于使主体可能因压力的缓解而自足，或出现退缩甚至恐惧而导致心理疾病。

心理防御机制是自我受到超我、本我和外部世界的压力时，自我发展出的一种机能，即用一定方式调解、缓和冲突对自身的威胁，使现实允许、超我接受、本我满足。有的心理防御机制有利于身心健康，有的则对身心健康有害。理想的心理防御机制是升华，是遇到挫折后，将自己内心的痛苦通过合乎社会伦理道德的方式表现出来，例如，通过艺术创作。良好的心理防御机制还包括补偿、抵消和幽默。补偿是遇到挫折后，通过别的事物把因挫折带来的损失从内心体验到行为给予补偿过来；抵消是当欲望与现实发生矛盾的时候，以另外一种象征性的事物来缓解矛盾；幽默也就是自嘲，幽默很容易缩短与周围人的距离，而且能够帮助自己有效地寻求社会支持。

3. 对挫折和失败进行反思内省

马克思说："人要学会走路，也要学会摔跤。而且只有经过摔跤，才能学会走路。"

失败是成功之母，要想获得成功，首先必须学会失败。只要坚持不断地敲门，成功之门总会打开。失败往往是成功的前奏，只要我们平常面对，总有一天会和成功握手，其实人生最大的失败不是不成功，而是在失败面前低头！

失败的原因有很多，"不会被一座山压倒的人，却可能被一块石头绊倒"。如果你的性格中有自大、自满等不良因素，那么就应该努力改变它。这种性格因素都是极易引发失败的直接原因，而由这种因素引发的失败，将会让你损失惨重。 可以肯定地说，没有人喜欢失败。失败大多是一些令人痛苦的经验，甚至是让你的人生受到重创的体验。

一般人都讳言失败，甚至谈失败而色变。其实，失败并不可耻，真正可耻的，是不承认自己有过失败经历。在人生旅途上，失败是正常的，不失败才是不正常的，重要的是你面对失败的态度是什么，你是否能够反败为胜。如果你由于一时的失败便一蹶不振，那么，不是失败打垮了你，而是你那颗失败的心把你自己打倒了。

"失败乃成功之母！"你不会对这句话感到陌生。所有渴望成功的人都必须做好随时迎接失败的准备。不付出代价的成功是不可能存在的，你要想有所结果就必须付出勇气。这种勇气，就是如何坦然面对失败的勇气。你要知道，失败对于一个人来说，是一种非常重要的财富。如何珍惜这种失败的财富，将成为决定自己未来的先决条件。失败是金钱和时间的试验剂，如果不能充分利用这个试验剂的话，那么你就无法变为成功者。

无论什么样的失败，只要你跌倒后又能马上爬起来，跌倒的教训就会成为有益的经验，帮助你取得未来的成功。不愿意面对失败与不愿意承认失败同样不可取，人生最大的失败，就是永不失败和永不敢败。其实，如果你能够把失败当成人生必修的功课之一，那么就会发现，几乎所有的失败经历，都会给你带来一些意想不到的益处。一定要把失败当作你人生成功的基础，这是你最好的选择。

4. 建立社会支持系统

心理研究表明，良好的个人社会支持系统可以很快帮助你摆脱困境的束缚，帮助你从痛苦的深渊中走出来。社会支持系统是指个人在社会网络中所获得的来自他人的物质和精神上的双重支持，而来自精神方面的支持最重要。

建立一个良好的社会支持系统首先要建立社会支持理念。每个人在社会上都离不开与他人的相互配合，共同发展。人与人之间的亲密互动、相互支持是社会支持的本质，在帮助他人的过程中产生。帮助行为包括物质、体力、信息以及情感支持等方面。

科学研究发现，社会支持与个人遇到挫折或压力从而影响身体健康有紧密联系。良好的社会支持系统可以帮助你缓解不良情绪，从而提高身心健康指数。家庭在其中占据很重要的位置，父母和兄弟姐妹之间的血脉情是任何人都取代不了的，无论身在何处，只要听到来自他们的声音，心中就有了安全感。他们可以在第一时间分享你的喜悦，甚至一些烦恼的小事也可以和他们说说，必要时在经济上也可以向他们求助。另外，朋友和同学的支持也是非常重要的支撑力量。还有，现在社会上流行一种亲密称谓——“男闺蜜”“女闺蜜”。闺蜜们的作用就是在你失落或者遇到挫折时充当后备军的角色，他们会心甘情愿地听你诉说，同情、理解你。每个人一生中如果能结交几个能和你同甘共苦的好伙伴才不失遗憾。当然，在你孤独无助、痛苦彷徨的时候，寻求专业的心理咨询也是必要的，心理咨询师会用专业的知识与共情的支持帮助你度过人生的低谷。

不过，最好的社会支持还是自己。俗话说，求人不如求己，只有自己内心强大才可以顶住压力，朋友的支持只是锦上添花。提高自己的抗压能力可以从锻炼身体、补充营养、培养良好的作息习惯等几个方面入手。良好的社会支持系统让你更有安全感，一个人的能力再强，取得再多的成就，如果没有人与他分享，他的内心也是孤独的。从另外一个角度说，良好的人际关系是社会支持系统的重要组成部分，而好的人际关系离不开关系双方的信任和互相支持。从心理学角度而言，人的内心深处更希望获得温暖、爱、归属感和安全感，而这些需要建立在良好的人际关系基础上。所以，有意识地打造一个属于自己的社会支持系统会让你的人生更加顺利、更加成功。

信念的力量是无穷的，只有坚守信念，才能实现自我的理想，最终实现潜能的开发与个人的成长。借用习近平同志 2016 年 7 月 1 日在庆祝中国共产党成立 95 周年大会上的讲话："一切向前走，都不能忘记走过的路；走得再远、走到光辉的未来，也不能忘记走过的过去，不能忘记为什么出发。面向未来，面对挑战，全党同志一定要不忘初心、继续前进。"

想一想

案例 1

刘伟，1987 年 10 月生于北京，10 岁时因触电意外失去双臂。19 岁时，成绩优秀的他放弃高考，开始学习用脚弹奏钢琴；2008 年 4 月 30 日，参加北京电视台《唱响奥运》节目，演奏钢琴曲《梦中的婚礼》，为刘德华伴奏《Everyone is No.1》；2010 年 7 月，参加东方卫视《中国达人秀》，获得总冠军；2012 年 2 月 3 日成为感动中国十大人物获奖者并获得"隐形翅膀"的称号。在谈起他的遭遇时，刘伟说道："我从来没有把自己当什么特殊群体，就是你们用手做的东西，我用脚做，只是换了一种方式而已，没有不一样。"

刘岩，2008 年北京奥运会开幕式舞蹈《丝路》的 A 角舞蹈演员，因不慎摔伤，造成身体瘫痪。在病中，她说道："坚强这个词好像不那么单纯，它包含的寓意还是很丰满，很深刻的，我希望用更长的时间，甚至一生来诠释这个词，因为毕竟（自己的）身体有一个巨大的创伤，我想可能语言很难形容，但我自己希望能做得好。"瘫痪后的刘岩并没有丧失对生活的信心，她于 2010 年成立了"刘岩文艺专项基金"，于 2013 年考取中国艺术研究院博士，并于 2014 年出版了自己的第一本专著《手之舞之》。她说"我发现了自己的社会价值，远远不是局限于一个舞蹈演员。"

思考：刘伟和刘岩没有被人生的噩运打倒是因为什么？这对于你的人生有什么样的启示？

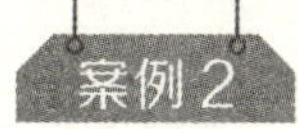

一场突然而至的沙暴，让一位独自穿行大漠的旅者迷失了方向，更可怕的是装干粮和水的背包都不见了。翻遍所有的衣袋，他只找到一个泛青的苹果。“哦，我还有一个苹果。”他惊喜地喊道。他攥着那个苹果，深一脚浅一脚地在大漠里寻找着出路。整整一个昼夜过去了，他仍未走出空阔的大漠，饥饿、干渴、疲惫却一起涌上来。望着茫茫无际的沙漠，有好几次他都觉得自己快要支撑不住了，可是看一眼手里的苹果，抿抿干裂的嘴唇，陡然又添了些许力量。

顶着炎炎烈日，他已数不清摔了多少跟头了，只是每一次他都挣扎着爬起来，踉跄着一点点往前挪，他心中不停默念着：“我还有一只苹果，我还有一只苹果……”

三天以后，他终于走出了大漠。那个他始终未曾咬过一口的青苹果，已干巴得不成样子，他还宝贝似的拿在手中，久久凝视着。强烈的生之信念和希望把他拉出了死亡的边缘。

思考：如何理解信念的作用？

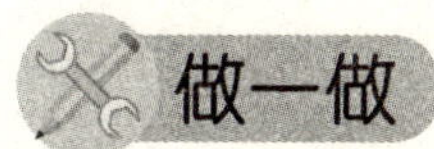

活动 1：理性认知 ABC

目的：通过对理性情绪理论 RET 的学习，认识到影响事件结果的往往不是事件本身，而是我们对此事件的看法，因此改变认知就能改变我们对事件的态度，从而产生不同的结果。

时间：约 30 分钟。

操作：

（1）假设几个情境，如考试不及格、好友误会、失恋、丢了自己心爱的东西、面试没通过等；

（2）每个成员对照以上情境，找出自己的认知、信念是什么；

（3）不断对自己的想法进行驳斥，并学会从新的角度看问题，产生新的想法；

（4）小组针对每个人的情境，依次从正向给予新的认识，帮助成员树立合

理、积极的看法,注意真诚友善,并分享自己的体会;

(5) 在不指责自己的前提下,确定自己哪些想法是合理的,哪些行为是恰当的,有哪些领悟,可以做哪些调整与改变。

活动 2:意志力测试

目的:了解自己的意志力水平。

时间:约 10 分钟。

操作:请根据你的实际情况,选择相应的字母。(A 是,B 有时是,C 是否之间,D 很少是,E 不是)。

① 我很喜欢长跑、远途旅行、爬山等体育运动,但并不是因为我的身体条件适合这些项目,而是因为它们能使我更有毅力。

② 我对自己订的计划常常因为主观原因不能如期完成。

③ 如果没有特殊原因,我能每天按时起床,不睡懒觉。

④ 订的计划应有一定的灵活性,如果完成计划有困难,随时可以改变或撤销它。

⑤ 在学习和娱乐发生冲突的时候,哪怕这种娱乐很有吸引力,我也会马上学习。

⑥ 学习和工作中遇到困难的时候,最好的办法是立即向师长、同学求援。

⑦ 在长跑中遇到生理反应,觉得跑不动时,我常常咬紧牙关坚持到底。

⑧ 我常因读一本引人入胜的小说而不能按时睡觉。

⑨ 我在做一件应该做的事之前,常常能想到做与不做的好坏结果,而有目的地去做。

⑩ 如果对一件事不感兴趣,那么不管是什么事,我的积极性都不高。

⑪ 当我同时面临一件该做的事和一件不该做却吸引着我的事时,我常常经过激烈斗争,使前者占上风。

⑫ 有时我躺在床上,下决心第二天要干一件重要事情(如突击一下学外语),但到第二天,这种劲头又消失了。

⑬ 我能长时间做一件重要但枯燥无味的事情。

⑭ 生活中遇到复杂情况时,我常常优柔寡断,举棋不定。

⑮ 做一件事之前,我首先想的是它的重要性,其次才想它是否使我感兴趣。

⑯ 我遇到困难情况时,常常希望别人帮我拿主意。

⑰ 我决定做一件事时,说干就干,决不拖延或让它落空。

⑱ 在和别人争吵时，虽然明知不对，我却忍不住说一些过头话，甚至骂他几句。

⑲ 我希望做一个坚强的有毅力的人，因为我深信“有志者事竟成”。

⑳ 我相信机遇，好多事实说明，机遇的作用有时大大超过人的努力。

计分办法：

单号题每题的五种答案 A、B、C、D、E 对应分数依次是 5、4、3、2、1 分。

双号题每题的五种答案 A、B、C、D、E 对应分数依次是 1、2、3、4、5 分。

求 20 道题的得分之和。

81 ～ 100 分意志很坚强，61 ～ 80 分意志较坚强，41 ～ 60 分，意志力一般，21 ～ 40 分意志较薄弱，0 ～ 20 分意志很薄弱。如果属于后三类，那就要锻炼良好的意志品质。例如，坚持、执着、负责任、恒心、毅力、专注、忍耐、积极、顽强、不服输、不怕失败等这些是成功的重要品质。

练一练

1. 什么是信念？信念对于潜能的开发与拓展有何影响？

2. 如何提升承受挫折的能力？

3. 同学们，你们都有什么样的失败故事可以跟我们一起分享呢？这些经历让你们失败的关键节点是什么呢？从这些失败的故事中，你们收获了什么？

推荐阅读

更好地发挥潜能和你的价值观是分不开的。许多人牺牲自己的价值观，去做自己不愿意做的事，这就是他们不能发挥潜能的原因。

——摘自〔美〕安东尼•罗宾《激发无限潜能》

期待会使人们的潜能充分地发挥出来，期待会唤醒我们隐伏的力量。每个人都应该坚信自己所期待的事情能够实现，千万不可有所怀疑。要把任何怀疑的思想都驱逐掉，而代之以必胜的信仰，努力发掘出属于自己的强项，必定会有完满的成功。

——摘自蓝济华《潜能训练》

意志力，首先是指下定决心要完成某件事情的内在力量。一个意志力坚强的人，能够在意志力、自身以及周围事物的作用下，将自己的内在力量调集起来从而达成心中的目标。这一点正是爱默生提到的，意志力是"增强气势、激励人心的一种冲劲"。在这方面来说，意志力就像充电电池，它可以释放出多大的能量取决于它自身的电池容量以及疏导系统。它能够积聚强大的能量，经过适当的操作这种能量会以强劲电流的方式释放出来。受到某件事或者某种情形的激发，一个人也许会生出抢到的意志力，在这种意志力的作用下人们就会释放出强劲的能量。所以，我们可以将意志力看成是一种力量的积聚，它的量可以增多，它的质也可以提高。

——摘自〔美〕弗兰克•钱宁•哈德克《超级意志力训练手册》

潜能拓展——行动与方法

墨子说,“志行,为也”,动机与行为结合起来,才能完成一番事业。目标既然锁定,我们就要采取行动,风雨兼程!一个人是否能获得成功,取决于他的态度和思维方法。态度决定行动,思维方法决定方向,一个人朝着正确的方向行动是一定能成功的,做一件事情,只要开始行动,就算获得了一半的成功。演讲大师齐格勒提醒我们,世界上牵引力最大的火车头停在铁轨上,为了防滑,只需在它8个驱动轮前面塞一块一英寸见方的木块,这个庞然大物就无法动弹。然而,一旦这只巨型火车头开始启动,这小小的木块就再也挡不住它了;当它的时速达到100千米时,一堵1.5米厚的钢筋混凝土墙也能轻而易举被它撞穿。从一块小木块令其无法动弹到能撞穿一堵钢筋水泥墙,火车头威力变得如此巨大,原因不是别的,因为它开动起来了。其实,人的威力也会变得巨大无比,许多令人难以想象的障碍也会被你轻松地突破,当然前提是:你必须行动起来。不然,只知道浮想,如停在铁轨上的火车头,那就连一块小木块也无法推开。

在行动中讲究方式方法才能事半功倍,有效的行动和正确的思维方法是成功的保障。在大学生的成长过程中,时间管理与人际沟通是非常重要的两个方面,前者涉及自我生活的管理,后者涉及人我关系的管理。在这一章的学习中,我们将穿越时空,探寻时间的意义;回归本真,学会管理自己;善与人相处,掌握沟通的技能。

第一节　时间管理

想象有一家银行每天早上都在你的账户里存入86400元,可是每天的账户余额都不能结转到明天，一到结算时间，银行就会把你当日未用尽的款项全数删除。这种情况下你会怎么做？当然，每天不留分文地全数提领是最佳选择。你可能不晓得，其实我们每个人都有这样的一个银行，她的名字是“时间”。每天早上“时间银行”总会为你的账户里自动存入86400秒；一到晚上，她也会自动地把你当日虚掷掉的光阴全数注销，没有分秒可以结转到明天，你也不能提前预支片刻。如果你没能适当使用这些时间存款，损失掉的只有你自己承担。没有回头重来，也不能预提明天，你必须根据你所拥有的这些时间存款而活在现在。你应该善加投资运用，以换取最大的健康、快乐与成功。时间总是不停地在运转，努力让每个今天都有最佳收获。

如何根据你的价值观和目标管理时间，是一项重要的技巧。它使你能控制生活，善用时间，朝自己的方向前进，而不致在忙乱中迷失方向。

一、时间管理的含义

人类到目前为止还无法解释时间到底是什么。有人认为时间是永恒的、不变的，有人认为时间是瞬息的、飞逝的；有人认为时间是物质的，有人认为时间是精神的。从哲学角度看，时间这个概念可能超越了我们人类能够把握的极限，但人们却能感受和描述种种时间现象。在本章中我们不做严谨的科学意义上的时间概念探讨，我们只探讨时间管理的意义和时间对我们自身生命的意义。

时间管理作为概念是指：为了达到相应的目的，应用可靠的工作技巧，引导并安排管理自己及他人的生活，合理有效地利用可支配的时间。要理解时间管理的内涵，应注意以下几个方面。

（一）时间管理除了决定该做些什么事之外，还要决定什么事不该做

时间因为事件的不同而变得意义不同。事件本身不能被管理，时间管理说到底是对单位时间内事件的管理，时间管理的关键就是对事件的控制，即把每一件事情都能够控制得很好。事件分为两类：一类是能够控制的事件，特征是与个人密切相关，可以因个人的意志和行为而改变，比如学习、工作、吃饭、娱乐等。另一类是不能控制的事件，特征是它的产生、发展和消失不以个人的意志为转移，大到自然规律、生命现象、历史变革等，小到社会风俗、学校制度、班级文化等。

（二）时间管理不是要把所有事情做完，而是更有效地运用时间

时间管理并不是对事件的完全掌控，而是提高效率达到目的。时间管理最

重要的功能是将事先的规划变为一种提醒与指引。管理自己，就是要管理自己的时间；管理了自己的时间，就有助于发挥更大的生命价值。

时间的公平性以及人的主观能动性决定了每个人都可以选择自己要做的事情，选择以及控制事件决定着生活的质量。

因此，我们只能在认识和适应不能控制事件的前提下，去选择我们能够控制的事件；然后最大限度地充分利用可控制的那一面，把不可控的因素减到最少，避免在不可控因素上浪费时间。如此区别对待，才能充分利用有限的时间，产生最大的效能。

（三）时间管理是有目的的

时间管理的目的就是将时间投入与个人目标相关的工作，达到“三效”，即效果、效率、效能。效果是指确定的期待的结果；效率是指以最小的代价获得更多的结果；效能是指以最小的代价获得最佳的期待结果。应反省和检讨效果、效能、效率三个主题，慢慢找到生命中真正具有人生方向、价值观的东西。时间管理的意义还在于培养一个人的基本素质。

二、时间管理的重要性

如果要想成功，管理自己的时间是一个很重要、很关键的因素，一个人的成就跟时间管理得好坏是成正比的。大学四年，是青年有梦的年华，是人生影响力最大的阶段。大学本科的学习，是人才储备竞争力的过程，是准备冲刺的过程，是酝酿精华的过程。微软奇才比尔•盖茨虽然大三辍学，但他却在事业辉煌成功之后说：“我在哈佛大学的经历是一段非凡的经历，是在这里的经历和结识的人以及发展起来的思想与想法永远地改变了我。”苹果电脑公司和皮克斯动画公司首席执行官史蒂夫•乔布斯虽然也在大学期间退学，但他也说：“我凭着好奇和直觉，在大学所选听的课，无意中涉足的许多事情，后来都证明是非常有价值的。”他在斯坦福大学劝告大学生，“你们的时间是有限的，因此不要浪费时间去过别人的生活。不要让别人的声音淹没你自己内心的声音。最重要的是要有勇气听从你自己的心灵和直觉”。

研究如何管理时间实际上就是研究我们如何生存于世。有效地管理时间的最终含义就是有效地管理我们自己，让我们能在有限的生命时间里，最大限度地展示我们的人生价值。一个好的时间管理者不仅能根据自己的时间来满足所有的合理需要，而且还会消耗最少的身体和心理资源。他们会认识到，仅仅完成工作任务是不够的，还需要做到经济地完成任务。因此，科学的时间管理具有两个功能：高效率地生活，使我们不过多地消耗生理或心理能量；经济、有效地完成任务，实现预定目标。

三、时间管理的误区与对策

你们觉得每天的时间够用吗？你们的时间都花在哪里了呢？你们都是如何管理时间的呢？你每天的时间是不是悄悄溜走，自己却毫无察觉呢？你是不是整天一边喊着“忙啊、累啊”“时间不够用啊”，一边任由时间流逝？

为什么有些人总出成绩，而有些人好像很忙，却总是不出成绩呢？让我们一起来看一看前苏联昆虫学家、哲学家、数学家亚历山大•亚历山德罗维奇•柳比歇夫是如何管理时间的。

柳比歇夫毕业于圣彼得堡国立大学，一生发表了700余部学术著作，包括了从分散分析、生物分类学到昆虫学等方面的经典著作以及各种各样的论文和专著。他一生中共写了500多印张的书稿(500印张等于12500张打字稿)。即使以专业作家而论，这也是个庞大的数字。此外，柳比歇夫在业余时间还研究跳蚤的分类，并写过不少科学回忆录。

从20世纪20年代到70年代，他一直坚持写日记，没有中断过一天。他每天的日记实际上是记时间账，记录他每天支出了多少时间、它的产出是什么。他在26岁时独创了一种“时间统计法”，通过记录每个事件的花销时间，经过统计和分析，进行月小结和年终总结，以此来改进工作方法、计划未来事务，从而提高对时间的利用效率。他不断完善这一统计方法，并沿用了56年直至逝世。

我们总是觉得古人的时间多、现代人的时间少，其实古代科技不像现代这么发达，现代人拥有很多节省时间的工具，可大家还是觉得时间不够用，没有时间做想做的事。反观古人，条件简陋，却有很多成就，至今都在发挥作用，叫现代人惭愧。比如古希腊先贤亚里士多德，他的全集就有好几十卷，跨越多个领域，因而被尊称为“百科全书式”学者。然而，在亚里士多德那个年代，纸还没发明出来，文字要先刻在泥板上，然后将泥板烧制成形。

柳比歇夫的时间统计法仿佛一面镜子，一下子照出了自己碌碌无为的样子。我们平时从早忙到晚，回到宿舍里就瘫软在床上，好像干了很多事情。实际上，如果把一天所干的事情都记录下来，看看到底干了什么，很多人都接受不了这个现实，因为真正有意义的事少之又少。管理学大师彼得•德鲁克曾经做过一个实验，他让秘书记录他一个月里干的每一件事情。他后来一看，真正完成的事情少之又少。德鲁克是一个很懂时间管理的人，他都接受不了这个事实。事实上，现代人之所以管理时间不善，是因为我们在时间管理中存在着各种误区与迷茫。

（一）停不下来的节奏

打开自己手机的通讯录，有多少朋友的号码静静地躺在通讯录里，很久没有联系了？朋友见面，最近的问候就是："最近忙不忙？""现在在忙些什么？"像是我们这个时代最贴切的描述。但是，请同学们仔细想一想，你每天都在忙些什么呢？忙着早起上课，来到教室却趴在桌子上去约会周公？忙着赶去图书馆占座，到图书馆打开电脑之后却开始刷微博？忙着逛商场、逛淘宝，花了大把的时间想要购物，却总买不到称心如意的衣服？忙着抱怨舍友不得力、牢骚学校不人道，却忽视了自己今天必须完成的工作？

有多少"忙"，忙得理所应当？又有多少"忙"，忙得虚度时光？我们很多时候认为自己很忙，其实只是一种状态的描述，即"不闲着""有事在做"，但是，"不闲着""有事在做"不代表在做有用、有效率的事情。在实际生活中，有一些同学整日生活在与时间赛跑的水深火热之中，有一位同学这样说道："我就像是一列疾驰的火车，没法停下来或慢下来，否则自己会觉得无比的焦虑与恐慌……"似乎只有"忙"才能让自己心安，而至于忙的价值、忙的效率或许就被忽略了。

小学课本中收录了李大钊说过的一句话："学要认认真真地学，玩要踏踏实实地玩。"这句教育小朋友的话，到了今天，对于我们大学生而言，一样具有启发的价值。让我们一起来看看从7岁上小学开始，郎朗的作息时间表：早晨5∶45起床，练一小时琴；早晨7∶00上学；中午回家吃饭15分钟，练琴45分钟；放学后，练两小时琴，然后吃晚饭，有机会看动画片；晚饭后练两小时琴，然后做作业；节假日和寒暑假加倍练习，每天的时间几乎全部被钢琴所占据。郎朗说："没有勤奋就没有一切！至于天才，我将其理解为一种无限的伸展性，也许一个人只要具备一丁点天才就可以扩展成很大，但是如果你连这一丁点都没有，那则另当别论了。"郎朗也说："吃饭的时候就好好吃饭，弹琴的时候就好好弹琴。这就是我做人的原则。"

如果开始学习，则专心致志高效完成作业；如果决定休息，就给自己一个轻松时刻，不要再想着学习中的烦恼琐事。最忌讳的是，看似在忙碌，但实际上根本没有在正经做事，一会儿打开课本准备看书，一会儿又和微信好友聊聊天，一会儿再和同学八卦几句，结果时间匆匆而过，看似没有停歇的一个上午，却毫无效率。

最牛学习计划表

双胞胎姐妹花马冬晗、马冬昕以理科704分和699分的好成绩双双考进清华，因为一张"最牛学习计划表"而被网友封为"学神"和"学霸"。学习计划表是一页A4打印纸，清秀的手写字密密匝匝，记录着马冬晗一周内每天的课程安排、学习情况、生活情况、一天总结等数10项量化内容。计划表显示，早上6点"起床锻炼"……中午11:25至13:30"吃午饭，打印课件"……晚上22点到23点"听英语"，晚上23点到凌晨1点"读《飘》，背单词"，凌晨1点之后"SLEEP"，每天只睡五六个小时。"太牛了，比领导还忙""从计划表上看，连洗澡时间都无法保证"，人人网上，多数网友对姐妹俩持赞扬态度，也有部分网友惊呼，如果是自己，肯定受不了。

同学们，你怎么看待这张学习计划表？如果是你，会如何制订自己的学习计划？人生的弓，拉得太满人会疲惫，拉得不满人会掉队，我们要学会张弛有度，也只有这样才能真正进步。生活中，人们时常感觉疲累，很多人并不是身体上的疲累，而是心灵的累，也就是那种无形的生活压力所累。也许在现实生活中，我们会遇到很多会生活的人。该工作的时候工作，该休息的时候休息，潇洒自如，真是张弛有度。实际上，很多的事情也应该有个"度"，高兴的时候不必表露过多，沮丧的时候也不要萎靡不振。做任何事情都保持一个平衡，能够有一个良好的心态，包括自己的学习、生活，只有有"度"的生活才能带来身心健康！

守得安静，才有精进，人生最曼妙的风景，来自内心的淡定与从容。叶嘉莹女士曾表示，她喜欢多些安静的时间，多读些好书，多些静思，多些与先哲的神交。杨绛先生守静功力更是了得，她和钱钟书先生在春节也一样专注学问，面对前来拜年的客人只透过门缝寒暄几句，没有让客人进屋，有些不近人情。正是因为有了这种超常守静的功力，才铸成大美之作。人的生命与动密不可分，生活中要有动态美，但不能过，更不能变味。追求动态美更不能演变成：公共场所的喧嚣，极尽显露能事的夸张动作，声嘶力竭的吼叫，酒桌上的推杯换盏……这都属于厚动薄静，不具有持久的生命力。

(二)眉毛胡子一把抓——到底要弄哪样

咨询中,经常会遇到同学抱怨自己的事情太多,又要准备SRDP的答辩,又要做课程论文,还要参加社团活动,自己的衣服已经堆成了山……总之生活就像是一团乱麻,不知从何下手,也不知如何下手,每天急得像热锅上的蚂蚁,拿起这个又放不下那个,到头来什么也没有做好。

让我们来做一个情境测试,看看你会如何应对这种手忙脚乱的情况。

假如你是一家公司的老总,今天碰到四件急事需要处理,你该怎么办?

A. 上级部门负责人来公司视察工作(其中,还有一位你原来的老领导)

B. 你的一位副总因车祸而身受重伤,现被送往医院救治

C. 一位外商来公司进行业务谈判,你是主谈

D. 有一个外贸急件需要你处理

由上面这个测试,你可能会意识到,做到面面俱到又滴水不漏也不是不可能的事情,关键是要做到事分轻重缓急。

看一个人是否有做事头脑,关键看他处事能否分清轻重缓急;智慧之道,就在于明白何事可以略过不论。古人云:“事有先后,用有缓急。”做事也是如此,分清事情的轻重缓急,不但做起事来井井有条,完成后的效果也是不同凡响。次序处理好了,不但能够节约做事时间、提高做事效率,最重要的是能给自己减少许多麻烦。决定好做事情的轻重缓急,是为自己找到更多时间去完成最紧要的事的最为有效的第一步。也就是说,如果你把为自己寻找更多的时间视为第一需要,而你计划优先去做最紧要的事,那你就能找到更多的时间。这是非常简单的道理。

在美国总统中,卡特被认为是“最繁忙”的总统。他为什么忙?因为他事无巨细,渴望掌握所有问题的第一手资料。这使他淹没于细节中,而忽略了对整体的把握。那么,他忙出政绩了吗?当然有一些,但肯定不突出,他被美国公众看作一个成效不彰的总统,在他下台的时候,他的支持率只有22%,是第二次世界大战以来,包括尼克松总统在内所有总统中支持率最低的一位。作为一国总统,应该分清轻重和主次,不能什么都抓在手里。作为一个普通人呢?也应该分清轻重缓急的关系。凡事都有轻重缓急,重要性最高的事情应该优先处理,不应将其和重要性最低的事情混为一谈。对于那些零零散散的事务,我们可以先把它们按照“急重轻缓”的顺序,整理好再着手处理。

(1) 重要且紧急,这些是必须立刻或在近期内要做好的事。现在,除非是这

些情况都同时出现，否则你就能够处理它们。因此它们的紧急和重要性，要比其他每一件事都优先。如果拖延是造成紧急的因素，则现在已经不能再拖延了。在这些情形下，时间管理就不会出现什么问题了。

（2）重要但不紧急。生活中，大多数所谓重要的事情都不是紧急的，我们可以现在或稍后再做。在很多情形之下似乎可以一直拖延下去；而在太多的情形下，我们就这样拖延着。这些都是我们“永远没有着手”的事情。这些事都有一个共同点：尽管它们具有重要性，可以影响到你的健康、财富和家庭的福利，但是如果不采取初步行动，就会无限期地拖延下去。

（3）紧急但不重要。表面上看起来需要立刻采取行动的事情，但是如果客观地来检视，我们就会把它们列入次优先级里面去。

（4）不紧急也不重要。很多事只有一点价值，既不紧急也不重要，而我们常常在做更重要的事情之前先做它们，因为它们会分你的心——它们提供一种有事做和有成就的感觉，也是我们有借口把更有益处的事向后拖延。如果你发现时间经常被小事情占去了，就要试一下学会克服拖延。

《死时谁为你哭泣》的作者罗宾•夏玛说：“不是因为某件事很难，你才不想做，而是因为你不想做，让这件事变得很难。”愿每位同学都能在清晨被梦想和希望唤醒，带着发挥潜能、有所进步的满足感入睡，因为成为自己而无比愉悦、幸福！

（三）空虚无聊寂寞恨

在大学校园里，还有这么一群每天无所事事、不知该干点什么，好似忙忙碌碌却又碌碌无为的人。他们为每天该干点什么而惆怅，而时间也在这份惆怅中悄然而逝。

到了大学，不知道大家有没有遇到像这位同学的苦恼，为什么到了大学，我们很容易感觉自己的时间失控了呢？

我成为大一新生三个多月了，但是我过得很混沌，感觉每天都是在混日子。我总想明天要做什么，但是总会被一条“收到请回复”的短信打乱自己的计划。我总想努力学好文化知识，但是总静不下来好好看书，或者说书对我没有吸引力，我觉得这样浑浑噩噩下去是不对的，但是不知道怎么去改变。每每想起，又生出烦躁，感觉未来无望……

让我们回顾一下，从小学到高中，我们是如何管理大块时间的？大家请看这份周历。

表 5-1 高中的每周学习日历

	星期一	星期二	星期三	星期四	星期五	星期六	星期日
早自习	早自习	早自习	早自习	早自习	早自习	早自习	早自习
一二节	上课	上课	上课	上课	上课	上课	上课
三四节	上课	上课	上课	上课	上课	上课	上课
五六节	上课	上课	上课	上课	上课	上课	休息
七八节	上课	上课	上课	上课	上课	上课	休息
晚自习	晚自习	晚自习	晚自习	晚自习	晚自习	晚自习	晚自习

这样的日历虽然看似有点不人道，但是潜移默化中让我们习惯了按日历安排时间的习惯。进了大学，我们也习惯按日历安排自己的学习时间，但是问题是——也许第一天很好，八点要上课，要早起。但第二天早上突然发现九点起床也可以啊！周三上两节课半个白天就没有事情。周四更爽，居然一天都不用上课也没有事情！周五这是谁排的课啊？居然上八节，太不科学了！

我们习惯按日历安排时间，结果这种不规则的日历安排让我们不知不觉中失去了有节奏的生活规律。

在大学我们很快就会发现下课的时间和吃饭的时间很接近，比如下课回到寝室是 10 点半，11 点半又要提前去打饭，避免没热菜吃，不到一个小时的时间能干什么？只好和同学们在寝室里聊天等吃饭。慢慢地你的大学生活就变成了这样，除了上课的时间，就是等吃饭的时间。

再慢慢地你会发现早上按时起床越来越困难，终于有一天学会了逃课。然后你发现了一个秘密——那就是大学老师其实不认识你，你的胆子越来越大，什么课都敢逃，甚至发展到不逃课都觉得不好意思。再慢慢地，你发现自己什么也不想做，看书也看不进去了，心情经常莫名其妙烦躁……

终于有一天你痛定思痛，觉得自己再也不能这样下去了，觉得一分钟也不能浪费了，要把丢失的时间找回来。你给自己一张密密麻麻的表，当然，你也考虑了劳逸结合，周末的晚上你还是给自己安排了放松的时间。看起来很科学的样子，要走上逆袭的励志道路了吗？

悲剧往往是这样的，第一天一开始一切都和计划的一样，但是到了晚上准备上自习的时候，突然接到社团开会的短信。“啊，早不开会晚不开会，我一准备励志你就开会，早知道就不报社团好好学习了，但是既然报名了，人总不能被别人说任性吧。结果社团开会到好晚，我要补作业熬夜到好晚”……第二天上午总算恢复奋斗的节奏了，下午一下课班长——“请同学们留一下，班级有个会要开……”“哎，你早不开会晚不开会，我一要奋斗你就开会，忍吧。”好不容易恢复心情上晚自习了，结果寝室室友说要过生日，哎，生日聚餐是尽兴了，自习又泡汤了。第二天早上又没有起来，昨晚晚上玩得太晚太任性了……星期三的课堂在补作业，终于抢在老师下课前把作业做完了，赶紧塞到一堆作业里面，看到老师鄙弃的眼神。等准备开始奋斗时一条短信又来了，老乡来了！五雷轰顶万般无奈还是得陪，晚上在一起愉快地打游戏——“喂，你以为我想玩游戏，我告诉你，打游戏是招待老乡成本最低的方式有没有？”今天礼拜四，突然就不想奋斗，不想奋斗，不想奋斗了……“周五的早上我睡过头了，第一节课不逃不行了，太晚了，悄悄跑到课堂影响老师上课心情，这个道理我懂。反正一二节课也逃了，三四节课也就逃了吧。吃完中饭惊喜地发现一二节没有课，反正今天周末了，忙了一周感觉好累，不如提前放松一下，要劳逸结合嘛。周末多睡一会，再睡一会，算了，睡够了起来吃中饭。不知道为什么吃了中饭更困了，我居然睡到了晚饭时间，我真的好能睡，我自己都有点佩服自己了……晚上不睡了，炯炯有神游戏中，半夜还在坚持啊……周日的早晨我躺在床上睡不着了，这一周我都干了些啥啊！”开始后悔中，陷入深深的自责，越想越惭愧，开始深深地鄙视自己，不行，我不能这样！你终于喊出了这一周的最强音——“我要奋斗！”好像陷入了死循环！

想问同学们一个问题：当姚明在NBA受伤时，还坚持训练吗？——对的，他必须每天坚持训练。如果他因为受伤就放弃训练，他的身体很快就会失去比赛的感觉，这意味着如果一旦参加比赛，他会在强对抗下更快受伤。

体育训练是这样，时间管理的道理也是这样的。如果每天的生活没有规律，那么我们很快就会失去对时间的感觉。一旦我们对时间失去节拍感，就很容易让自己慢慢陷入没有规律的生活，然后慢慢陷入混乱、迷茫，什么也不想做的局面。要想改变这一点，大家应该坚持每天在固定的时间、固定的地点做一件固定的事情。比如你可以每天晚上坚持阅读一小时，一年下来你就会多看50本书，但是在固定的时间、固定的地点做固定的事情更大的意义在于——如果你每天没有一个小时是自己控制的，你很快会失去对整天时间的控制；如果你每周没有一天事情是自己支配的，你很快会失去对每周时间的控制。

一旦你能养成每天晚上坚持阅读的习惯，就可以试着坚持每天早上也阅读一小时，你会发现，一旦开始严格按照某种习惯管理时间，就更容易让这个时间前后的时间也服从你的管理。

不过要注意，就好比体育锻炼一样，一个人不能一下子给自己太高挑战，到了一个平台得稳定一下成绩，才能挑战更高的目标，否则会把自己压垮。时间管理也是这个道理，先学会有效管理自己半天的时间，才能慢慢扩展到管理一天的时间。

所以，如果你的个人时间能力在没有找到节奏之前，不一定非要早早加入各种社团，这就好比你其实还没有稳定举起150千克的能力，却咬牙答应了，最后发现你的时间被各种力量牵扯，自己筋疲力尽也无从管理，让大块时间安排变得支零破碎。好的时间管理应该是平衡的。大学生活不能只是学习。随着我们管理时间能力的增强，应该把生活安排、娱乐安排、社团安排、交友安排、兴趣安排都有节奏地放在每周成长计划里面，这样你就能充分利用好大块时间，全面成长，而不是每天都在迷茫中等吃饭！

希望大家行动起来，写下你的新课表，一点点加量，记得坚持。所以，想要改变无聊空虚寂寞的生活状态，就要做到以下几点。

1. *形成固定的时间节奏感*

高中阶段我们都比较容易坚持做一件事。一个重要的原因是我们生活有规律：每天按时起床，按时上课，按时自习，按时睡觉。

在一个有规律的环境里，人容易有相对固定的受控时间去完成既定的目标。到了大学阶段，课表不是天天相同，生活也开始多了很多可能性，这意味着生活变得丰富、你获得各种自由的同时，开始失去过去养成的节奏感。你开始慢慢变成被不同的事情推动去行动的人，而不是坚持在固定的时间做一点什么事情的人。

这种被碎片化事情推动的现象，不仅仅是在大学，到了职场中，会越来越严重。所以，要养成坚持的习惯，你最好让自己有一些固定的时间去做固定的事情的习惯。建议大家做一些小事情，比如每天坚持在某个固定的时间写日记、练字、锻炼等，不需要太多的时间，哪怕就15分钟。这些小事情会慢慢形成新的时间锚点，有了这些时间锚点，你才能在不同的环境里慢慢养成生活中的新节奏感。有了时间节奏感的人，才能逐渐掌控自己的时间，获得更高的效率。

2. *找到志同道合者相互激励*

你和怎样的人交往，你就越可能变成怎样的人。

在高中，因为有各种制度和外力约束，大家都被集体化成一种行为模式，往往能为某个特定的目标长期全力以赴，互相追赶激励。很多人觉得自己在高中学习过程中很充实，和这个环境是分不开的。

3. 找一个更适合目标的环境

人毕竟是群体性动物，很难摆脱从众的自然基因行为模式。在高中即便同学不求上进，也不太担心自己不会坚持，因为班主任、家长和学校构成了一张网，为你设计好了每天的行为模式。到了大学，无论是班主任还是辅导员，又或者是学校，对你的管理都是很松散的，没有人天天监督你上自习，甚至上课。

在这种环境下，很多人会发现没有外力约束很难建立对自己的行为控制能力。所以大家可以理解为什么考研时那么多人会去报考研班，一是需要同伴环境，二也需要上课的环境。没有这个环境，他们无法约束自己的行为。绝大部分人离开环境的约束就一无所成。想要享受自由的生活，前提是要让自己有节制地生活。

4. 不丢失自己的目标

有一名大一学生，从新学期开始他做了很多打算、计划，但是一学年下来，他几乎没怎么实行过。上课他也没兴趣，要不看小说，要不睡觉，要不宁愿发呆，但过后他又特后悔、特纠结，觉得自己对不起父母。在大学里，他过得混沌，看不到希望，一味活在自己的幻想世界里，甚至有不想念书的念头。他很烦，想改变这种现状，但又不知道该怎么做。

高中阶段我们有一个明确的目标——考大学，而且被同伴和环境驱动去努力。到了大学，就业一时半会还很远，考研也得3年后，经过12年艰苦求学的日子，都想放松一下。但正是在这种放松的环境中，我们想不起自己的奋斗目标了。其实，大学里也有一个现实的目标叫就业。

在大学里，课程体系设置往往让你看不到和就业这个目标的关系，有些学科的实用性更是和社会现实严重脱节。在学习的过程中，你往往看不到自己和就业需求之间的进展，只是感觉一天天在混日子。如果你没有办法衡量现在离目标的距离是否更近，就会慢慢忘记自己的目标。甚至慢慢用还在学习这件事情安慰自己，其实这是自欺欺人。如果不自欺欺人，大学生应该主动在大一了解自己想去的就业单位，了解他们的就业岗位，了解这些岗位对人的素质要求，主动在大一就明确自我成长的目标和实现的手段，并找到恰当的手段衡量自己的进展。

5. 确定自己的行为是否离目标更近

有的大学生有目标，但是很难坚持。为什么？在高中你遇到任何自己不能突破的困难，都有老师给你答案。但是在大学，一切似乎都没有人给你答案，或者给你太多的答案。到底哪种是你想要的？这很难讲。

所以很多同学在走向目标的路上，看不清自己坚持的方向是否是对的，因为缺乏独立判断的能力，而总是怀疑自己的选择是否是最佳的，在这种缩手缩脚的犹豫中，如果没有太多的进展，也就慢慢放弃了坚持。

6. 克服性格中的好逸恶劳

还有一些同学看到了进展，但是也没有最终坚持下去，这很可能和其性格有关。心理学家说习惯推迟满足感的人才更容易成功。

推迟满足感，意味着不贪图暂时的安逸，重新设置人生快乐与痛苦的次序：首先，面对问题并感受痛苦；然后，解决问题并享受更大的快乐，这是唯一可行的生活方式。

7. 不因一点小的成功而替代真正的目标

在心理学上有一个效应：当人为目标奋斗取得一点点进展的时候，往往会奖赏自己放纵一下，这样就很容易让自己脱离正确的轨道。所以当你发现自己已经取得了一点点进展的话，一定要提醒自己，要继续加油，因为目标还没有实现呢！

（四）等等，等等，再等等——拖延症

1. 拖延症是什么

拖延是一种现象、一种行为，而"拖延症"是现代人们由于深受拖延行为对自己生活工作的荼毒而创造出的词汇。当拖延行为习惯性地出现时，人们的正常工作学习受到了影响，一方面是工作效率的降低，另一方面则是由于拖延行为本身带来的情绪上的焦虑和痛苦。

拖延症，取意"将之前的事情放置明天"。拖延症总是表现在各种小事上，但日积月累，特别影响个人发展。拖延现象现已成为管理学家和心理学家研究的一个重要课题。

该词的最初亮相是在爱德华•霍尔出版于1542年的书里。几乎是相同的年代，正处于明清交替的中国，一位名叫钱鹤滩的学者写下了脍炙人口的《明日歌》："明日复明日，明日何其多。我生待明日，万事成蹉跎。"《圣经》从希腊文翻译为英文的过程中，拖延更多被译成"罪过"，直到工业革命后，才逐渐具有了现在的含义，被视为"以推迟的方式逃避执行任务或做决定的一种特质或行为

倾向，是一种自我阻碍和功能紊乱行为”。不过拖延症正式成为病症，国外的研究不过才一二十年。

单纯的做事拖拉或是懒得去做，只能定义为“拖延”，也仅是一种坏习惯，改正它并不难。当拖延已经影响到情绪，如出现强烈的自责情绪、负罪感，不断地自我否定、自我贬低，伴生出焦虑症、抑郁症、强迫症等心理疾病时，才能称之为“拖延症”。更可怕的是，很多拖延的人甚至很享受那种deadline过后突然一下放松的感觉，而且拖延的结果有时反而挺好。这种时候，会在心里表扬自己很有“效率”。同时，长期如此，尽管不愿承认，但潜意识里确实觉得自己如果花了很多时间却成绩平平，会是一件非常丢脸的事情。于是这一切的一切，都再次强化。

2. 拖延症是如何造成的

一个人认为自己5天之内可以做完一件事情，所以在离期限还有15天的时候一点不着急，直到最后只剩5天了才开始。这种紧迫感和焦虑往往促发人的斗志，会让自己觉得，自己只有在压力状态下才有做事情的状态。最后拿到成绩的时候，成绩往往不是很差，这样就强化了自己最适合在deadline之前短期高压的状态下工作的心态，并且对以后的行为不断进行自我暗示。

关于拖延的生理学根源研究，大多围绕前额叶皮层的功能。这个脑区负责大脑的执行功能，比如计划、冲动的控制和注意力，还起到过滤器的作用，降低来自其他脑区分散注意力的刺激。前额叶皮层的损伤或者低活动性，会导致过滤杂扰刺激的能力降低，进而使处理任务的组织能力变差。

3. 为什么会拖延

浅层原因：太难、太耗时间、没有相关知识技能、害怕别人知道自己做不好。

深层原因：

（1）完美主义。所有事情都要达到一个很高的境界，要一次做好，所以不愿意匆匆忙忙开始，要万事俱备才行。解决方法：对自己说现在的状态就已经很好，可以开始了。每有一点进展都鼓励自己。意识到一点错误都不犯是不可能的。伟大的作家、诗人、艺术家都是断断续续完成他们的杰作的，自己也可以如此。

（2）抵制与敌意。“这个老师对我态度太差了，所以我不想做他布置的作业。”解决办法：要意识到，不完成作业受害的是自己。不能仅仅因为一个老师的态度而影响自己的前途。

（3）容易颓废。“任务太难了，或者别人都不需要做我为什么要做，不能忍受持续做这件事情，等明天再做吧。”但是往往明天到了，心里还是不想做，又继续往后推。解决办法：寻找一切可以找到的帮助，设法降低事情的难度，取得进展；暂时推迟自己想要放弃的心态，每天能多做一点就多做一点。这一点也很符合很多中国学生的现状。因为不是人人都对自己的课题感兴趣，所以容易产生厌倦感，不容易定下心来完成相关任务。解决的办法如上所说，向别人寻求帮助，听取建议，同时可以把任务分成比较容易的小任务，化整为零，告诉自己其实每一个小部分都很容易就能完成。

（4）自我贬低。如果常常不能很好地完成任务，自己对自己的能力的估计会越来越低，即使以后完成了，也认为是运气。解决办法：接受别人对自己工作的赞扬；自己对自己进行勉励。

4. 如何战胜拖延症

（1）5 分钟起步。

开始做一件事时，先给自己 5 分钟的起步时间。心里可能会百般抗拒，甚至完全投入不进去。这很正常。这是人的本性。接受它就好了，不用责怪自己，不用痛苦地想：怎么一点都看不进去；算了，先去玩会儿游戏吧 / 上会儿网吧 / 吃点儿巧克力吧。几乎 80% 的人，都曾“死”在这个阶段。是因为做的是不喜欢的事情吗？并不是。即使是做自己喜欢的事情，也会出现这种情况。

大家想一想，电脑开机、汽车发动、骑自行车，都是一样，一开始都需要多花费力气，但启动之后，就很顺畅了。接受自己刚开始那 5 分钟的烦躁和抗拒，别对这焦虑情绪进行评价，坚持住，之后就好了。

（2）全身投入。

想要对付拖延症，就要集中注意力。注意力讲究的是聚精会神。“精”“神”二字太虚飘，需要依托在身体上，才能做到全神贯注。

① 以学习、看书为例：边学边用手写或电脑打字做笔记。有同学跨专业考中文专业研究生时，是用电脑做笔记，即使是特别讨厌的古代文献、语言学等，他也都无暇顾及厌恶和分神，因为他一直没停止做笔记，让身体参与到学习中去。

② 以听课为例：与老师有眼神交流、声音回答的时候，你更加专注、更加高效，你的手、脚、眼睛、嘴巴、头发，随便你使用。别让他们闲着，免得胡思乱想。

身体在学习中会起到重要的作用，身体是大 BOSS！“精”和“神”是跟着身体走的！

（3）中途总是走神怎么办。

走神了，你发现了，这是好事，值得庆贺，重新回到学习这件事上就好了，不用想其他任何事情。如果走神的事情是重要的事情，可以暂且记下，之后解决。

走神之后，不停地责怪自己，追究走神的原因，想象走神的后果，这才会让你陷入万丈深渊。一定要记住，走神很正常，和你肚子会饿一样正常。人的思维就是这样。不要对此进行检讨，继续学习就好。长此以往，你走神的次数会越来越少，而且发现走神、迅速回到学习的能力会越来越强。

（4）不要担忧自己所做的事情的结果。

这种担忧，是无法安心做事的最大根源。以考研为例，看两页书，就想着：这么慢，怎么办，是不是看不完了、考不上了？这种恐惧和焦虑，是永远都会存在的。我们是人，当然会害怕了。要学会与它共处，别试图说服自己不去焦虑和恐惧。

（5）试试番茄工作法。

番茄工作法是一种简单易行的时间管理方法，是由弗朗西斯科•西里洛于1992年创立的一种时间管理方法。使用番茄工作法，即选择一个待完成的任务，将番茄时间设为25分钟，专注工作，中途不允许做任何与该任务无关的事，直到番茄时钟响起，然后在纸上画一个X短暂休息一下（5分钟就行），每4个番茄时段多休息一会儿。番茄工作法极大地提高了工作的效率，还会有意想不到的成就感。具体方法如下。

① 每天开始的时候规划今天要完成的几项任务，将任务逐项写在列表里（或记在软件的清单里）；

② 设定你的番茄钟（定时器、软件、闹钟等），时间是25分钟；

③ 开始完成第一项任务，直到番茄钟响铃或提醒（25分钟到）；

④ 停止工作，并在列表里该项任务后画个X；

⑤ 休息3～5分钟，活动、喝水、上卫生间，等等；

⑥ 开始下一个番茄钟，继续该任务，一直循环下去，直到完成该任务，并在列表里将该任务划掉。

每4个番茄钟后，休息25分钟。在某个番茄钟的过程里，如果突然想起要做什么事情：

非得马上做不可的话，停止这个番茄钟并宣告它作废（哪怕还剩5分钟就结束了），去完成这件事情，之后再重新开始同一个番茄钟；

不是必须马上去做的话，在列表里该项任务后面标记一个逗号（表示打扰），并将这件事记在另一个列表里（比如叫“计划外事件”），然后接着完成这个番茄钟。

鲁迅说:“浪费自己的时间等于慢性自杀,浪费别人的时间等于谋财害命。”时间是无比宝贵的。在这一节中我们介绍了时间和时间管理的重要性,并结合大学生实际生活案例对常见的4种时间管理误区进行了剖析。希望大家都能珍惜大学的宝贵时间,掌握时间管理的方法,做时间的主人,做自己的主人!

第二节 人际交往

一位哲人说过,人生的美好是人情的美好,人生的丰富是人际关系的丰富。没有人可以像小岛一样完全孤立,我们生活在社会之中,人的价值与潜能的开发与实现,都需要在现实环境、在与人的互动中完成。人一生的成长、发展、成功、幸福,是与他人的沟通和交往息息相关的;人一生的愉快、烦恼、悲伤、爱恨,同样也是与别人的沟通和交往分不开的。

一、大学生人际关系概述

(一)什么是大学生人际关系

人是社会性的动物,没有人可以不依靠别人而独自生活。这已经慢慢成为所有人的共识。人际关系是同人类起源同步发生的一种社会现象,是社会关系的重要组成部分。对于大学生而言,人际关系是指大学生在校期间与周围相关的个体或群体的相处及交往的关系。由于大学生自身的年龄特点和所处环境的特点,他们在人际关系中常常看重彼此之间的平等互助,关系相对简单稳定,有时还表现出较为浓厚的理想色彩。

(二)人际关系的重要意义

随着人生阅历的增加,你会发现,人们所追寻的目标达成和幸福感的获得都与良好的人际关系密切相关。幸福的人生需要良好的人际关系为之保驾护航。

对于大学生而言,良好的人际关系意味着一个有强大保护作用的社会支持系统。当一个人独自面对压力与挫折的时候,你的各种人际关系(包括亲人、朋友、同学、老师等)可以为你提供情感安慰、行动建议,帮助你渡过难关。来自人际关系的强大的社会支持作用让你不再感到孤立无援,可以迅速恢复你的信心和勇气,面对挑战,解决问题。

人际关系还被现代积极心理学的科学研究认为是影响人类幸福感的最重要因素之一。身处充满滋养与爱的关系当中，不仅仅会帮助你渡过难关，化解你的孤独感和疏离感，还会为你带来一系列积极良好的个人和环境的改变。

处理人际关系的能力是情商的重要表现

1995年，美国哈佛大学心理学教授丹尼尔·戈尔曼提出了情商(EQ)的概念，认为情商是个体的重要生存能力，是一种发掘情感潜能、运用情感影响生活各个层面和人生未来的关键品质因素。他甚至认为，在人的成功要素中，智力因素是重要的，但更为重要的是情感因素。

情商大致可以概括为五个方面：情绪的自我觉察能力、管理情绪的能力、自我激励的能力、识别他人情绪的能力、处理人际关系的能力。

（三）网络时代的大学生人际关系

由于网络的发展和信息时代的到来，网络人际关系在大学生的人际关系中所占比重越来越大。根据2016年8月3日中国互联网络信息中心(CNNIC)在国家网信办新闻发布厅发布的第38次《中国互联网络发展状况统计报告》，截至2016年6月，中国网民规模达7.10亿，互联网普及率达到51.7%；手机网民规模达6.56亿，网民中使用手机上网的人群占比已达92.5%，大学生是网民群体中的重要组成之一。大学生善于接受新鲜事物，心智又不成熟，网络中的人际关系为大学生的人际交往带来了新的机遇和挑战。

1. 虚拟性

网络人际关系最显著的特点是它的虚拟性。在网络这个虚拟空间里，没有真实的物理空间存在。传统的人际交往，是人与人之间面对面的语言沟通，或者身体的接触；而网络人际交往消融了这种事实性的出现，人们只需要通过网络媒介，将自己的想法和意愿通过显示屏以数字化的形式呈现给对方，对方无法通过这些数字和符号，分析信息发布者的真实性。这种不需要直接接触的交往方式，使人们很难判断网络人际关系的真实度。由于人们在网络中的角色转变有着相当程度的自主性和随意性，却难以对欺诈的行为追究责任，因此在网络中，人与人之间的直接信任感水平降低，很难发展出亲密的人际关系。

2. 便捷性

网络人际交往打破了传统的人与人面对面的交往方式，使人们的交往时间和空间发生了改变。在互联网为人们创造的虚拟空间中，信息的传播速度加快了，人们交往的效率得到了提高，没有时间、地点等物理空间的限制。在网络中，无论你身在地球的哪个位置，在任何时间，你都可以和网络中的不同国家、不同语言、不同民族的人进行交往，人际关系中信息的获取出现了前所未有的便捷性，人际交往对象的选择也有了更广阔的空间。

3. 平等交互性

互联网的出现，为人际交往提供了很多交互性的新方式。无论是讨论共同的兴趣爱好、资料共享还是情感交流，人们可以通过网络参与所有自己感兴趣的活动。在网络中，人与人之间的时空界限被打破，人与人之间的关系是平等与相互的，这种交互性极大地提升了大学生在网络人际交往中的积极主动性。

4. 自由性

网络社交方式的多样性为人们提供了自由表达自己观念、想法和情感的途径。由于网络人际关系的虚拟性、网络生活和现实生活的明显界限，人们在网络中表达自己的观点往往更为自由，无所顾忌。人们在现实生活中所需要受到的种种道德伦理、文化习俗等限制在网络中都不再有约束力。人们可以更自由地建立人际关系和结束人际关系而无所顾虑。这对大学生建立牢固的人际支持网络带来了一定的冲击。

二、大学生的人际关系困扰

人际关系困扰是当前大学生最常见的生活困扰之一。有些学生会因为人际关系的困扰而变得不自信，自我怀疑，或是感到孤独；严重者会因此而影响到正常的学习和生活。这些困扰的产生与以下因素有关。

（一）大学生心理发展不完善

大学生基本处于 18～23 岁的年龄，在这个时期，大学生正处于人格逐渐形成的时期，心理发展尚不完善，心理素质稳定性较差，但同时又渴望完美和理想的人际关系。在外界复杂的学习生活环境中，大学生受到的人际压力与自己的预期不符，或超出自身人际交往能力和心理承受能力，就会带来人际关系的困扰。

（二）大学生渴望爱情的特点

心理学家埃里克森认为，人要经历 8 个阶段的心理社会演变，这是人的心理社会发展需求。每一个心理社会发展阶段都有其独特的发展任务。大学生处于成年早期(18～25岁),这一阶段的发展任务是获取亲密感,对抗孤独感。与他人发生爱的关系对大学生来讲是一件需要付出和冒险的事情,这里需要自我牺牲或损失,只有这样才能在逐渐恋爱中建立真正亲密无间的关系,从而获得亲密感,否则将产生孤独感。虽然恋爱失败会带来一系列负面的影响,但长远来看渴望爱情是符合大学生心理社会发展需求的,并对最终的亲密感建立有所助益。

(三)班级成员关系离散化

大学的班级与中小学的班级有很大的不同。由于大多数大学都在实行选课制,学生可以更加自主地安排自己的学习计划,这既符合大学生追求自由的需求,但也带来了班级成员缺少相处时间、难以培养集体凝聚力的问题。这种班级成员关系离散化的特点会加重大学生的孤独感,很难找到对班级的归属感。

(四)大学生人际交往网络化

有调查显示,大学生网络人际交往的对象63%是同学,31%是朋友。大学生与认识的人通过网络进行交往的比重占其网络交往的94%。网络人际交往成为大学生人际交往的一个重要方式。受网络人际关系自身特点的影响,大学生人际交往网络化为大学生的人际关系带来一系列的影响与挑战。

(五)师生缺乏情感交流

在大学中,高中时紧密的师生关系不复存在。大学老师更注重学生的自主学习。大多数大学老师常常是上完课就回到自己的办公室,虽然会给学生留下答疑的时间,但再也不会像高中老师那样主动关心学生的生活适应。大学生会因此感觉不知该如何与老师进行交流,甚至会害怕与老师交流。师生之间缺乏情感交流为大学生人际关系带来了新的冲击。

三、人际交往的原则

来到大学,你也许会羡慕别人有很多朋友,羡慕别人在公共场合应对自如,游刃有余。而你在生人面前却显得羞涩腼腆,手足无措。于是你可能就会得出结论:“我不善于交际,生来就不如别人。”其实成功的人际交往与沟通的背后都有一条途径可以遵循,这就是做好人际交往的心理准备,这些心理准备是长久不变的基本原则。

（一）平等尊重

平等是建立良好人际关系的前提。在和别人交往的时候，既要认同别人的优势，又不鄙视对方的弱势；既不居高临下又不唯命是从；做到既保持自己的尊严又尊重别人。

大学生来自五湖四海，年龄、经历、知识结构、家庭出身、经济状况、个人能力都会有所不同，但并无贵贱之分。无论年级高低、学习成绩好坏、工作能力强弱，家庭条件好差，大学生之间的人际交往都应做到平等待人，以诚相见。任何一方都不能把自己的意志强加给另一方。你希望别人尊重你，首先你要尊重别人。古人云："敬人者，人恒敬之。"不尊重别人，你与他人没法沟通，没法合作。只有将心比心，以情还情，达到相互间心理平衡和理解，人际关系才会更加融洽，才会减少摩擦和纷争。

（二）真诚友善

真诚友善是大学生品德高尚的重要体现，也是成功人际交往的基础。法国哲学家拉罗什福科说过："真诚是一种心灵的开放。"真诚与友善是一个人自然的本性和坦荡的胸怀。

真诚包括真心、正直、坦率、诚实、诚恳、诚意等，它是人际交往中人们相互依赖的坚实基础，也是大学生在人际交往中最有价值、最重要的一种特征。只有真诚，才能使对方放心，使交往双方互相信任，彼此肝胆相照，建立深厚的感情。古人云"以诚感人者，人亦诚而应"就是这个道理。一个人如果当着朋友的面一套，背后又一套，或朋友间互不信任而存戒备，相互猜疑，那么朋友间的交往将不再让人感到愉快，而是一种负担了，友谊也就会形同虚设，名存实亡。一个与人为善的人往往是一个通情达理、真正关心别人的人。多一分爱心，就多一分和谐；多一份善良，就多一份友情。

一个人的思想、观点、愿望和要求，能否为别人所接受，往往也与他对对方的真诚程度成正比。越真诚，对方接受的可能性就越大，就越容易建立良好的人际关系。但要注意两个极端。一是真诚与圆滑之间有很大的差别。有这样一句话："诚实并非永远都是最好的策略。"许多人都误解了这句话的意思，认为在交往的过程中，尤其是在商业活动中，就是要耍手段骗人。实际上这句话更确切的说法应该是："表现诚实的方法可以灵活婉转一点。"如果你用委婉的态度来表达事实，那么既不会伤人，也不会伤害到自己。

（三）宽容大度

在人际交往中，心理相容是值得交往双方注意，也是需要交往的双方来共同建构的。什么是心理相容呢？所谓心理相容，是指彼此在认知上的肯定和认同、在情绪上的满足和悦纳、在行为上的应答和协调的状态。这种状态的强弱就是心理相容性的高低。相容包括宽容、容纳等。有位社会心理学家说过："建立友谊的良方，是大家既要有相同也要有相异之处。大致上气味相投才能彼此了解，适量的志趣相异，才可互通有无。"所以交友不宜强求完全统一，人非完人，每个人身上总有优缺点，对人不能苛求。在人际交往中，宽容大度，容纳意识是不能缺少的。

这是一个多元化的社会，人与人之间的关系越来越复杂，社会复杂性导致个性的丰富性。在大学校园里，每个大学生都是独特的个体，都有自己的优缺点。你要看到人与人之间是有差异的，每个人的兴趣、爱好、能力、个性都不同，所以在人际交往过程中难免会有些小摩擦。你不要因为一点小事就翻脸或大动干戈，要学会求同存异，学会宽容、忍耐和克制，多进行换位思考，多体察别人的心境。如果能做到这些，相互之间产生的误会、委屈常常会烟消云散，别人也将欣然接受你。常言道："大度集群朋。"能以宽容的心态、博大的胸怀接纳各种人物和观点，求大同而存小异的人，会给朋友以心理上的安全感，从而受到广泛的欢迎。

（四）谦恭守信

谦恭礼让、言而有信是人们崇尚的一种美德。谦恭礼让是一座能缩短心理距离的桥梁；守信是人际交往中的一个基本原则，是做人的道德要求。从古到今，人们都把"信"看得很重，孔子说："人而无信，不知其可也。大车无輗，小车无軏，其何以行之哉！"意思就是说：人不讲信用，真不知道怎么可以呢？就好比大车上没有"輗"，小车上没有"軏"，车靠什么行走呢？"輗"和"軏"都是车辕前面横木上的必要装置，没有它们车子便不能行走。

人要言而有信，这样别人才能相信你：言而无信，别人就会怀疑你。对于处在象牙塔中的莘莘学子来说，信用是大学生立足校园和社会的第二张"身份证"。在大学期间，凭借个人信用，你可以申请国家助学贷款，解决学费和生活费所带来的经济困扰。在与同学交往过程中，凭借信用，你可以取得他人的充分信任和认可。每个人都有一种寻求安全、可靠的心理状态，担心受骗上当。与讲信用的人交往，你会有一种安全感和信赖感，内心不会充满怀疑、焦虑。如果朋友间相欺，就会彼此伤害，友谊也会发生断裂。一个不讲信用的人很难赢得别人的信任，也很难建立良好的人际关系。

（五）人格独立

不论职位高低、财富多寡、相貌美丑、健康状况的好坏、人种差异及文明发展的程度，每个人都需要尊重别人在性格、兴趣、爱好、习惯等方面与自己的不同，不强人所难而强求一致。另外，在尊重别人的人格的同时，切勿忘记尊重自己，无论什么场合，都要保持自己的人格的独立性，这样才能焕发出迷人的人格魅力。人格的魅力，关键不在于表现得完美无缺，而是在于表现一个真实的自我，作为自由的人在人际交往中的自然流露、表里如一的自我表现。

四、促进人际关系的方法

经常会有大学生提出这样的疑问："我知道搞好人际关系很重要，可是到底怎么做才能让我的人际关系变好呢？"不同的大学生在问这个问题时，他们所指的具体人际关系可能并不相同，有些人为恋爱关系而困扰，有些人为宿舍关系而困扰，还有些人会因为与老师的关系而困扰。在丰富多彩却又复杂多变的人际交往过程中，有这样一些方法是通用的。你只要努力在这些方法上下功夫，就能让自己的人际关系得到改善。

（一）第一印象管理

大学生在进行人际交往的时候，会把太多注意力放在交往对象身上，而忽视了自身的因素。如果你渴望拥有良好的人际关系，是需要对自己的个人形象进行管理的，这样能够让别人对你留下良好的第一印象，愿意和你亲近。有以下建议可供参考。

1. 表达关心和善意

每个人都渴望被关心，当有人关心你的时候，只要这份关心不会伤害你，并且对方还提供了一些善意的建议，你会欣然接受，并且自然会对他产生好感。那么反过来也是如此，如果你想要与别人走近，那么试着先去关心他，并且表达你的善意，他自然会愿意走近你。

2. 记住对方的名字

大学生的人际交往流动性很强，你可能每天都会见到很多不同的人，甚至每次上课到的同学和老师都不相同。这种情况下，很多人会觉得自己似乎得了

"脸盲症",更别说准确地记住对方的名字了。你不需要记住每个你见过的人的名字,但记住你想要进一步结交的人的名字是非常重要的。能够准确叫出对方的名字,会让对方产生一种被尊重的感觉,而且能够拉近彼此之间的心理距离,增进亲密感。

3. 适当的自我暴露

人们总是习惯性地把自己最好的一面展现出来,殊不知有时偶尔暴露一下自己的缺点和脆弱之处,反而会迅速获得对方的信任,给对方留下一个真诚的印象。当然,暴露自己的缺点并不是毫不保留地将自己所有的缺点都暴露出来,也不是一直倾诉自己的苦恼。不适当的自我暴露反而会带来相反的效果。

4. 准备共同的话题

当彼此双方并不熟悉的时候,会感觉相处起来有些尴尬,不知道可以聊些什么。这种时候如果你有准备一些双方都感兴趣的话题,气氛就会不同。这些话题可以适当地投其所好,也可以是了解共同的兴趣爱好,或者是大家最近经历的生活事件,甚至可以是网络上流行的话题等。一旦你开了头,接下来的交流就会顺畅起来。

5. 适当的赞美与肯定

每个人都渴望被认可和赞美,但是赞美是有技巧的。要赞美,就必须找到可赞美之处。不能是笼统的夸奖,而应该是具体的细节的发现。你需要仔细去观察、寻找。能够赞美别人的细节证明了你在观察对方,而观察本身就是一种很好的肯定。

(二)有效沟通

人们每天都在与周围的人交流沟通想法、观点、感受和情感,沟通让人更好地实现自己,更好地与人交往。有数据显示,在一个人的成功中,智商、专业知识和经验等仅占25%,而良好的沟通能力占75%,可见沟通的重要性。沟通是人与人之间传递信息的过程,是一个人获得他人思想、感情、见解、价值观的一种途径,是人与人之间交往的一座桥梁。通过这座桥梁,人们可以分享彼此的感情和知识、消除彼此的误会、增进相互的了解。

1. 沟通的要素

一个完整的沟通包括信息源、信息、通道、信息接受者、反馈、障碍与背景七个因素。

（1）信息源。

在人际沟通中，信息源是具有信息并试图沟通的个体。个体根据自己的沟通目的，确定沟通对象，发起一个沟通的过程。

（2）信息。

信息是沟通者传达给他人的观念和情感。但个体的感受必须转化为各种不同的可以为他人觉察的信号。其中最重要的、最常见的是口头语言和文字。使用不同的信息类型进行沟通时需要注意可能受到的不同障碍。

（3）通道。

通道是沟通的信息载体，最常用的是人的视觉和听觉感觉通道。

（4）信息接受者。

信息接受者是沟通的另一方。个体在接受信息后，根据自己的已有经验把它“翻译”成沟通者试图发送的信息、态度或情感。

（5）反馈。

反馈是沟通要素中一个非常重要的步骤，却往往被忽视。人们经常认为只要把自己想说的说清楚就行了，却忽视了去确认信息接受者的接受情况，这容易带来误解。而及时的反馈可以有效地消除这种状况的出现，让沟通成为一个双向的相互过程。

（6）障碍。

人际沟通过程中常常产生障碍，沟通的任何一种要素中都可能会出现障碍。这是人们在沟通过程中需要重点注意的部分。

（7）背景。

背景是沟通发生时的情境，也会对沟通过程产生影响，我们常说“放到情境中去理解”。同样的一句话，在不同的背景下，其意义也可能会有很大的不同。

2. 沟通的过程

以上沟通的七种要素通过时间的串联，就构成了一个完整的沟通过程。在真实情况下，良好的沟通效果是需要关注沟通过程中每个部分的影响，甚至需要反复调整和灵活变化才可以实现的。

3. 沟通的方式

常见的沟通方式可以被分为语言沟通和非语言沟通。生活中语言沟通的方式是最直接明显的，人们通过口头语言和书面语言进行信息的交流。而非语言沟通则是指用语言之外的方式进行沟通。非语言沟通传递出来的信号常常比语言沟通更为直接真实地传递出个体的态度和情感信息，语言沟通较为容易对信息进行加工和处理。

网络中的人际沟通大多是通过语言沟通的方式进行的。大学生在网络人际交往中很难获取交往对象的非语言信息，常常会以自己的方式去理解，甚至会陷入有心者精心布置的种种陷阱中。在网络中进行人际交往时，大学生需要充分了解网络人际关系的特点，谨慎判断。

表 5-2　常见的非言语信息

视觉—动作符号系统	目光接触系统	辅助语言	空间运用
手势、表情动作、体态语言	眼神、眼色	说话的语气、音调、音质、音量、语速、沉默以及书写格式等	身体距离

4. 有效沟通的方法

（1）倾听。

人与人之间的良好沟通，依赖于会倾听。想要做一个会交谈的人，首先就必须得做一个会倾听的人。倾听，有两层意思。第一次意思是要求听别人讲话时要用心、要细心。倾听，即细心听、用心听的意思，这也是一种礼貌，表示对说话者的尊重。第二层意思是要“会听”，要边听边想，思考别人说的话的意思，能记住别人讲话的要点。

倾听主要有三个层次。

层次一：在这个层次上，听者完全没有注意说话人所说的话，假装在听其实却在考虑其他毫无关联的事情，或内心想着辩驳。他更感兴趣的不是听，而是说。这种层次上的倾听会导致关系的破裂、冲突的出现和拙劣决策的制定。

层次二：人际沟通实现的关键是对字词意义的理解。在第二层次上，听者主要倾听说话者所说的字词和内容，但很多时候，还是会错过讲话者通过语调、身体姿势、手势、脸部表情和眼神所表达的意思。这将导致误解、错误的举动和对消极情感的忽略。另外，因为听者是通过点头同意来表达正在倾听，而不用询问的方式澄清问题。所以，有可能会造成双向误解的产生。

层次三：处于这一层次的人表现出一个优秀倾听者的特征。这种倾听者在说话者的语言信息中寻找感兴趣的部分，他们认为这是获取新的有用信息的契机。高效率的倾听者清楚自己的个人喜好和态度，能够更好地避免对说话者做出武断的评价或是受过激言语的影响。好的倾听者不急于做出判断，而是感同身受对方的情感。他们能够设身处地看待事物，采用询问而不是辩解的对话方式。

表 5-3 不良的倾听习惯与良好的倾听习惯

不良的倾听习惯	良好的倾听习惯
喜欢批评、打断对方的谈话	了解对方的心理
注意力不集中	听时集中注意力
表现出对话题没有兴趣	培养谈话的兴趣
没有眼神的交流	观察对方的身体语言
反应过于情绪化	辨析对方的意思并给予反馈
只为了解事实而听	听取谈话者的全部意思

（2）同理心。

能到达第三种倾听层次的人，在倾听的同时也在表达一种同理心的态度。同理心，又叫作换位思考、共情，指站在对方立场设身处地地思考的一种方式，即在人际交往过程中，能够体会他人的情绪和想法、理解他人的立场和感受，并站在他人的角度思考和处理问题。俗话说："人同此心，心同此理。"说的就是同理心。人本主义心理治疗大师卡尔·罗杰斯认为真正的同理心就如同从对方的内部看到了他的世界一样。感受对方的私人世界就好像感受到你自己的世界，但这绝对没失去"好像"这一特点——这就是同理心。他认为同理心对于促进个人的发展与改变有着非常重要的意义。

在人际交往中，你可以把自己放在既定已发生的事件上，想象自己因为什么心理以致有这种行为，从而触发这个事件。即便自己的看法与人不同时，不认同也不能判定对方一定是错误的。而是应该尝试从其他角度去看待，便会发现同样的事情发生在不同人的身上，差别可能非常大，别人的想法和行为总会有其原因，可以被理解。

（二）冲突管理

良好的人际关系，并不意味着一帆风顺。所有关系的发展总是会经历冲突。人们在面对冲突时常常会联想到"破坏、焦虑、威胁、愤怒、紧张、疏远、痛苦、敌对、压力"等负面的想法和感受，这让大多数人都认为冲突完全是负面的，一无是处。人们渴望和谐的交流，认为冲突是不正常的。心理学家的研究发现，积极的冲突是有利于心理健康的，然而管理冲突的办法却并非人人知晓常识，而是人际交往中种种技巧综合运用的复杂结果。

你应对冲突的基本方式

在以下描述应对冲突的方式中，你属于哪一种？

我崇尚和平和谐，会尽量努力避免冲突。

在别无选择的时候，我会主动选择冲突。

我喜欢口头冲突中的唇枪舌剑，并且不是特别在意介入冲突。

我喜欢积极的冲突，我会越来越兴奋，很想看看事态如何发展，甚至有时还主动寻找冲突。

我会凭借冲突理清事情，解决问题，并借此换一个角度看问题。

1. 冲突的优势和作用

从积极的视角来看待冲突，冲突有以下优势和作用。

（1）将冲突看作生活的常态。

通常，人们认为和谐应为生活的标准；一旦发生冲突，人们就相互责怪。如果人们能意识到冲突是难以避免的，冲突发生时就不会互相指责或试图逃避，就能心平气和地想办法解决问题。

（2）借由冲突公开讨论已有的问题。

在关系亲密的人之间，冲突可以表明人们之间存在一些问题需要解决。恋人之间，冲突常因为彼此的角色期待和权力而产生。冲突带来了讨论这些重要问题的机会，如果处理效果良好，会增进恋人之间的理解，带来更深层的亲密感。

（3）冲突帮助人们阐明目标。

在冲突出现之前，人们总是习惯性地按照“老规矩”行事。而如果惯例不再试用的时候，人们就需要考虑新的方法是什么、什么是最重要的、该如何整合资源来解决困难。

（4）冲突会增进彼此间的了解。

遇到冲突后，没有人还能自行其是，不做任何改变。当他人表明需求、想法和感受时，了解他人的过程就开始了。尽管这一过程可能会很困难，但冲突可以帮助人们去关注他人的看法。

2. 化解冲突的方法

冲突是人际交往中的一种现象，冲突展开时人们最初的表现会影响冲突最终是积极性的还是破坏性的。戈特曼的一项调查研究中发现，96%的夫妇在争执第一分钟的表现就能决定他们的婚姻是否能维系。这主要是由人们进入或被卷入冲突的方式决定的。以责备作为开端，情况是非常严重的。任何冲突，一旦以“你总是”或“你从来不”开端，往往会带来破坏性结果。如果采用积极的沟通方式开场则可能会将冲突转变为建设性的沟通。

非暴力沟通的方法可以帮助冲突双方开启冲突的积极解决之路。积极的沟通需要确保所有的表述以第一人称“我”为开头。整个过程需要中立的，而非判断性的态度。积极的沟通“对事不对人”，而消极的沟通则是“上纲上线”，将错误归咎到他人身上。

第一步：可以描述“我”看到了什么。

第二步：再阐述“我”感觉到了什么。

第三步：说明“我”认为发生了什么。

第四步：提出“我”希望对方做出的具体改变。

（三）付出与利他

心理学家曾经做过一个实验：给两组大学生每人100美元，要求他们在一天之内花完这些钱。其中一组用这100美元为自己买礼物，另外一组用这100美元为别人买礼物。在一天结束的时候，发现花钱为别人买礼物的人感受到更多的幸福感。助人为乐是一种高尚的道德品质，然而付出和利他的目的会更为复杂，有时会包含利他和利己的因素。付出和利他会带来良好的人际关系，在帮助他人的过程中人们会得到好处或帮助别人后自我感觉良好，受助者会心存感激，局外人也会对助人者给予表扬和鼓励，这是合情合理的，并且对人际关系的改善有益。

想一想

案例1

晓宇，一名大四学生，现在他正在为即将毕业而懊恼。

“进入大学，我最大的感觉就是自由了，没有家长、老师在身边催命似的督促我看书、写作业，整个人都很轻松，每天多晚起床、到哪里去玩都没人管，全看自己的安排。

平时上课的时候，总是不认真，要么看看小说，要么偷懒睡一小觉，反正课堂上没怎么听讲，课后作业就让同学帮忙，稀里糊涂一个学期就结束了。课余时间总是和同学打游戏、踢足球，甚至去网吧玩个通宵。

再有半年就要毕业了，感觉自己没有学到什么，而且几门专业课程不及格还导致拿不到学位证书，大学就这样在不知不觉中快要结束了，感觉自己浪费了大学的大好时光，如果再重新来一次大学生活，我会好好珍惜每一天。”

思考：导致晓宇懊恼的主要原因是什么？你也有相似的感受吗？大学生应该如何管理自己的时间？

案例2

明日歌

明日复明日，明日何其多。
我生待明日，万事成蹉跎。
世人若被明日累，春去秋来老将至。
朝看水东流，暮看日西坠。
百年明日能几何？请君听我明日歌。

思考：一首古老的《明日歌》，世代流传，我们已耳熟能详。生命为何如此短暂？怎样才能不枉此生？什么是时间的真谛？怎样才能有效地管理时间？

案例3

小可从家乡考入这所学校，一开始非常兴奋，对大学生活充满了憧憬。一个月后，一开始的新鲜感慢慢消失，她发现生活当中出现了很多不如意。

小可在上大学之前没有集体生活的经验，一切都是父母料理，再加上她学习成绩很好，老师喜欢她，父母也很高兴。她在家的时候，除了学习其他事情一概不用操心，家人全权代劳，她不懂得料理自己的生活。

上大学后学习的优势不复存在，在学习和生活的压力下，小可感到自己处处不如人，尤其是舍友都非常能说会道，懂很多东西，会玩，会学，会生活。她发现自己很孤独，虽然每天都会跟宿舍的同学一起吃饭上课，可是大家除了聊些表面的话题，也很难彼此贴近内心。她特别渴望能够交到一个知心的好朋友，可以像高中时那样形影不离，遇到什么问题都可以毫无顾忌地倾诉，有一样的兴趣爱好，有一样的价值观念，彼此欣赏……可生就内向的她发现这很困难，她不知道该怎么去跟身边的人走近，甚至有时候和同学在一起的时候还会觉得很尴尬,她总是找不到可以聊的话题。她羡慕地看着身边的同学生活得丰富多彩,自己却处处不如人,她感到很孤独,很痛苦,很自卑。

思考:小可现在的主要困扰是什么?造成小可适应不良的原因有哪些?如何提高小可的人际交往能力?

活动 1:制作“生活馅饼”

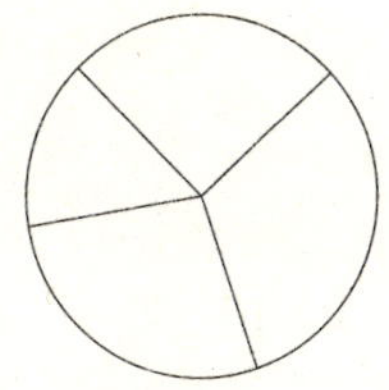

图 5-1

目的:懂得珍惜时间,明了自己在时间管理中存在的问题,学习时间管理的技巧,进行有效时间管理,提高时间管理能力。

时间:约 20 分钟。

操作:

(1) 发给每人一张 A4 白纸,纸上有一个圆圈,代表每天的 24 个小时。请大家估计一下,在下列各项中,自己在每一项上占用的时间是多少,然后按各项的比例对自己的“馅饼”进行分割。

(2) 分割内容:睡觉、上课、作业、娱乐、吃饭、独处、社团活动、生活琐事、其他。

(3) 画好生活馅饼后,请每一个人思考:你对自己目前使用时间的情况满意吗?在你的理想中,应该怎样使用时间?现在再画一个圆圈代表你理想中的“生活馅饼”。你能不能采取行动来改变目前的“生活馅饼”,使它更接近理想中的“生活馅饼”?

活动 2:沟通技能自我测试

目的:了解自我沟通技能水平。

时间:约 5 分钟。

操作:根据自己的实际情况,选择符合你的选项,并计算总分。

非常不同意/不符合(计 1 分)

不同意/不符合(计 2 分)

比较不同意/不符合(计 3 分)

比较同意/符合(计 4 分)

同意/符合(计 5 分)

非常同意/符合(计 6 分)

1. 我能根据不同对象的特点提出合适的建议或指导。

2. 我劝告他人时,更能帮助他们反思自身存在的问题。

3. 我给他人提供反馈意见,甚至是逆耳的意见时,能坚持诚实的态度。

4. 我与他人讨论问题时,始终能就事论事,而非针对个人。

5. 我批评他人或指出他人的不足时,能以客观的标准和预先期望为基础。

6. 当我纠正某人的行为后,我们的关系常能得到加强。

7. 在我与他人沟通时,我会激发出对方的自我价值和自尊意识。

8. 即使我不赞同,我也能对他人的观点表现出诚挚的兴趣。

9. 我不会对权力比我小或拥有信息比我少的人表现出高人一等的姿态。

10. 在与和自己有不同观点的人讨论时,我将努力找出双方的某些共同点。

11. 我的反馈能明确而直接地指向问题的关键,避免泛泛而谈或含糊不清。

12. 我能以平等的方式与对方沟通,避免在交谈中让对方感到被动。

13. 我以"我认为"而不是"他们认为"的方式表示出对自己的观点负责。

14. 讨论问题时,我通常更关注自己对问题的理解,而不是直接提出建议。

15. 我有意识地与同事和朋友进行定期或不定期的私人会谈。

80～90 分,你具有优秀的沟通技能。

70～79 分,你的沟通技能略高于平均水平,有些地方尚需要提高。

70 分以下,你需要严格地训练你的沟通能力。

活动 3:非暴力沟通

目的:练习通过非暴力沟通的方式来处理人际冲突。

时间:约 20 分钟。

操作:

小周在高中时与班级里大多数同学都相处得不错,对大学期间的友情也充满了向往。但是自从进入大学以来,他和老乡舍友小吴的关系一直不太亲密,这令他很苦恼。为了拉近和小吴的关系,与他成为好朋友,小周做了很多尝试。他改变了自己原有的时间安排和生活节奏,尽量迁就小吴,与他一起吃饭、一起自习;上课坐同一排,下课也形影不离。但是事情似乎并不像他预想的那样顺利。这天,小周正想去约小吴一起吃饭,却恰巧看到他在和别人说说笑笑,顿时觉得心里很不舒服。"一直以为'只要有付出就一定会有回报',可是我为他付出了那么多,为什么他就是感受不到,不愿意和我成为好朋友呢?"小周自言自语道，心里的委屈涌上心头，眼泪也不由自主地流了下来……

一人扮演小周一人扮演小吴，练习使用非暴力沟通的方式。第一步：“我”看到了什么；第二步：“我”感觉到了什么；第三步：“我”认为发生了什么；第四步：“我”希望对方做出的具体改变。

讨论：当小周用非暴力沟通的方式跟小吴交流，小吴的感受如何？面对人际冲突时，你的处理经验是什么？

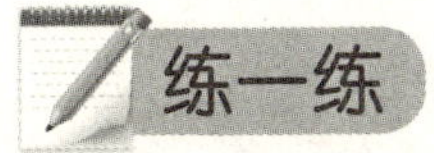

1. 时间都有哪些特点？
2. 时间管理对于心理潜能的开发有何裨益？
3. 根据本章内容，制订一个适合你自己的学习计划表。
4. 什么是人际关系？人际关系对大学生有哪些重要的意义？
5. 你在人际交往中遇到了哪些问题？通常情况下，你会如何应对？
6. 如何平衡网络人际交往与日常人际交往的关系？

推荐阅读

有效的时间管理不仅是寻找一天中额外的时间，还要将你的有效时间和你的有效精力匹配起来。在你追求有效的时间管理的过程中，并非所有的时间都是相同的。每天每个人都有很多空隙时间，只要有效利用这些空隙去做事情，我们就能够变非生产性时间为生产性时间。

请你花几分钟时间思考一下，在典型的一周内，你的空隙时间有多少。空隙时间指的是你慢条斯理、无所事事的时间而不是你富有成效地从事某一项工作的时间。想办法，把这些时间更有效地利用起来吧。伟大的时间管理者在减少时间浪费方面，都是极其出色的。他们善于将效率融入他们的生活中去。以下三个例子可以用来说明他们是怎么做的：

（1）迅速决策——大量的时间浪费来自优柔寡断。一旦你掌握了你做决定所需要的事实，便迅速作出决定。

（2）快速阅读——这里有一个关键——无论读什么书，都不要逐字阅读。很多作家往往使用10个字来表达5个字就能说明白的事情。

(3)提高记忆力——具有良好记忆能力的人,可以高效地开展工作。

——摘自〔美〕吉姆•兰德尔《时间管理——如何充分利用你的24小时》

冲突是人们生活的常态,任何环境都无法避免冲突的产生。尽管我们这项研究始于30年前,但时至今日,冲突管理的必要性丝毫不减当年。国家间持续斗争抗衡,家庭总是因遭遇破坏性冲突而分裂,婚姻仍会因无法应对种种挑战而失败,工作环境始终受压力困扰。

冲突是生活的常态。我们无法避免冲突,但应该了解它的构成和产生,并寻求积极的解决方法。这是人际交往的核心,也是这本书要告诉你的全部内容。

——摘自〔美〕威廉•W•威尔莫特,乔伊斯•L•霍克《人际冲突——构成和解决》

突破自我　超越自我——压力与情绪管理

大学的宿舍里，小丽正在跟舍友抱怨着：“昨天晚上和男朋友吵了一架，害得我一夜都没睡好，结果今天早上起晚了，错过了专业课的随堂考试。中午出去买饭的时候，又把手机给弄丢了！这会儿我的胃正疼得厉害！唉，真是祸不单行，倒霉透了！”小丽的脸上流下了委屈的泪水，她皱起眉头、撅起嘴，一个“囧”字便活生生地写在她的脸上。

在人生的道路上，压力与挫折如影随形，诸如此类的囧事，想必我们大家都曾遇到过。当今的大学校园里，经常会有人喊“压力山大”，学业压力、就业压力、人际压力、恋爱压力……成了让许多大学生头疼的“紧箍咒”。大学生处于身心发展成熟期，但由于社会生活经验尚浅，面对压力常常不知所措。你是如何应对和解决这些压力的呢？面对同样的一件事，为什么有的人会惶恐不安，而有的人却能泰然处之？你所遇到的压力是否一定是前进路上的绊脚石？大学生的压力究竟是如何产生的，对你又有什么样的影响？在面对压力时，你能否调整好自己的情绪，帮助自己获得内在的安全感，从而提升自我能力、减轻压力、突破并提升自我？在本章中，都将一一为你解答。通过学习管理压力与情绪调节的方法与技巧，提高个体挫折应对的水平，能够帮助你更好地了解与管理自己的压力，接纳并调控你的情绪，从而使你的身心更健康，生活更幸福！

第一节　压力管理

社会永远有竞争，生活永远有诱惑，我们永远有欲望，而资源的有限性、能力的局限性使得压力永远存在，但是我们可以通过管理策略将压力调整到适度水平，让压力带来活力，发掘潜能，从而不至于被压力击垮。

一、压力概述

最初接触“压力”这个词，你或许是在中学的物理课上，它是垂直作用于流体或固体界面单位面积上的力，又叫作“压强”。例如，金属能够承受中等的压力，但在重压下会失去弹性；同样，当骆驼在重压之下，哪怕在身上再加上小小的一根稻草，它也会轰然倒下。那你呢？当你承受的压力达到一定程度时，是否也会有抵抗衰退的表现？然而毕竟你要比金属和骆驼复杂很多，人类有丰富的情感，能推理和思考，经受着纷繁的人类社会与自然环境的影响，每个人对压力的感受都是不同的。那压力对于你来说，到底意味着什么呢？我们不妨试着完成下面的句子，以便进一步理解压力。

压力是____。

如果没有压力，生活将会______________________________________。

压力是一种复杂的身心过程，心理学家们对压力的研究始于 19 世纪，对于压力常见的几种理解有：

（1）压力是体内的生理反应，想象你独自一人走在黑暗的小巷中，突然窜出一条大狗扑向你，这时你一定会心跳加快、手心冒汗、肌肉紧张……一系列的变化会在你的体内发生。当遭遇威胁时，或参加战斗或是逃跑，你的身体都会为之做好充分准备，哈佛大学的怀特·坎农是第一个将这些压力反应定义为“战或逃反应”的研究者。

（2）压力是一种刺激，是外界对自己提出的要求，比如事情太多而时间太少，与学习、工作、人际关系等需求有关的压力，常常会使人们说自己“处于压力之下”。

（3）压力是一种交互过程，是刺激、对刺激的感知以及所引起的反应之间的交互作用，比如想到你要去参加一个重要的面试时身上的肌肉紧张。当人或事被理解为有威胁或者会引起伤害和损失时，才会引起压力，而人们的感知不同，所以对同一事件的反应也不尽相同。

（4）压力是一种整体现象，是个体生理、社会、精神、情绪、智力满足感的一部分，压力是“当学生”，或是“在控制自己的生活时感到无助”。当你评估自己所承受的压力时，会受到主观（如你的感觉、心情等）和客观（如周围环境等）因素的影响，所以同样是跟室友闹矛盾，不同情况下，你的感受也许是不同的。

将这些理解综合起来，我们认为压力是在个体和压力源之间的整体交互过程，导致身体产生压力反应。整体交互是一个压力评估过程，其中包括压力源、个体和环境。个体的评估过程受到其满足感水平的影响。压力源是个体评估为能够构造成伤害或损失的任何刺激。压力反应是身体在面对威胁、伤害或损失时为了保持平衡所做出的一系列生理反应。

二、压力对大学生心理的影响

（一）积极影响

当你被考试、就业、人际关系等压力重重包围的时候，可能会认为如果没有压力那一定是最美好的生活了，可事实果真如此吗？想想你为什么会乐此不疲地沉醉于网络游戏，即使它让你紧张万分；为什么那么害怕，还是忍不住去看恐怖片，几天晚上都不敢独自上厕所？曾经有科学家做过一个感觉剥夺的实验，即让被试处于一个没有任何外界刺激的环境中，结果大多数被试在实验开始后24～36小时内要求退出，没有人坚持72小时以上。因为我们生命活动的维持就需要一定水平的外界刺激。达尔文的进化论也告诉我们，人的成长和发展也是不断适应环境变化的过程，个体的一生发展，在每个阶段都需要应付新的要求，没有压力，也就没有我们的成长。因而，压力和挫折并非像你想的那样一无是处。如前所述，过重的压力或压力不足都会对我们的身心造成不利影响，而适度的压力和挫折则能最大限度地激发个体内在的动力，增强你的聪明才智，激发你的进取精神，增强你的耐受力，磨砺你的意志，使你发挥出最佳的状态。

（二）消极影响

但是如果压力的反应过于强烈或持久，超过了机体自身的调节和控制能力，就可能导致心理、生理功能的紊乱而致病。已有大量的研究证明，长期的压力会危及心理健康。我国台湾大学临床心理学柯永河教授根据自己多年的临床经验，给出了一个心理不健康的公式，指出压力、自我、社会支持是影响心理健康的三大要素：

$$B=\frac{P+K/P}{E+SS-(SS/C)}$$

B＝心理不健康的程度；E＝自我强度；P＝压力强度；K＝个人所需要刺激的最低量；SS＝社会支持；C＝个人所需要的社会支持最低量；K/C是常量（不

同人数值不同)。

由公式可知,压力在两个方向制约,太大太小都影响心理健康;社会支持从两个方面制约,太大太小都会导致心理不健康;越有自信的人越健康。压力是否影响身心健康,与个体差异有关。

压力对我们的身心健康有着诸多的影响,一般而言,真正影响到健康问题的是长期或慢性的压力与挫折。在心理上,容易出现烦躁或喜怒无常,丧失信心或自负自大,精力枯竭且缺乏积极性,持续性地对自己及周围环境持消极态度等。

三、压力管理与应对

(一)正确对待压力

看看下面这些对压力的一般认识,对于每一条你是赞同还是不赞同?说说你的理由:

所有的压力都是有害的。

只要你存在压力,你一定会知道。

如果你足够努力,就总是能适应困难的环境。

长期的运动会消耗体能,会减弱你抗拒压力的能力。

当你离开教室的时候,会留下学习的压力,不会把它带回宿舍。

压力管理的目标是消除压力。

除非你完全改变生活方式,否则无法应对压力。

压力是可以完全消除的。

得出你的答案了吗?相信经过前面的学习,你可能会判断出这些认识其实都是错误的。我们已经不止一次地谈到过压力是把双刃剑。适度的压力可以促使你改善自己的缺失,增强自己的动机和能力,适应生活的环境,从而使个人成长与成熟得更快。当你进入大学后,可能会面临各种压力。当你遇到这些困难时,不要垂头丧气,而应把它们作为新的挑战、促使自己前进的动力,保持乐观进取的态度,并把注意力放到更有意义的事情上去,那么你就可以化压力为动力,使自己逐步走向成功。

(二)培养健全和谐人格品质

一个人格健全和谐的大学生,可以更好地面对并处理自己所遇到的压力。

所以，我们要在日常的生活学习中，扬长避短，不断完善自己的人格品质。

从总体上看，人格健全和谐的人应该是在推动社会进步的实践中充分发挥自己的聪明才干，为人类社会做出自己力所能及的贡献，同时使自己的人格各个方面得到充分的协调平衡发展的人。从具体特征上讲，健全和谐的人格应具有以下标准：和谐的人际关系，良好的社会适应能力，乐观向上的生活态度，正确的自我意识，良好的情绪调控能力。

（三）增强自我调整能力

当压力源不可能消除时，我们只能最大程度尽快减小压力与挫折的负面效应，使身体和情绪恢复正常状态。只在需要反应的时候做好准备，这就要求个体的灵活性。灵活的人就像弹簧一样，压力来时积蓄力量反应，压力移去后又能迅速恢复原来状态，这就要求我们增强自我的调整能力。

1. 及时宣泄不良情绪

稳定、良好的情绪使人心情开朗、轻松安定、精力充沛、对生活充满信心与兴趣。反之，若一个人情绪波动不稳，喜怒无常，常处于不良的情绪状态中，而不懂得如何调节和控制自己的情绪，往往会导致心理失衡甚至心理危机。所以，在压力和挫折面前，要学会宣泄不良情绪，学会自我宽慰，保持清醒的头脑思考和分析问题，积极寻找解决问题的办法。

（1）学会倾诉。当遇到不愉快的事时，不要自己生闷气，而应当学会倾诉。每个人的周围总会有几个知心朋友，当产生不良情绪时，同学、朋友们聚一聚，一壶清茶，一杯咖啡，就事论事倾诉一番，把自己积郁的消极情绪倾诉出来，以便得到别人的同情、开导和安慰。美国有关专家研究认为，“一个人如果有朋友圈子，就能长寿20年”。可见，朋友对一个人生活的重要性。

（2）高歌释放。音乐对治疗心理疾病具有特殊的作用，而音乐疗法主要是通过听不同的乐曲把人们从不同的病理情绪中解脱出来。殊不知，除了听以外，自己唱也能起同样的作用。高声歌唱，是排除紧张、激动情绪的有效手段。当人们的不满情绪积压在心中时，不妨唱唱歌。歌的旋律，词的激励，唱歌时有节律的呼吸与运动，都可以缓解紧张情绪。

（3）合理运动。在压力情境中难免产生身体上的不适或绝望感，这是由于身体在压力之下会产生大量的强力激素——肾上腺素。它会促使人体心跳加快，调集更多的糖储量并且让肌肉收缩。在挫折重压下产生的肾上腺素得不到消耗就会储存在心脏和大脑，导致肾上腺素的淤积。淤积过多，心脏的效率就会降低，而且会对情绪和精神产生负面影响，使我们感到乏力、易怒。

面对压力与挫折，适量的运动是一种很好的宣泄方式。我们不妨趁机投入到跑步、游泳、跳舞等有氧运动中去。这样不仅能消耗积在体内的肾上腺素，重建身体的元气和生机，而且有助于释放能量，使头脑转向其他事情从而忘掉生活中的挫折与失意。对于身体素质好的人而言，爆发性的、竞争性的运动效果最理想。

（4）大哭一场。哭是人类的一种本能，是人的不愉快情绪的直接外在流露。现实生活中除了过度激动外，哭总是由不愉快引起的。因此从医学角度讲，短时间内的痛哭是释放不良情绪的最好方法，是心理保健的有效措施。因为人在情感激动时流出的泪会产生高浓度的蛋白质，它可以减轻乃至消除人的压抑情绪。有关专家对此进行研究，其结果表明健康男女哭得要比有病者哭得多。不过一般只是在内心受到委屈和不幸达到极大程度时才哭，如果遇事就哭，时时哭哭啼啼，事事悲悲戚戚，反而会加重不良情绪体验。

现实生活中宣泄的方法很多，人与人因个体差异和所处环境、条件各异，采用宣泄的方式也不同，我们还可以采取音乐放松、肌肉放松、幽默待之等方式，从小小的一声叹气，到大声痛哭、疾呼、怒吼以及打球、散步、聊天等都可以起到宣泄作用。

2. 进行有效时间管理

我们日常学习、生活和工作中的许多压力，都来源于事情和任务本身。因此，对压力源进行管理，也是压力管理和应对的重要策略。压力源管理常常与时间管理相关联。所谓时间管理，简单说就是为了提高时间的利用率和有效性，而对时间进行合理的计划和控制，有效安排和管理日常事务的管理活动。大学生的时间管理，是大学生对大学生活时间（包括学习时间和闲暇时间），采用科学的手段，围绕学习生活事务及其进程，进行有计划、有系统地控制、调节，最终达到有效利用时间来实现自我发展的目的的管理活动。

3. 构建社会支持系统

当一个人独自面对压力与挫折的时候，其应激反应的消极作用远远大于社会支持的效果。因此，要想不在压力面前孤立无助，最好构建自己的社会支持系统，这其中包括自己的亲人、朋友、同学、老师等。社会支持系统可以在你需要的时候给你情感安慰、行动建议，帮助你渡过难关。强大的社会支持让你不再感到孤立无援，可以迅速恢复你的信心和勇气，面对挑战，解决问题。当然，要构建社会支持系统，你要做到以下几点。

（1）学会尊重他人。其中当然包括你的同学和老师，因为，只有尊重他人的人才能获得他人的友谊，也才可能获得帮助。

（2）扩大社会交往面，结实更多的朋友。首先，让你的同学成为你最亲密的朋友；其次，你需要一位人生的导师，可以在你遇到困难的时候客观分析和提供有益的观点，而这样的导师无疑就是你的老师或者其他长者。

（3）你需要向亲人、朋友和老师敞开你的心扉。你可能基于自尊或面子而拒绝他人的帮助。但是在你确实无法解决的时候，将你面临的困难说给他们听，让他们帮助你分析并提供建议，请相信这样做不会遭到嘲笑，只会让他们感到你对他们的信任，因此你也能得到最大可能的帮助。

（4）主动寻求专业帮助。当你受到挫折后陷入不良的情绪中不能自拔时，还可以寻求心理咨询师系统、专业的疏导与帮助。受挫者在心理咨询师的引导下，校正主观认识，发挥内在潜力，消除心理障碍，明确前进方向，化解不良情绪和行为反应，最终获得心理上的成长，提高压力与挫折的承受力。

第二节　情绪管理

伴随着第一声啼哭降临世上，人就开始了与情绪如影相随的生活。从此，情绪、生活与生命即相互缠绕，难解难分，不离不弃，构成了人们五彩斑斓的生命图谱。

情绪是人类体验的外在表现，它们为我们的人际交往赋予了丰富的内容，也为我们的记忆增添了鲜明的特征和意义，但是如何管理自己的情绪，提高自己的情绪智力，是我们每个人的必修课。有人说能控制好自己的情绪的人，比能拿下一座城池的将军更伟大。这一点也不夸张，情绪对于个体身心健康具有非常巨大的影响，而心理潜能的开发与拓展同样也离不开一个平和、积极的心态。

一、情绪概述

最近一个月，你感受到最强烈的一次情绪体验是什么？发生了什么？你有哪些反应？为什么会有这些反应？

我们跌宕起伏的心理变化，就是我们所说的情绪。在某个时刻或情境下，我们每个人都经历过强烈的情绪体验：或异常快乐或十分消极，也许我们曾沉醉于恋爱的甜蜜中，曾为获奖而兴奋，曾为某人的去世而悲伤，为不经意间伤害了某人而懊悔。此外，我们在每天的日常生活中经历着这样一些程度较轻的情绪反应：享受友谊的快乐，欣赏电影的愉悦，因弄坏借来的东西而尴尬。尽管这些情感性质不同，但它们都代表情绪。

（一）情绪的定义

虽然每个人都知道情绪是什么，但要给它下个正式定义却很难，我们来看看心理学家是如何定义情绪的：有机体反映客观事物与主体需要间关系的态度体验，通常包含生理和认知成分，对行为有影响作用，它是以个体的愿望和需要为中介的一种心理活动。

快乐是一种什么样的感受？首先，我们体验到的是一种与其他情绪不同的感受，可能还觉察到一些可辨识的生理反应，如心率加快、怒发冲冠；其次，情绪可能包含认知的成分：我们对事件意义的理解和评价促使我们产生快乐的感受。然而，也可能会对不寻常的或新奇的环境感到害怕（如与一个反复无常、不可预料的人打交道）。因此情绪与情感主要包括主观体验、生理唤醒和外部情绪表现三个组成部分，三者同时活动，同时存在，才能构成一个完整的情绪体验过程。

（二）情绪的分类

西汉的《礼记》中记载有“七情”训，即最古老的关于情绪分类的描述：喜、怒、哀、惧、爱、恶、欲。美国情绪心理学家罗伯特•普鲁奇克认为，人有8种基本情绪，且两两对立：快乐与悲伤、愤怒与恐惧、信任与厌恶、期待与惊讶。

（三）情绪的功能

情绪对于人类来说具有很重要的意义。概括起来说，作用主要表现在以下几个方面。

1. 信号功能

情绪的信号功能表现在个体将自己的愿望、要求、观点、态度通过情感表达的方式传递给别人以影响他们，它是非言语沟通的重要组成部分，在人际沟通中具有信号意义。如点头微笑、轻抚肩膀表示赞许；摇头皱眉、摆手表示否定；面色严峻表示不满或者问题严重等。

在人际交往中，人们除借助言语进行交流之外，还通过情绪的流露来传递自己的思想和意图。比如听朋友叙述不幸遭遇时，会一同落泪或表现出悲伤的情绪，传达自己的同情和理解的情绪情感。情绪的这种功能是通过表情来实现的。表情具有信号传递作用，属于一种非言语性交际。人们可以凭借一定的表情来传递情绪信息和思想愿望。在社会交往的许多场合，人们之间的思想、愿望、态度、观点，仅靠言语无法充分表达，有时甚至不能言传，只能意会，这时表情就起到了信息交流的作用。比如学生上课不注意听讲，教师的一个眼神或者一个手势都会起到提示、警醒的作用。在表情当中，面部表情和体态表情更能突破一些距离和场合的限制，发挥独特的沟通作用。如马路两侧的熟人打招呼说话听不到时就可以通过招手和微笑来示意。表情作为情感交流的一种方式，被视为人际关系的纽带。在许多影视作品中，人们用情绪的表露代替了语言的表达，具有“此时无声胜有声”的效果，更具感染力。

2. 组织功能

情绪作为脑内的一个检测系统，对其他心理活动具有组织的作用。这种作用表现为积极情绪的协调作用和消极情绪的破坏、瓦解作用。其组织作用还表现在人的行为上。当人处在积极、乐观的情绪状态时，容易注意事物的美好方面，其行为比较开放，愿意接纳外界的事物。当人处于消极情绪状态时，容易失望、悲观，放弃自己的愿望，甚至产生攻击性行为。

许多研究证明：通过各种不同的信息加工方式，情绪对认知起着驱动和组织的作用。许多研究证明情绪对认知产生多方面的效应。其影响不仅在加工的速度和准确程度方面，而且可以在类别和等级层次上改变认知的功能，或在信息加工中引起阻断或干扰的质量变化。就是说，情绪不仅在量上影响认知，而且影响认知的结构。

（1）情绪作为一种脑中持续存在的状态，从整体上影响信息加工的发动、干扰和结束。即情绪的组织性功能随时对人的认知加工和行为反应发挥作用。有研究表明，一定强度水平的感情状态，或说心境，具有提高认知加工的效果；超高强水平的感情激活则干扰甚至阻断认知加工进程，过低度激活则不足以维持认知加工所要求的激活量。一般来说，正性情绪能改善人的智能操作质量。情绪的正性或负性特征会影响信息的选择性加工。情绪在某种意义上监测对知觉信息的选择。

（2）情绪还能影响注意、记忆、和决策等认知过程。对焦虑患者的研究表明，焦虑情绪使脑对注意的加工变得狭窄。当人处于焦虑或恐惧中时，主要集中在所害怕的事情上而不注意周围存在的其他事。由此我们就理解了，为什么儿童犯错以后,父母对儿童施加威胁性要求或压力时,儿童很难选择正确的策略去改正错误行为,因为他们的注意全集中在事件的负性后果上——对惩罚的恐惧。

大量的实验说明,正性情绪促进思维的灵活性,有助于使人应付麻烦事件和减少对抗事件的发生。中等强度的正性情绪状态对思维和决策的影响不仅是充分的,而且有利于改善思维和决策的质量。

3. 动机功能

情绪具有激励作用,又称为情绪的调节功能,指情绪对人的活动起发动、促进和调控的作用。适度的情绪兴奋,可以使身心处于活动的最佳状态,进而推动人们有效地完成任务。

情绪能够以一种与生理性动机或社会性动机相同的方式激发和引导行为。有时我们会努力去做某件事,只因为这件事能够给我们带来愉快与喜悦。从情绪的动力性特征看,情绪分为积极增力的情绪和消极减力的情绪。快乐、热爱、自信等积极增力的情绪会提高人们的活动能力,而恐惧、痛苦、自卑等消极减力的情绪则会降低人们活动的积极性。

有些情绪同时兼具增力和减力两种动力性质,如悲痛可以使人消沉,也可以使人化悲痛为力量。个体的情绪表现还常被视为动机的重要指标。由于情绪可能与动机引发的行为同时出现,情绪的表达能够直接反映个体内在动机的强度与方向,因此情绪也被视为动机潜力分析的指标,即对动机的认识可以通过对情绪的辨别与分析来实现。

4. 健康功能

人对社会的适应是通过调节情绪来进行的,情绪调控的好坏会直接影响到身心健康。作为心理因素的一个重要方面,情绪同身体健康的关系早已受到人们的关注。

情绪对健康的影响作用是众所周知的。积极的情绪有助于身心健康,消极的情绪会引起人的各种疾病。我国古代医书《内经》中就有"怒伤肝,喜伤心,思伤脾,忧伤肺,恐伤肾"的记载。有许多心因性疾病与人的情绪失调有关,例如溃疡、偏头痛、高血压、哮喘等。有些人患癌症也与长期心情压抑有关。一项长达30年的关于情绪与健康关系的追踪研究发现,年轻时性情压抑、焦虑和愤怒的人患结核病、心脏病和癌症的比例是性情沉稳的人的4倍。

美国心脏病学会将易患上心脏病的人群定义为A型性格人群,认为这类人群的特征是生活压力过大，自我要求过高，性情暴躁，易发脾气。一些临床医学研究也证明，长期受不良情绪困扰，会导致各种身心疾病。因此，对不良情绪进行控制、引导，代之以积极乐观的情绪，不但能提高生活质量，也能有效地防治身体疾病。所以，积极而正常的情绪体验是保持心理平衡与身体健康的条件。曾经有人说过，一个小丑进城胜过一打医生。这句话非常形象地说明了情绪对人身体健康的影响。

美国加州大学心理学家艾克曼曾做过实验，要受试者装出惊讶、厌恶、忧伤、愤怒、恐惧和快乐等表情，结果发现他们的身心跟着起了变化。当受试者装出害怕时，他们的心跳加速，皮肤温度降低了，表现其他五种情绪时，也有不同的变化。总之，我们怎么装，心情就怎么改变。

好心情是好身体的基石，是好工作的关键，是好生活的秘诀。人心情不好时，会不自觉地把坏心情抱得更紧，关门不跟人说话，嘟着嘴生闷气，锁着眉头胡思乱想，结果心情更坏、更难过。我们想拥有好心情，就得从原有的坏心情中开脱，从烦恼的死胡同中走出来。另外，还要注意我们的仪容：挺直身子，抬起头来，衣着更要端庄。

三、大学生情绪发展的特点

大学时期，是个体心理成熟的重要时期，也是情绪丰富多变、相对不稳定的时期。一名大学生这样形容自己的情绪："当情绪高涨时，我就像一座喷发的火山，心花怒放，充满了豪情壮志，浑身有使不完的力量，我愿意将我所有的热情和智慧，与我认识的所有人分享；而当情绪低落时，我又好像是一座冰山，对什么都失去了兴趣，我会感到命运乃至周围所有的人都在和我作对，我是那样的沮丧和无奈，甚至想到过死……"与其他群体相比，大学生有其明显的情绪特征。

（一）情绪的冲动性

心理学家霍尔认为青年期处于"蒙昧时代"向"文明时代"演化的过渡期，这一时期的突出特点就是动摇、起伏，有人形象地将它称之为"狂风骤雨"期。随着知识水平和认知能力的提高，大学生对自己情绪的控制能力也逐步增强，但由于兴趣广泛，对外界事物较为敏感，加之年轻气盛和从众心理，在多数情况下，其情绪极易被激发，带有很大的冲动性。

进入青春期的大学生，处于特殊的心理与智力飞速发展的时期。由于大学生社会阅历较浅，社会经验不足，对人生和社会问题的认识往往飘忽不定，极易出现各式各样的矛盾，很容易受外界各种因素的干扰和影响，不能正确地认识和评价自己的情绪状态，容易感情用事。同学关系的好坏或学习成绩的优劣，都能引起情绪的波动。在日常生活中，对自己看不惯的事情大加抨击，对自己赞赏的事情热情有加，时而热情激动，慷慨激昂，时而沉郁悲观，怨天尤人，带有明显的两极性、冲动性。情绪的控制能力不强，表达、控制和调节情绪的能力较差或很差，同时也使得他们的情感表达比较内向。

（二）情绪的丰富性

需要是情绪产生的主要基础，情绪是需要满足程度的直观反映。大学生有强烈的求知欲望，需要广泛地吸收新知识；追求情感的满足，强烈地渴望与异性交往；渴望与同辈人广泛交往，渴望被人理解和尊重……广泛的需要内容决定了大学生情绪活动的丰富性和多样化。几乎人类所具有的各种情绪，都能在大学生身上体现出来。

通常大学生情绪的外在表现和内心体验并不总是一致的，在某些场合和特定问题上，有些大学生会隐藏、抑制自己的真实情感，表现得含蓄、内隐。有的情感体验比较丰富强烈，起伏较大，容易产生激情，但却很不稳定，容易感情用事，不能正确地看待得失，情绪常常大喜大悲，大起大落。一些人不能正确控制、疏导负面情绪，就会采用极端的方式来解决问题。不能控制自身情绪所酿成的悲剧时有发生，比如发生的美国弗吉尼亚理工大学的砍头事件等。

（三）情绪的心境化

相比青少年情绪反应往往受制于外界情境左右，来得快、消失得也快的特点，大学生的情绪反应往往表现出一定的延迟性，而且趋向于心境化。也就是说，大学生的情绪一旦被激发，即使外界刺激消失，其心态也不会立即恢复平静，还会转化为心境，长时间影响其学习、生活等各方面。如成功的喜悦可以使大学生几天都处于兴奋愉悦的心境中，做什么事都有兴致，认为一切事物都是美好的；而遇到挫折和烦恼时，大学生会几天都沉浸在苦恼烦闷的心境中，做什么事情都没有动力，把一切事物都看成灰暗的。

大学生对自身情绪的认识带有一定的不足和片面性，主要表现为不愿意面对自己的不足，被批评时不愿虚心接受，容易产生逆反心理；极易受外界因素的干扰，很难正确地了解和评价自己的情绪状态，遇事爱冲动，做事不顾后果，或明知不对却不能克服等。尤其是大学一年级的学生，他们经历了十多年的寒窗苦读，刚入大学校园常常会认为自己是“天之骄子”，更多地关注自己的优点，而不愿意面对自己的不足，接受不了他人的批评，遇到与自身意见相左的问题时不愿意虚心接受，被人批评时容易产生逆反心理。有的人对自己估计过高，因而把自己人生的目标定得太高，好高骛远，超过了自己的能力和现实条件范围。当目标不能达到时，其面临的失落感和挫折感就可想而知了。反之，有的人过低地估计了自己，做任何事情总是缩手缩脚、犹豫不决，其结果必然是严重地阻碍了个人的充分发展。有的大学生入学一段时间发现“天外有天”，便产生强烈的心理落差和失落感，面对新的生活方式、学习方式人际关系等不能及时调整与改变习惯和心理状态，进而产生了失眠健忘、精神恍惚、沉默寡言等一些心理疾病。

（四）情绪的内隐性

情绪表现的内隐性在大学生身上表现得越来越明显，在他们身上越来越缺少青少年时期的坦率和直露，不少大学生会将自己的情绪隐藏和掩饰起来，表现为外在表现和内在体验不一致的特点。最直接的表现就是，许多大学生在与人交往时，不轻易打开自己的心扉，也不愿意让别人觉察到自己内心的喜怒哀乐，这也是部分学生出现交流障碍，从而陷入孤独和苦闷等情感困境的重要原因。

随着自我情绪管理能力的不断提高，当大学生遇到学习、人际交往、经济来源等方面带来的压力时，通常能够自我调整，以找同学朋友谈心，进行体育锻炼等等方式来缓解自己的压力，调节自己的情绪。大学生不再像中、小学生那样天真、纯朴、直露、情绪化，而是会根据一定的时间、地点、场合、人物等诸方面的因素来控制自己的情感，表现出微妙的文饰性的特点，有时甚至会强烈压抑自己的情感，这是情绪的自我调节控制能力增强的表现。同时，随着大学生情感的发展，他们高级的社会情感基本形成，也促使他们的情感向着较高的水平、崇高的方向发展，逐渐地与祖国的建设、人民的需要、人类的进步相联系。

（五）情绪的层次性

大学生的情绪是一个由不成熟到成熟、由简单到丰富的渐进过程，随着年级的升高，表现出明显的层次性。大一新生所面临的是环境适应、学习方法的改变、人际关系的建立等问题，由于新生处于自豪感和自卑感混杂、放松感和压力感并存、新鲜感和怀旧感交替的时期，其情绪也表现出不稳定的特点；二年级是情绪波动较大的阶段，突出反映为初入大学的新鲜感荡然无存后，暴露出在生活、学业、人际交往等方面所面临的矛盾冲突和因此造成的情绪困扰；三年级学生的自控能力明显增强，情绪状态相对来说比较稳定；四年级学生面临着人生的重要转折，就业、考研、情感等重大问题都提上日程，内心的波澜席卷再来，情绪状态又呈现出矛盾性和复杂性。

很多大学生由于不了解作为大学生一员的自己的情绪特征，而导致因不能接受自己正常的情绪反应所引发的诸多情绪困扰，正如知道饿了要吃饭、渴了要喝水是再正常不过的事情一样，了解了自己的情绪特征，就不会因一时难以适应新环境而心烦意乱，就不会因跟不上老师的上课节奏而无所适从，等等。因为你知道这是必然要经历的情绪历程。认识到这一点，相信你就会以更加平和的心态去正视它，采取更加积极的措施去应对它。

四、情绪管理

作为人们的主观体验，一方面情绪具有不可控制的特点；另一方面，既然情绪是一种主观体验，人们能够通过自主调节来影响这种体验，这也为我们更美好的生活提供了可能和空间。对于在校大学生来讲，管理情绪、调节情绪、驾驭情绪、做情绪的主人，不仅是维护身心健康的需要，也是自我发展和人格成熟的条件。

（一）情绪管理的重要性

随着社会经济的飞速发展、教育管理的不断优化、人文物质生活的不断提升，我们所面临的工作、家庭和社会交往等各方面的压力越来越大。长期的沉重压力和不良情绪如果得不到缓解和调整将会直接影响到我们的身心健康，从而对我们的工作、家庭和社会交往产生巨大的危害；顺畅的事态发展和良好的情绪如果因自身对情绪控制不当，过度的乐观而丧失该有的理性思维，也会致其产生反效果。因此情绪的自我管理对于维持身心健康、把握人际关系、保持良好的自我心态、清楚认知现状、保持该有的理性思维有着至关重要的作用。

1. 情绪影响健康和寿命

古人云："思伤脾，怒伤肝，喜伤心，悲伤肺，恐伤肾"，情绪的好坏直接影响到我们的身体健康。消极情绪长期存在、生理变化不能复原时，情绪压力就会损害健康。不良情绪长期存在与发展会转化成为心理障碍和心理疾病，所以我们应形成主动调适情绪的意识。

积极情绪能够促使下丘脑产生一种积极的物质——内啡肽，它是一种情绪性物质，在积极状态下对于修复我们的细胞、扭转我们的消极思维会产生神奇的效果。在研究积极心态和乐观领域中，最有趣也是影响最深的实验之一，就是针对修女的实验。这项修女实验是从1932年开始，有178位修女完成受训，他们的年龄大约为22岁，这些即将开始传教的修女，受到方方面面的测试，其中之一就是要求她们写自己的短小传记。1995年的某一天，心理学家才打开这些资料，对它进行研究，想弄明白有几个修女活到了今天，活了多久，活的怎么样。科学家通过对她们的传记分析，考察她们的文化和智力水平，发现长寿及生命质量与文化和智力水平一点关系都没有。再通过调查，看她们的居住环境，比如污染程度、卫生条件、文明程度等等，发现寿命与这些也无关。又研究她们的虔诚程度，信仰程度，发现这对长寿也没什么影响。只是一样东西对她们的寿命有联系，那就是积极情绪。积极情绪不但影响她们的寿命，而且对生命的质量的影响更大。实验结论是积极情绪真的能使人快乐生活和长寿。而且，情绪并非人们曾经认为的那样，毫无办法控制、没有解决方案，而是可以通过某种方法进行调节、激励。

2. 情绪影响行为方式

在非洲热带草原上，有一种动物叫作吸血蝙蝠。它们的身体极小，但却是高大野马的天敌。这种蝙蝠是靠吸食动物身上的血来生存的，它们在攻击野马的时候，常常附在马腿上，用锋利的牙齿极其敏捷地刺伤野马的腿，然后再用尖尖的嘴吸血。蝙蝠可以从容地吸附在野马的身上。受到这种刺激后，无论野马怎么蹦跳、狂奔，都无法驱逐这种蝙蝠。直到它们吸足了，才离开马飞去。当吸血小蝙蝠不断飞来搅扰的时候，野马以为靠自己不停地奔跑，使劲用力踢踏脚下的植被就可以驱赶蝙蝠。可是每次吸血小蝙蝠们总是吸得肚皮鼓鼓的才飞走。野马被它们折腾得愤怒至极，继续到处横冲直撞，甚至没有吸血，马仍像发了疯一样不住地奔跑、狂跳，结果刺破的伤口流血不止，最终马在精疲力竭中死去。动物学家们在分析这一个问题的时候，一致认为吸血蝙蝠所吸的血量对野马而言是微不足道的，远远不会使野马死去。野马死亡的原因是暴怒引发的狂奔。也就是说，如果野马能够按捺住怒气，若不理会吸血小蝙蝠的袭击，任凭小蝙蝠吃个饱，它也不会失去多少血，更不会因此丧命。

诸如大家都听说过的“路怒一族”，胡乱变线、强行超车、闯黄灯、骂粗口……不少司机在面对糟糕的交通状况时都曾经有过上述表现。对此，专家称之为“路怒症”，指汽车或其他机动车的驾驶人员有攻击性或愤怒的行为。此类行为可能包括粗鄙的手势、言语侮辱、故意用不安全或威胁安全的方式驾驶车辆或实施威胁。由于带着这种愤怒的情绪去开车，经常也会引发一些交通事故。

要知道，没有人有义务承担你的坏脾气。因此，如果你不懂得控制情绪，那么能力再高也没有很好的未来。

真正优秀的人，以做事为主，会将伤害大局的情绪摆在一边。控制情绪，才能成就最大的能力。自信的人，并不是没有情绪，他们只是不被情绪所左右。“怒不过夺，喜不过予”，源于内在的自信与魄力。情绪易于波动、喜怒轻易形于色的人，与其说是坦率，不如说是内心缺乏历练。在该隐忍的时候隐忍，在该爆发的时候爆发，是一个人成熟的标志。

（二）情绪智力

1990年，美国耶鲁大学心理学家彼得·萨洛维和新罕布什尔大学的约翰·梅耶教授首先提出“情感智商”这一概念，并解释了情感在人的发展中的作用。他们将情绪智力定义为：“监察自身和他人的感情和情绪的能力，区分情绪之间差别的能力，以及运用这种信息以指导个人思维和行动的能力。”

情绪智力俗称情商(EQ)，哈佛大学心理学教授丹尼尔·戈尔曼将一个人的情商和他的成功联系起来，并提出“智商在成功中只占20%”的说法，即高智商的人个人业绩会很优秀，但是如果情商不高，其个人生活就会一团糟。决定一个人成功的因素，智商占20%，其他因素占80%，其中最重要的就是情商。情商主要包括以下五个方面。

（1）了解自我：监视情绪时时刻刻的变化，能够察觉某种情绪的出现，观察和审视自己的内心世界体验，它是情绪智商的核心。只有认识自己，才能成为自己生活的主宰。

（2）自我管理：调控自己的情绪，使之适时适度地表现出来，即能调控自己。

（3）自我激励：能够依据活动的某种目标，调动、指挥情绪的能力。它能够使人走出生命中的低潮，重新出发。

（4）识别他人的情绪：能够通过细微的社会信号、敏感地感受到他人的需求与欲望，是认知他人的情绪，这是与他人正常交往、实现顺利沟通的基础。

（5）处理人际关系，调控自己与他人的情绪反应的技巧。

情绪管理，就是情商当中的一个重要方面。

（三）如何管理情绪

情绪的管理和调节，不是要你成为只会乐不会悲、只知喜不知忧的人，因为这是不可能的，也是没有意义的。如果没有不甘心被别人看低的愤怒感觉，我们不会如此发奋。正如没有痛的感觉，我们便不会把手从火炉上抽回。情绪应该为我们服务，而不应成为我们的主人。驾驭情绪，必须要能清晰地理解自己的情绪，准确地把握他人的情绪，学会适时适度地调节和管理情绪。当陷入某种损伤身心的情绪之中，要能够转换心情，恢复常态，并且运用情绪积极引导和促进思维。

1. 直觉自知——以敏锐的直觉，有效把握自己的情绪

能够准确识别、评价自己的情绪，能及时觉察自己的情绪变化，并且能归结情绪产生的原因。由于我们平常比较容易压抑感觉或者常认为有情绪是不好的，因此常常忽略真实的感受。因此，情绪管理第一步就是要先能察觉我们的情绪。只有当我们认清情绪，知道自己现在的感受，才有机会掌握情绪，也才能为自己的情绪负责，而不会被情绪所左右。监视情绪时时刻刻的变化，能够察觉某种情绪的出现，观察和审视自己的内心世界体验，它是情绪智商的核心，只有认识自己，才能成为自己生活的主宰。以往的生活中，我们太习惯于用头脑思考，却忽视了心灵的感受，而情绪的觉察需要调动我们身体的感官，来感受身体和心理的变化。

什么是情绪的觉察？通俗一点讲，是自己当下情感的自我认识。比如，在遇到一件不幸事件后，体验自己此刻的心情是愤怒、生气、委屈，还是含着悲伤。这种感受只是自己的感受，与他人无关，与事件也没有关系。假如此刻你还沉浸在事件本身，或者迁怒于他人，那你根本没有进入自己的情绪。我们应该如何觉察自己的情绪呢？请将你的注意力放在身体感受上，它的体验就是你所寻找的情绪。

常用的方法是：闭目，调整呼吸节奏，并相应地默念简单词汇或无意义单音，或进行轻松、愉快想象，体会、暗示身体出现放松感。目的都是为了使自己从思想者转变为思想的观察者，用以超越自我，摆脱生活中的困惑与烦扰。请扫描你能量系统的各个地方，注意你的身体有什么体验、在什么地方，用你对自己的能量系统的了解来指导自己。比如说，你可以放松下来，然后一点一点寻找自己身体的感受，如去体会“我的背部紧张吗？”“我太阳穴区域的感觉如何？”“我的声音是饱满而洪亮或者是艰涩而微弱的？”“我的脖子和肩膀是紧

绷的吗？”以这样的方式来引导你的注意力就是创造真实力量的第一步。

如果你将自己的注意力放到别的地方时，就错过了你的情绪。如果你将自己放在过去或者是将来，在想着你本来可以做什么，或者你将要做什么，你一直都在做判断，而没有听听你的身体发出的声音。或者你总想着别人做过什么，或者将来会做什么，想着事情将要变成什么样，或者本来可以成为什么样，总是在和自己及别人讲“理”，而忘记了去感受自己。

总而言之，了解自己真正情绪的最好办法就是“暂停”与“切断”，专注于自己身体的感受。只有暂停以及切断与他人的联系，才能够把注意力拉回来。当一个人老是随着环境而变化的时候，环境就决定一切，这时人没有自主性，完全随着环境的改变而团团转，那人是没有什么价值的。

2. 接纳情绪——在理解中实现心理平和

能以开放的胸襟接纳情绪，以平和的心态看待事物，以积极的态度适应改变。面对情绪，我们常常会陷入以下的误区：不以物喜，不以己悲。情绪对个人是有害的，会让人变得不理性。如果在人前流露脆弱情绪，会被看成是软弱的。

那些不愉快的、不喜欢的情绪，就称为负面情绪。而实际上，当我们带着觉知，而不是无意识去看这些情绪的时候，就会发现情绪和感受没有好、坏之分，也不存在所谓的“负面情绪”。情绪如同自己的孩子，是感情的一种状况，而不是问题的根源。每一种情绪都是一种能量，越是大的情绪，能量就越强。

下面，让我们举例来说说情绪，尤其是负面情绪的能量。

(1) 压抑能使你安全。

忍一忍，至少当时你获得了安全，在你没有能力或者准备去应对那个冲突之时，压抑保护了你。所以，请感谢压抑，至少它让我们平安地存活下来。至于现在要不要压抑，那其实还是取决于你有没有准备好应对一个可能的冲突。

努力地觉察和区分，过去(童年)不得不压抑，现在(成年)的情境还需不需要这样，如果可以且愿意承受，我们是否能鼓起勇气表达自己。

(2) 愤怒里包含着力量和自尊自重。

当你压抑压抑再压抑，你很难不愤怒。愤怒里包含着力量和自尊自重。力量是好的，很多平时无力干、懒得干、不敢干的事情，当愤怒的时候你就可以做了，而且很可能效率很高。人类很多的作为和精彩，都是一怒之下、盛怒之下做出来的。

当然也有很多悲剧和灾祸也是因为愤怒而生的。所以，很多人的愤怒被压抑，人不敢愤怒。愤怒中蕴含的是力量，怎么使用这个力量是你的选择，实际上悲剧和灾祸不是因为愤怒而生，而是因为你对愤怒中力量的偏差使用而生。有的人用这个力量去生气、去破坏、去攻击，有的人用这力量去争取、去发展、去保护。怎么用是你选择的事，而这个力量是宝贵的资源，就像汽车的马达。多少人缺乏力量呀，多少时候缺乏力量呀，而现在你拥有着力量，这不值得恭喜吗？当一个人愤怒的时候，你内心的声音是什么？常常是“这太过分了！”“这太不公平了！”“这太不应该了！”所以，我们去追求公平和合理。尽管每个具体的愤怒的人，头脑里的观念、界限千差万别，并不总是合适，尤其是人在迁怒的时候。但这里面的倾向是追求自爱和自重。能够愤怒的人大多不会过于受伤，不会患忧郁症。

（3）嫉妒告诉你自己想要的是什么以及有多么想要。

若你能够不急于排除这种不快，而是对自己看得深一点，你会发现内心很多的“饥饿”，尤其是童年时的完全无助的“饥饿”。倘若你有能力去处理或者有机会找到人帮你处理，你的人生会因此开阔和自由许多，尤其是当你发现你已不是那么无助，只要你愿意，你可以实现很多；尤其是当你发现你虽然有那种饥饿，但你也有另外一种食物，而那个食物的营养也很宝贵。虽然这常不是一条轻易的路，但这是一条通往爱和希望的路，而让我们难受的嫉妒，正是信号灯。

（4）悲伤包含着痊愈。

悲伤代表着完结，并且蕴含着再出发的能量。不要去劝一个悲伤的人，让他尽情地悲伤，悲伤的尽头是接纳。自然地悲伤是好的，有机会接触到被我们冰冻的悲伤是好的，是一个和自己连接的机会。

如果目前有一个事件让你正处于悲伤，这个悲伤是好的，悲伤包含着痊愈。所以，通常来讲，不要制止和劝慰一个悲伤的人，陪着他，倾听他，对他说：“哭吧哭吧”，这真的让人难过。看着他哭个够，就是对他最好的安慰和爱。相信他在充分的悲伤后会接纳那个巨大的失落，并开始新的生活。

（5）无聊代表你在意生命的价值和意义。

无聊甚至是珍贵的，如果你不急着把它赶走的话。大学生是很容易感到无聊的，此前，年龄太小不能觉察，此后麻木习惯，所以青春期时的无聊感是一个被包裹的灯笼。如果他不急着跑出屋外，他会发现包裹中的光，而那是他接触自己此生原本使命的良机。

然后人就长大了，大学毕业挣钱结婚养家，人变得匆忙，没有空闲的机会，也习惯了用各种声色来消遣无聊，直到35岁以后，生存已不成问题，所有社会要求的他大概都过得去了,又开始问,“我内心真正想要什么？”“我生命的意义何在？”

感觉没劲是好的,只要你不怕这种感觉,只要不因为这种不舒服而急于摆脱它,你就有机会和内在真正的你见面,无聊或者感觉没劲,告诉你现在做的不是你要的,不是适合你的,那么什么才是？你就可以开始寻找了,否则你怎么开始呢？

(6) 焦虑可以调整你头脑里的刻度。

焦虑是恼人的甚至是可怕的,它本身包含着极有价值的东西。可以承受的焦虑,让你认真、小心;难以承受的焦虑,可以给你意义更深远的东西,它会告诉你哪里想错了,最常见的是你不顾现实而过高地期望自己,你有完美主义倾向,你有强迫性观念。比如你不顾事情的节奏而希望更快、更早、更好。倘若你能深看你的焦虑,你会看到你头脑里刻度的偏差,把那个刻度调过来,你就会安然而有效。而这是多么重要,可以避免你此后多少的挫败、无望、自责、慌乱和失眠。

没有不好的情绪,只有不被尊重的情绪;没有可怕的情绪,只有缺乏了解的情绪。你一定要避免一个误区,就是只想长期体验喜悦、平和的情绪,而摆脱各种不好的情绪与感受,想在短时间里彻底治愈内心的创伤,因为这是一个妄想。如果没有这些情绪和创伤,就不可能有真实而完整的人生。所以,我们要做的就是一次次感受那些自己不喜欢和不想要的体验,同时一次次提高自己应对的技巧和缩短受到影响的时间与强度。这就好比我们航行在大海里,有风平浪静的艳阳天,也有狂风巨浪的海啸日,我们唯一能做的就是练就一身掌舵行船的好技能和欣赏每段航程不同的风景,除此之外,别无他法。

3. 自我调控——世上只有一个角落是你肯定能控制的,那就是你自己

适应性地调节、引导、控制、改善自己的情绪,能够使自己摆脱强烈的愤怒、焦虑、忧郁等负性情绪,培养乐观、幸福等积极情绪,能够准确、恰当地表达自我情绪。

在一个夏令营的心理训练课堂上,老师提出了一个问题:“当你遇到不高兴的事而生气时,你会怎么办？”分别让不同年龄段的学生回答。一个刚上小学不久的小女孩说:“我会哭,然后回家告诉妈妈！”一个小学三年级的男孩说:“我会睡觉,睡一觉就好了。”一个小学五年级女孩回答说:“我会和我的猫讲,我遇到不高兴的事,都会对它讲。”一个初中生说:“我会写日记,诉说我的苦恼。”另一个初中生说:“我会找我的好朋友一吐为快。”一名高中生说:“我会去运动,到球场上拼命地奔跑。”这时一名大学生站了起来，说道：“我想，当我生气时，首先我不会哭（男儿有泪不轻弹），更不会告诉我妈（她是不会理解我的），我也不会写日记（那都是过去的事了），我又不是一个爱运动的人，我更不会跟别人讲（万一让人家知道了传出去，那岂不是更痛苦吗）。我想，我还是忍了吧，因为我碰到的不高兴的事情太多了，我都是自己忍着。”如果你是这名大学生，你会怎样做呢？

压抑以损害自己的身心健康为代价。发泄是冲动，它以损害他人、社会为代价。只有理智地去宣泄和调节才是智者的选择。下面介绍常用的几种情绪调节方法。

（1）情绪宣泄法。

不良情绪一旦产生，就要勇敢地去正视，并为自己找到一个合适的宣泄方法。适当的情绪宣泄方法是指当大学生处于较激烈的情绪状态时，应以社会允许的方式直接或间接地表达其情绪体验。简而言之，高兴的时候就笑，悲伤的时候就哭。实践表明，坦率地表达内心的愤怒、苦闷和抑郁情绪，心情就会变得舒畅些，压力就会减少些，伴随情绪体验而生的生理唤醒也会较快恢复正常。

（2）注意转移法。

根据巴普洛夫的条件反射学说，人在体验到某种情绪时，大脑皮层上会出现一个强烈的兴奋灶，此时如果建立一个或几个新的兴奋灶，便可抵消或冲淡原来的优势中心。也就是说，当你处于情绪困境时，可以暂时将问题放下，从事你所喜爱的活动以转变情绪体验的性质，从而达到情绪调节的目的。

事实证明，音乐、美术、书法、阅读等都是调控情绪的最佳方式。欢快有力的节奏使情绪消沉者振奋，挥毫舞墨的书画可以陶冶人的情操。另外，体育运动和旅游也是极好的情绪调控手段。

情绪不仅是情感世界的外衣，同时也是认知世界的催化剂，因为人在情绪好的时候，认知方面往往容易走向积极，反之则容易产生消极认知。音乐既然能够通过自身包含的情绪来影响人的情绪，当然也就能够对认知产生不可估量的影响力。

（3）认知调节法。

理性情绪疗法认为，对事件正确的认识会导致恰当的行为和情绪反应，而错误的认知往往是导致不良情绪的直接原因。所以，改变不合理的观念，建立合理的观念，就会产生出积极的情绪反应。例如，一位大学生叙述了一次被朋友伤害的经历：“在我的朋友遇到困难时，我主动去帮助他，而当我遇到困难时，他却视而不见，为此我感到被欺骗了，很愤怒。”通过对该学生认识的分析，找出其不合理观念是“我帮助了他，他就应该帮助我”。通过讨论，该学生将“应该”改成了“希望”，对事件的认识变成了“我的朋友遇到困难时，我帮了他，是我主动而且愿意的，并且我也希望在我遇到困难时，他同样会帮助我。但后来，当我真的遇到困难时，他却没帮我，我为此感到遗憾，我虽然有些不高兴，但我不会生气”。

（4）放松训练法。

放松训练又称为松弛反应训练，是一种通过机体的主动放松来增强人对自我情绪控制能力的有效方法。因为机体这相互拮抗的两个过程——放松和紧张不能共存，所以在机体体验到放松的时候，就无法同时体验到紧张、焦虑等情绪，这是放松法的基本原理。其具体步骤如下。

在一个较为安静的环境中，舒适地坐（或仰卧）在沙发上或躺在床上。

步骤一：让自己初步体验肌肉的紧张。操作要领：① 伸直并绷紧双臂，握拳；② 绷紧双臂肌肉，握紧双拳，用力，并保持数秒钟；③ 放松双臂，松拳，放松休息数分钟。

步骤二：在上一步骤的基础上进一步绷紧肌肉。操作要领：① 伸直双臂，握拳；② 伸直并绷紧双腿，双脚脚尖内勾，呈倒钩式；③ 上述各部位肌肉同时用力，并保持数秒钟；④ 放松上述各部位肌肉，放松休息数分钟。

步骤三：在前两个步骤的基础上达到全身肌肉的紧张。操作要领：① 伸直双臂，握拳；② 伸直并绷紧双腿，双脚脚尖内勾，同时紧皱前额部肌肉，紧耸眉头，紧闭双眼，皱起鼻子和脸颊，咬紧牙关，紧收下颚，紧闭双唇，紧绷两腮，梗直脖子，胸部、腹部肌肉绷紧，躯干用力挺起；③ 全身各部分用力绷紧，并保持数秒钟；④ 放松上述各部位肌肉，放松休息数分钟。

步骤四：在全身肌肉紧张的前提下，配合呼吸，加强对紧张的体验。操作要领：① 深吸一口气（用腹式呼吸），憋住气；② 伸直双臂，握拳，头向后梗，伸直并绷紧双腿，双脚脚尖内勾，胸部、腹部肌肉绷紧；③ 屏住呼吸，全身各部分用力绷紧并保持，直至身体和呼吸的最后极限；④ 放松呼吸，并放松上述各部位的肌肉。

步骤五：紧接步骤四，配合指导语暗示全身的肌肉、呼吸乃至身心放松。操作要领：① 肌肉放松指导语：头部肌肉放松，面部肌肉放松，脖子放松，双肩放松，双臂放松，双手放松，手指放松，胸部放松，腹部放松，双腿放松，双脚放松，脚趾放松；② 呼吸放松指导语：呼吸在放慢，变得越来越慢、越来越深、越来越沉；③ 身心放松指导语：你会感到身体变得很沉、很重，全身感到越来越沉、越来越重，感到全身很累、很疲倦，好像有一种昏昏欲睡的感觉，自己什么都不去想、什么都不愿意想，感到心情很放松。

步骤六：让自己体验此时此地的放松感受。

放松训练结束。

（5）建立社会支持系统法。

日常生活中，我们无时无刻不在与他人进行着社会交往，同时也从他人那里获得不同程度的社会支持，这些支持既包括有形的经济上、物质上的援助，也包括无形的心理上、情感上的关心。良好和谐的社会联系和支持能满足我们爱与归属的需要，使内心不再感到孤独和无助，能减轻各种应激事件对身心健康所造成的消极影响。

随着社会的发展，心理咨询已逐步走进人们的生活，许多医院、学校开设心理咨询机构，不少电台、杂志也开设了心理咨询栏目，专为有心理困惑或危机的人提供心理援助。别人的视角和思路有助于帮助你冲破个人习惯的思维模式的束缚，重新评价困难，寻找新的出路，大学生要主动自觉地通过这些途径，寻求更好的调节自我情绪的方法。

想一想

案例 1

盛夏酷暑，一群口干舌燥的狐狸来到一个葡萄架下。一串串晶莹剔透的葡萄挂满枝头，狐狸们馋得直流口水，可葡萄架很高。

第一只狐狸跳了几下摘不到，从附近找来一个梯子，爬上去满载而归。

第二只狐狸跳了多次仍吃不到，找遍四周，没有任何工具可以利用，笑了笑说："这里的葡萄一定特别酸！"于是，心安理得地走了。

第三只狐狸高喊着"下定决心，不怕万难，吃不到葡萄死不瞑目"的口号，一次又一次跳个没完，最后累死在葡萄架下。

第四只狐狸因为吃不到葡萄整天闷闷不乐，抑郁成疾，不治而亡。

第五只狐狸想："连个葡萄都吃不到，活着还有什么意义呀！"于是找个树藤上吊了。

第六只狐狸吃不到葡萄便破口大骂，被路人一棒子了却性命。

第七只狐狸抱着“我得不到的东西也决不让别人得到”的阴暗心理，一把火把葡萄园烧了，遭到其他狐狸的共同围剿。

第八只狐狸想从第一只狐狸那里偷、骗、抢些葡萄，也受到了严厉惩罚。

第九只狐狸因为吃不到葡萄气极发疯，蓬头垢面，口中念念有词：“吃葡萄不吐葡萄皮……”

思考：如果你是这群狐狸中的一只，你会如何应对？

案例 2

美国前总统林肯，在走向成功的道路上，经历了无数的挫败，但这些并没有阻挡他前进的脚步，最终凭着坚忍不拔的毅力和愈加丰富的经验，成为美国历史上一位伟大的总统。

他 21 岁时，做生意失败；22 岁时，角逐州议员落选；24 岁时，做生意再度失败；26 岁时，爱侣去世；27 岁时，一度精神崩溃；34 岁时，角逐联邦众议员落选；36 岁时，角逐联邦众议员再度落选；45 岁时，角逐联邦参议员落选；47 岁时，提名副总统落选；49 岁时，角逐联邦参议员再度落选；52 岁时，当选美国第十六任总统。

林肯总统说：“此路破败不堪又容易滑倒。我一只脚滑了一跤，另一只脚也因而站不稳，但我回过气来告诉自己：这不过是滑了一跤，并不是死掉都爬不起来了。”相信挫折是暂存的，风雨之后终见彩虹。

思考：压力是不是一无是处？从林肯的经历中，你获得了什么启示？

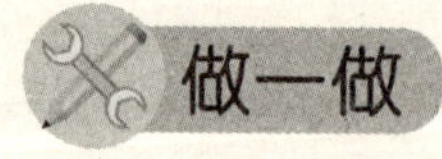

活动 1：记录压力日记

目的：掌握压力反应，更好应对压力。

时间：约 15 分钟。

操作：记录压力日记。

<table>
<tr><td colspan="2">时间：____年__月__日__时</td><td>地点：________________</td></tr>
<tr><td colspan="3">事件/情境：填写压力事件发生的起因与经过</td></tr>
<tr><td colspan="3">当时个人感受、想法：填写压力事件发生的起因与经过时对整个事件、对当事人的感受，并对这种感受的强烈性进行评估，比如“我觉得他非常讨厌”“我在50%程度上是这么认为的”代表你对他的讨厌程度属于中等；而“我在80%程度上是这么认为的”则代表你认为这个人真的属于比较讨厌的类型，这件事更是一个导火索。请如实填写真实感受，不要顾忌太多，你填写的压力日记仅供你个人使用。</td></tr>
<tr><td rowspan="4">当时的反应</td><td>生理</td><td>“当时的反应”栏目中填写你当时的各种生理、情绪及行为反应，并对自己的压力水平进行评估：压力水平评估用数字表示，0为压力水平最低，100为最高</td></tr>
<tr><td>情绪</td><td></td></tr>
<tr><td>行为</td><td></td></tr>
<tr><td colspan="2">压力水平评估（　　）</td></tr>
<tr><td colspan="3">事件结果：填写事件最后的处理或发展结果</td></tr>
<tr><td rowspan="4">事件结束后的反应</td><td>生理</td><td>记录事件解决的结果或结束时的状态，并再次对事件结束后的自我状态、压力水平进行评估</td></tr>
<tr><td>情绪</td><td></td></tr>
<tr><td>行为</td><td></td></tr>
<tr><td colspan="2">压力水平评估（　　）</td></tr>
<tr><td colspan="3">备注：如果还有什么想记录的请填写在“备注”栏</td></tr>
</table>

活动2：角色扮演

目的：通过各种情境、角色扮演活动，清醒地认识到小组成员曾经经历的压力与挫折，仅思其来源、反应及当时的应对是否有效，讨论如何应对才能更好地迈向新生活。

时间：约50分钟。

操作：用校园情景剧的形式请小组成员抽签表演以下5种压力与挫折情境，在部分成员表演后，展开小组讨论，并就其应对方式的有效性加以重点讨论。

（1）学习焦虑：一名大一新生在第一学期期末考试前处于紧张、焦虑的压力状态，最后导致考试不及格的挫折情境及其采取的应对。

（2）人际关系冲突：在宿舍中与舍友因一件小事发生了摩擦，难以调和，最后恶语相向，甚至动了手。结果自己受了伤，休息了一个多星期，耽误了学习，受到了老师的批评。自己感到很委屈，同学还取笑自己，说自己没本事。

（3）生活困难：大学特困生由于家庭经济困难或自己因家庭突遭不幸，一时经济拮据，生活难以为继，更谈不上去买自己喜欢的东西，又不想找同学借钱，失去了往日的欢乐。

（4）工作压力与发展：一位大学生由于学习任务繁重，同时又有较多的社团工作，感到力不从心、不知所措。

（5）一位大学生的父母对其期望值较高，希望他能尽早通过 TOFEL、GRE 考试，拿奖学金出国留学。而他自己只想在国内的大学选择自己喜欢的专业，潜心钻研，扎扎实实地学本领，用于实践，并注重全面发展，因而产生了心理冲突。

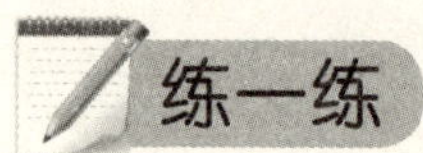

1. 你在生活中主要面临哪些压力与挫折？通常情况下，你是怎样应对的？
2. 你心目中压力管理的头号英雄是谁？为什么？
3. 情绪是什么？对大学生而言，情绪管理有什么意义？
4. 以“我的情绪我做主”为题写一篇自己的情绪故事：要求结合自身学习、生活实际，深入分析自己在情绪表达、情绪调节等方面的典型特点，以促进对情绪重要性的认识，加深自我了解。

推荐阅读

寻求社会支持和提高自我应对能力是帮助青少年进行压力管理的两个重要方面。一些压力管理策略可以用来疏导消极情绪，另外一些则可以减少消极情绪的产生。社会支持有不同的来源，包括亲人、朋友、老师、心理咨询师，等等。对于有些青少年来说，仅仅是和朋友待在一起，聊一聊，就有助于缓解压力和愤怒情绪。这就意味着，青少年要有可以信赖的、在需要的时候能够一吐心事的亲人或朋友。在与他人进行交流时，倾吐本身就具有修复作用。在倾吐过程中，个体不但可以缓解和释放情绪，也有机会重新认识和整理所发生的事件，这也能够起到调整情绪、降低压力的作用。其他人通过提供建议、分享感受、表达支持等方式直接或间接地降低了个体的紧张程度和压力水平。所以，青少年要注意获得和保持社会支持的资源，同时，在遇到压力时，要积极地寻求支持和帮助。

除了他人的支持、帮助以外，青少年可以通过对情境进行选择或调整，对问题进行清楚的判断,写日记进行自我梳理,把注意力转移到自己所喜爱的活动上,调整自己对事件和他人的预期,表达自己的各种感受,应用幽默或放松等方法提高自己有效应对压力的能力。这种不伤害任何人的自尊心,同时让人感觉心里舒服的幽默就是应对压力和愤怒的一剂良药。这种幽默所带来的愉快是一种积极的情绪,它对于获得情绪的平衡有很大的帮助。积极情绪出现时,身体会产生一系列变化,能够对抗消极情绪的不良影响。比如,轻松的笑能够使肌肉放松、血管扩张、血压降低、压力荷尔蒙的分泌减少。布莱恩 L. 西沃德博士在书中整理和收录了许多来自青少年实际生活体验的个性化的方法,为青少年找到适合自己的压力管理策略提供了很多帮助和指导。

——摘自〔美〕西沃德,巴特丽特《青少年心理压力管理手册》

学会如何体验情绪是这条路上要处理的最困难的任务之一。许多人的生活状态是这样的:即使他们怒火冲天的时候,他们也不知道自己生气了;即使当悲痛在每天清晨都伴随他们而醒过来时,他们也不知道自己是悲伤的。很多人认为只有当强大的情绪之流在他们的生活中大爆发,打乱了那些正常的日常活动时,那才叫情绪的体验。

情绪的觉察——也就是意识到在特定的一刻你所感受到的所有感觉——是非常困难的,因为我们每一刻都经受着那么多的痛苦。意识到我们的情绪就意味着意识到痛苦,这是富有挑战性、很困难和不愉快的。而这也比大多数人想象的要有价值得多。这是因为大多数人想象不出一个没有强迫、依恋、痴迷和沉溺的生活,在那样的生活里我们可以跟随我们自主能动的心来行事,对结果没有执着。如果不去进行情绪觉察,就只能选择继续掩饰你的痛苦。当你这么做时,你的痛苦会以料想不到的方式出现——它会扭曲你的行为、改变你的话语、僵化你的知觉,然后造成你不想要的困难后果。

——摘自〔美〕盖瑞•祖卡夫琳达•弗朗西斯《灵魂之心:情绪的觉察》

让你的大脑升级——创新人才培养

21世纪的竞争，实质上是知识创新和技术创新的竞争，归根到底是具有创新能力的高素质人才的竞争。

创造是人类文明的基石。从人类发展的角度来说，人类社会的进步史就是不断进行创造的历史。所有人类的革新，均依赖于改变既有的思维模式、打破现有的存在、构建出新颖的思想和产品。这就是人类的创造力。创造力可被视为人类具有的优良属性，它在科学、教育、经济、工业、生活等领域发挥着重要作用。虽然研究者对如何界定创造力依然存在争议，但近来还是逐渐达成一致：创造力可被视为人类的一种心理能力，其产出既新颖又适用的思维产品。同样，拥有创造性的人格，对激发个体自身的创造力潜能有着不可替代的促进作用。

在本章的学习中，我们将深入了解创新人才所具备的素质以及创新性思维与创新能力的培养、训练。

读一读

1919年，我国著名教育家陶行知先生把“创造”引入教育领域。他在《第一流教育家》一文中提出要培养具有“创造精神”和“开辟精神”的人才，培养大学生的创新能力对国家富强和民族兴亡有重要意义。2013年10月21日，习近平同志在欧美同学会成立100周年庆祝大会上的讲话中提到：“创新是一个民族进步的灵魂，是一个国家兴旺发达的不竭动力，也是中华民族最深沉的民族禀赋。在激烈的国际竞争中，唯创新者进，唯创新者强，唯创新者胜。”

创新既是国家振兴、民族自立的动力，同样也是一个人不竭的潜能之源。道格拉斯曾说过，孕育了发明创造能力的小学毕业生，远比丧失了发明创造能力的哈佛大学毕业生有更多的成功机会。

一、创新能力概述

创新能力是指每个正常人或群体在支持的环境下运用已知的信息，发现新问题，并对问题寻求答案，以及产生出某种新颖而独特、有社会价值或个人价值的物质或精神产品的能力。通俗地解释为发现和解决新问题、提出新设想、创造新事物的能力。知识是产生创见的基础和原料，任何领域的创新活动都要以该领域中的已有知识和成果为起点。思维的独立性和批判性是创造性思维不可缺少的重要思维品质。要不唯上，不唯书，敢于质疑。广泛的兴趣，强烈的好奇心求知欲，敏锐的洞察力，多思多想，是发现问题的基础。创新推动着科技发展和社会进步。在进行创新活动的过程中，要善于进行思维角度的转换。

美国创造心理学家格林提出创新能力由10个要素构成——知识、自学能力、好奇心、观察力、记忆力、客观性、怀疑态度、专心致志、恒心、毅力。我国学者根据创造力与智能的密切关系，提出了如图7-1所示的创造力要素构成图。

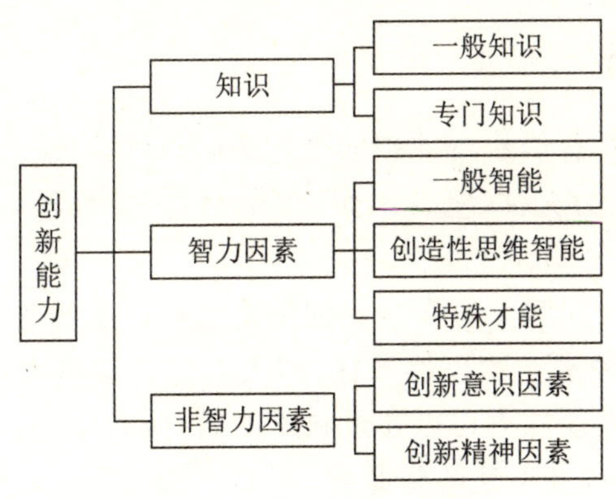

图7-1 创造力要素构成图

（一）创新能力的特征

1. 综合独特性

观察创新人物的能力构成时，会发现没有一个是单一的，都是几种能力的综合,这种综合是独特的,具有鲜明的个性色彩。

2. 结构优化性

创新人物能力在构成上,呈现出明显的结构优化特征,而这种结构是一种深层或深度的有机结合,能发挥出意想不到的创新功能。

作为创新人物典型的孙正义读大学时就有250多项发明,这说明他有极强的创新意识。他通过改造日本的旧游戏机,放到大家的休息室、饭厅,此一项就赚了100亿美元,反映了他出色的商业能力。后来他又把36亿元投给一家一点利润都没有的互联网,几年后,他的总资产已达1.17万亿日元。他说"他是这个星球上从互联网经济上拿到最大份额的公司",这说明他的预测能力极强。统观孙正义各种创业轨迹,正是他身上的感悟预测能力、深刻的分析能力、准确的判断能力、果敢执行能力、综合协调能力、全面驾驭能力的深度有机结合以及最大效能的充分发挥,使其走上了辉煌的创新人生之路。

(二) 创新能力的作用

(1) 教人学会创新思维。

(2) 教人如何进行创新实践。

(3) 教人解决遇到的各种现实问题。

二、创新人才

创新人才就是具有创新精神和创新能力的人才。 通常表现出灵活、开放、好奇的个性,具有精力充沛、坚持不懈、注意力集中、想象力丰富以及富于冒险精神等特征。

创新人才能够培养吗?怎样培养创新能力呢?从创造学的视角看来,创造力是人人皆有的一种潜在的自然属性,即人人都有创造力,因此都具有开发的创造潜能。人们的创新能力可以通过科学的教育和训练而不断被激发出来,转化为显性的创造能力,并不断得到提高。

我国学者提出一个创新人才所具备素质的表达公式:

$$K\times(\text{创新性人格}+\text{创造性思维}+\text{创新方法})\times \text{知识量}^2$$

公式中K为一个常量,亦可视为个体的潜在创造力。

(一) 创新性人格

爱因斯坦说:"大多数人说,是才智造就了伟大的科学家。其实他们错了,是人格。”

人格是人类独有的、由先天获得的遗传素质与后天环境相互作用而形成的、能代表人类灵魂本质及个性特点的性格、气质、品德、品质、信仰、良心以及由此形成的尊严、魅力等。人格的特征主要有四个，它们分别是人格的独特性、稳定性、统合性、功能性。

创新人格是创新主体进行创新活动的心智基础。面对信息的瞬息万变、竞争的日趋激烈，要形成一时的竞争优势容易，而要形成持续的竞争优势则十分困难。创新人格作为创新个体相对稳定的心理模式，持续表现出创新意愿和创新倾向的习惯性，坚定的自信、坚忍的毅力、开放的思维、自制的意志等都是创新主体进行创新活动的心智要素。离开自信与进取，离开独立思考与自制自控，缺乏一种积极、向上、进取的学习和创新心态，个人创新主体的创新能力就不可能形成，也就谈不上开展创新活动了。

创新人格是创新主体进行创新活动的能力基础。一个人的核心竞争力集中体现在具有优势的竞争能力上，而竞争能力是由资源的整合能力、新知的学习能力、技术的革新能力、人际的协调能力、环境的适应能力等方面综合体现的，而这些能力正是创新人格的外化。创新人格不仅仅意味着思维的质疑性、独立性、原创性，还意味着行为的有恒性、敢为性、灵活性和自律性。具有创新人格的人在追求创新目标上的有恒性、在实施创新构想上的敢为性、在克服创新困难上的灵活性和在控制创新行为上的自律性，都为其提升竞争能力、凸显竞争优势，最终形成创新能力提供了极好的基础。

根据多年研究结果，尤其是对中、美、日、德、英五国青少年创造性的研究，林崇德教授认为，除重视智力、知识、发散思维技能等认知因素之外，更重要的是要强调培养学生的自信心、好奇心、探索、挑战欲望和意志力等创新人格品质。

1. 好奇心与求知欲

好奇心指对新异事物进行探究的一种心理倾向，它是推动人们主动积极地观察世界、开展创新活动的内部动因。

伟大的天文学家哥白尼在中学时代，听说可以用太阳的影子来确定时间，相应的仪器的名字叫日晷。他很好奇，就找老师问了日晷的原理，回家找了些废旧材料，很快就做出来了。他利用自己做出来的日晷，研究太阳和地球的运动规律。哥白尼长大后，提出了著名的“日新说”，推翻了过去一直认为是太阳绕地球转的“地心说”的错误说法。

伟大的化学家罗蒙诺索夫提出物质和运动守恒的概念。他出生在一个渔民家庭,从小随父亲到海上打鱼。他对大海发生的所有自然现象都感兴趣。出海后,回到家里,罗蒙诺索夫总是要问父亲许多问题。"为什么夏季傍晚海面会出现光亮的水纹?""为什么冬夜天空会出现绚丽的北极光?""为什么海水每天两起两落?"

我国伟大的地质学家李四光小时候常常一个人对着家乡的一些来历不明的石头遐想,好奇地自问,为什么这里会出现这些孤零零的巨石?它们是借助什么力量到这儿来的?后来李四光走遍了全中国,做了大量的考察与研究,终于断定这些怪石是冰川的浮砾,是第四纪冰川的遗迹,纠正了国外学者断定中国没有第四纪冰川的错误理论。

几乎每一个科学家的事迹都可以告诉我们,他们的一生是充满了对大自然奥秘好奇的一生,正是这种好奇心引导他们一步步攀登科学的高峰。单纯的好奇心并不是人类特有的心理特征。女动物行为学家古道尔在非洲的原始森林中发现黑猩猩对她的帐篷里的一切都感到好奇,并且设法打开每一个纸箱。但是,人类的好奇心与动物的好奇心有根本的区别。人是凭着理性的大脑而产生的好奇心,这种好奇心表达了人类求知的渴望。人们对自然了解得越多,就越希望了解到更多的知识和信息,这就是巴甫洛夫称之为"这是什么"的本能——提问题的本能。在生物进化史中获得外界最大信息量的生物最有可能适应环获得生存的权利。

儿童时代的好奇心是自发的、幼稚的,自发的、幼稚的好奇心是不会长久的。爱因斯坦曾经说过:"纯真的好奇心的火光渐渐熄灭。"一般人的好奇心如电光石火,转瞬即逝。而科学家一旦被激起好奇心,它所点燃的思维火焰,不到问题彻底解决是不会熄灭的。科学家的好奇心是对新事物的敏感与探求。它是以大量原有经验和知识为基础的。爱因斯坦说:"这种'惊奇'似乎只是为经验同我们的充分固定的要领世界有冲突出才会发生。每当我们强烈地经历这种冲突时,它就会以一种决定性的方式反过来作用于我们的思维世界。这个思维世界的发展,在某种意义上说就是对'惊奇'的不断摆脱。"这就是说科学家的好奇是在新的经验与原有理论概念发生矛盾时产生的,而科学家的学习、探索过程则是摆脱这种惊奇的过程。因此,从这个意义上说,科学的发展就是好奇心的产生、摆脱、再产生、再摆脱的过程,善于好奇又善于转为不足为奇,善于提问题又善于解决问题,这是科学家应该具备的。

我们可以通过留心观察生活、培养观察力,来提升自己的创新能力。

前FBI探员、有敏锐观察力的乔•纳瓦罗对观察力的锻炼有着自己有效的方法。乔·纳瓦罗曾经担任FBI干员长达25年时间，是反间谍情报小组的行为分析专家，退休后成为美国知名的德州扑克教练。在《牌桌上的阅人术》中他举了一个简单的小例子，展示何为敏锐的观察力。

（1）让观察变成一种生活方式。

有效地进行观察不是一种被动的行为，而是有意识的、经过深思熟虑的行为。除此之外，观察能力的培养还需要付出诸多努力；需要集中注意力来进行观察，并且靠持续的练习来维持这种能力。要成为一个真正的观察者，最佳的方式就是每时每刻有意识地观察周围的世界。千万不要骗自己，认为不在牌桌上的时候就可以关掉观察力的开关。其实并不是这么回事。你需要在早晨醒来的那一分钟就开始进行观察，并和周围的世界互动。一直到晚上闭上眼睛睡觉，你都必须不断地进行观察，让周全又细致的观察必须变成一种习惯。一旦你在日常生活中把自己训练成一个全职观察者，当你坐上扑克牌桌时，就能够更有效地察言观色。观察也会变得更加自然和娴熟，也不至于会被那些需要处理的排山倒海的讯息压得透不过气。

（2）切勿丢掉观察的习惯。

观察力——无论是指在牌桌上识破对手非语言行为的能力，还是指走在大街上观察身边发生着什么事情的能力，都必须业精于勤，不然就容易荒废。如果你停止观察，那么观察力就会降低、减弱甚至衰退。观察颇像说外语或做运动：如果不是持续操练，那么将变得迟钝，相应的能力也会随之下降。

（3）通过玩观察力游戏来提高观察技能（或保持高水平的观察力）。

观察技能的提高和高水平的保持都有赖于持续练习，最好的练习方法之一就是玩"记忆力游戏"。随时随地你都可以玩这一游戏，而且想玩多少次就玩多少次。这个游戏包括观察你的日常行为——走进一个房间——然后闭上眼睛试着回忆你看到的东西，并尽可能地记起细枝末节。一开始，你会发现很难记住这些东西。但是当你继续投入这样的游戏，会惊喜地发现自己是如此善于重构所面临的现实环境，并在脑海里准确地勾勒出来。你将不仅记起现实中很多的事物，而且也会回忆起更小的细节。

（4）扩大你的观察范围。

有些人的观察视野很狭窄，他们只看见眼前的事物，那些事物几乎也就是他们所认为的世界的样子。而其他人的视野则更为广阔，并且能够把观察到的地方扩大。显然，观察视野越广阔越好。宽广的视野可以增加看见事物的机会，并获得更多的讯息，不然你可能会错过这种机会并失去这些讯息。

2. 谦虚与尊重

自我实现者谦虚待人，尊重别人的权利和个性，善于倾听不同的意见。对他们来说，社会阶层、受教育程序、宗教信仰、种族或肤色，都不那重要，重要的是他们是否掌握真理。自我实现者极少偏见，愿意向一切值得学习的人学习。

关于创新最常见的一个错误认识就是把新和旧对立起来，似乎只有推翻旧的、否定旧的才能有创新。一切旧东西似乎都成为创新的敌人，一切旧思想、旧观念、旧规则似乎都成为阻碍创新的桎梏；甚至彻底与旧的告别这一行为本身都成为创新。创新似乎就是摆脱一切旧束缚的随心所欲，于是乎，退学、不读书、成绩差竟然都成为创新的成功典范。“中国式教育”成为阻碍创新的罪魁祸首，中国根深蒂固的传统文化成为窒息创新的沙漠。创新几乎等同于自由，因此，传统因为缺乏自由而成为创新的坟墓。总而言之，这类观点认为，中国老祖宗的保守僵化导致我们今天成为创新的侏儒。

但事实是，创新几乎都是过去的延伸，是积累的进步，是巨人的肩膀，是前行者的云梯。没有积累就没有创新。没有扎实的基础，所谓的创新就只是胡思乱想；没有锲而不舍的钻研，所谓神奇的创新“点子”，都是灰飞烟灭的浮云，都是不足挂齿的玩笑，都是连养分都缺乏的垃圾。虽说爱迪生只上过3个月的小学，但他长期自学，博览群书。为了确定灯丝，爱迪生试用了上千种材料，做了7000多次实验。这个连小学生都知道的故事告诉我们，人类历史上失败的创新多如牛毛，真正留下的有意义的创新凤毛麟角。不懂得这一点而大谈创新如同痴人说梦。

人类社会所有的创新几乎都是在巨人肩膀上的眺望，没有积累，没有对过往一切的诚挚尊重和深入了解，创新几乎都是随风飘散的浮云。

3. 勇气与坚持

创新有时是有风险的探索活动，创新的最危险的敌人就是胆怯。勇敢是创造个性中最重要的特征。创造是有风险的探索活动，创造的最危险的敌人就是胆怯。在创造过程中，胆怯往往会磨灭想象力和独创精神。著名数学家高斯早在1824年前就创立了非欧几何，但由于胆怯，怕发表后遭人嘲笑，一直到去世也不敢公布该项研究成果。进行创造活动，就是要去做别人没想过、没做过或没做成功的事，没有勇敢精神是断然不行的。

创造是人类最高尚也是最艰巨的事业，要创造成功，必须付出汗水、智力与心血。对于创造性人才来说，他们最显著的特征之一就是具有顽强的创造意志。

许多科学上、艺术上的创造都是“持久战”的产物，若没有顽强的创造意志是不可能完成的。李时珍为了写出巨著《本草纲目》，博览历代医药文献，踏遍深山老林去寻觅、校对各种草药，前后足足花了近30年时间，才完成这部长达52卷的“东方医药圣典”。顽强是使创造活动得以在困境中持续发展、在险途上始终前进的强劲动力。在创造活动中，总会遇到各种各样的困难与问题，大学生要用顽强的毅力去克服困难，从而获得成功。

4. 自信与积极

自信心是激发和维持人们的活动，并使活动朝着一定目标努力的内部心理倾向或内部动力。大学生要发挥创造潜能，真正做出创造性的成果，必须要培养和激发创造信心。情感是创造的动因，在人们的创造性活动中，会遇到很多人和事，会引起不同的情感反应。有时是积极的情感反应，如放松、沉醉、快乐、愉快、兴奋等，有些则是消极的情感反应，如沮丧、失望、忧愁、嫉妒、伤心等，种种情况，不一而足。什么样的情感最有利于创造呢？心理学研究表明，乐观、兴奋、愉快的积极情感对人的创造活动起“增力”作用。在这种积极的情绪下，最珍贵的创造性思维和想象力最容易显现，稍纵即逝的创造灵感也最容易闪现。因此，积极的情感体验使人精神焕发，大展创造的欲望，而消极的情感体验则会消磨你的意志，给你的创造活动带来负面影响。大学生在创造活动中不能随心所欲，只凭习惯去运用它，必须要用头脑、理智去驾驭它、调适它，使之有益于我们的创造活动。

著名心理学家班杜拉认为，自我效能感是人们对自己能够顺利完成某一特定任务的信念或信心。2002年，管理学者蒂尔尼和法莫将自我效能感理论和相关研究成果应用于创新行为研究，首次提出了创新自信或创新自我效能感概念。创新自信是指一个人在创新过程中对其有能力完成特定任务并产生创新成果的信念。可以从三个方面理解这个定义：第一，创新自信不同于代表宽泛、一般性情感的自尊和自信。创新自信是个体自我形象的一个组成部分，是对自己所拥有的创新能力的判断。创新自信是在工作场所中影响创新行为的关键个体特征。第二，创新自信或创新自我效能感不同于一般自我效能感，因为前者指个体对与创新任务有关的特定能力的判断，而后者指的是对自己的跨领域工作能力的总体判断和信念。第三，创新自信与创新成果、创新绩效直接相关，而一般自我效能感则主要与提高工作绩效相关。比如，蒂尔尼和法莫的研究结果证明，相对于工作自我效能感，创新自信能够更好地预测创新绩效。

（二）创造性思维

心理学认为思维是人类认识世界的最高级的形式。我们对外在世界的认识，要借助语言、动作和概念来帮助我们概括和理解周围的世界，它是要分析事物的本质和思维之间的联系。

根据恩格斯的观点，思维是人类地球上最美丽的花朵，思维很重要。思维的目的是为了行动，我们想事情不是简单地去思考，而是为了表达，是为了沟通，是为了应用，这是心理学家对思维重要性的最好的概括。

人类最伟大的思维活动还不是问题解决，主要的还是我们的创造思维。创造思维让我们能够想象、设计、生产、创作出以前生活经验中没有的形象、事物、方法。清华大学心理学系行为与大数据实验室，对200年以来人类关注的问题进行了大规模的数据分析和计算，发现从20世纪末期开始，创造就成为人类思想交流中最常见的词语之一，这种创造可以是伟大的创造，所以叫作大C，也可以是日常生活中的创造，把它叫作小C。伟大的创造来自于伟大的业绩、伟大的贡献、伟大的影响，但是生活中小的创造同样有意义、有价值。

从广义上看，所谓创造性思维是创造者利用已掌握的知识和经验，从某些事物中寻找新关系、新答案，创造新成果的高级的、综合的、复杂的思维活动。第一层含义是创造性思维的基础是创造者已掌握的知识和经验；第二层含义是创造性思维的结果是创新，即需要从某些事物中寻找新关系、新答案，创造出新成果；第三层含义是创造性思维是一种高级的、综合的、复杂的思维活动。

那我们该如何培养自己的创造性思维呢？

1. 转换思维视角、突破思维障碍

客观事物是复杂的，而人的大脑思维有一个特点，就是一旦沿着一定方向、按照一定次序思考，久而久之，就形成了一种惯性。遇到类似的问题或表面看起来相同的问题，不由自主地还是沿着上次思考的方向或次序去解决，叫“思维惯性”。多次以这种惯性思维来对待客观事物，就形成了非常固定的思维模式，即我们常说的“思维定势”。思维惯性和思维定势合起来，称为“思维障碍”。人的思维活动不仅有方向、有次序，还有起点。在起点上，需要有切入的角度。实际上，对于创新活动来说，这个起点和切入的角度非常重要。我们把思维开始时的切入角度叫作思维视角。

显然，思维障碍阻碍了我们创造性地解决问题，对于创新是非常不利的。我们要进行创新思维，首先必须突破思维障碍。

2. 培养发散思维

发散思维能力的强弱决定了创新思维能力的强弱，它具有流畅性、变通性和独特性三大特点。

大多数人在解决问题时，只要想出一个方法，就停止思考。尽管可能还有其他更好的办法。第一个并不总是最好的，但很多人就此停步，白白放弃了创新的机会。Think 资本公司的合伙创始人蒂姆•哈德逊在他的《不换思想就换人》一书中也提到了这点。在他看来，解决问题有三种境界：第一种境界是轻易满足于已找到的解决办法，就此停步；第二种境界是继续探索，直到找到更好的、仍欠创意的方法；第三种境界是不懈努力，直到发现新颖、高效的解决方案，这是最高也是最难达到的境界。

3. 开发逆向思维

逆向思维是指打破固有思维模式，突破常态的一种思考问题的方法。它是思维中较高级别的一种方法。1800 年，意大利物理学家伏特发明了伏特电池，第一次将化学能转换成电能。英国化学家戴维想，电能是否也可以"反过来"转化为化学能呢？他做了电解化学的实验并获得成功。他通过电解各种物质，竟发现了 7 种元素。

4. 培养横向思维

纵向思维是一种常规的思考方式，是一种逻辑思维。它是直上直下地思考，解决问题严密但过于狭隘。横向思维是指接收和利用其他事物的功能、特征和性质的启发而产生新思想的思维方式，是一种提高创造力的系统性的手段。它能抛开思维定势，打开一片新的思维空间。

5. 唤醒形象思维

形象思维是指以具体的形象或图像为思维内容的思维形态，它是人的一种本能思维，每个人从一出生就会以形象思维方式考虑问题。形象思维包括想象思维、联想思维、直觉思维、灵感思维。随着思维的成熟和后天的教育，人们的思维方式才逐渐由形象思维（具体）向抽象思维过渡，并最终由抽象思维取代形象思维的主要地位。但是并不是说形象思维不重要，研究表明，抽象思维进行到一定程度，尤其是在极度抽象的高、精、尖领域，形象思维的作用更是不可替代的。

奥巴马说："乔布斯是美国最伟大的创新者之一，思考敢于不同，大胆得足以相信自己可以改变世界，而且聪明得可以做到这一点。"看看乔布斯的人生轨迹，就不难发现一个奇异的现象，个人计算机不是他发明的，MP3播放器不是他发明的，平板电脑不是他发明的，智能手机也不是他发明的，而在这些领域被人们追捧的却是苹果的Mac、iPod、iPad、iPhone。iPhone现象揭示了乔布斯的创新思维——非凡的想象力，是科学、艺术的完美结合，发明了如何将互联网、手机、电影、音乐融为一"机"，发现了如何使这样的机器与人保持须臾不分。

（三）创新方法

中国有句古语："授之以鱼，不如授之以渔。"如果把创新活动比喻成过河的话，那么方法和技法就是过河的桥或船。方法和技巧比内容和事实更重要。

创新方法是促使完成创新活动的实施技巧和具体方法。它是人们根据创新思维的发展规律和大量成功的创新实例总结出来的完成创新活动的原理、技巧和方法。

1. 创新方法的特点

可操作性：创新方法必须具有一定的实施程序和操作规程。

可思维性：创新方法必须能有效地引发创新思维，应能通过技法的操作步骤逐步将创新者的思维引向深入，促进问题的求解。

技巧性：创新方法在应用时都离不开经验与技巧等因素的参与。一般说来，原理是解决问题的基础，方法是解决问题的前提，技巧是解决问题的保证。

探索性：应用创新方法时必须因人、因地和因时制宜，必须用探索的观点来运用创新技法，了解创新规律并指导创新活动。

2. 创新方法的分类

（1）偏于激励的技法。

① 联想类技法：类比法、移植法、综摄法。

② 逆向类技法：逆向反转法、缺点逆用法、问题逆转法。

③ 集智类技法：头脑风暴法、三菱式、默写式、卡片式、德尔菲法。

（2）偏于理智的技法。

① 列举类技法：希望点列举法、缺点列举法、特性列举法、信息列举法。

② 设问类技法：6问法（5W1H）、奥斯本检核表法、和田12法。

③ 组合类技法：主体附加法、焦点法、信息交合法。

④ 整理类技法：卡片式（KJ，NM，ZK，OCU）。

⑤ 程序类技法：解决发明问题理论（TRIZ）、解决技术矛盾矩阵、物场分析法等。

3. 主要创新方法介绍

（1）智力激励法。

这种方法是由美国学者、创造工程的奠基人奥斯本在20世纪30年代创立的，后经过一些科学技术学家的丰富和发展，形成了一种具有一定规则的方法。其主要规则有：在思想形成阶段不允许批评别人提出的设想，以防止节外生枝，转换论题；提倡无拘束地自由思考，无论多么富于幻想的怪诞意见都需记录在案；尽量多提设想，多多益善，会上不做任何结论；鼓励把各种设想结合起来，并加以引申和发展。由于这种方法创造了健康的自由探讨气氛，与会者思维自由奔放，相互激励，往往一次会议就可以提出上百个方案。所以，这种方法有时也被称为“智囊团法”或“头脑风暴法”。

智力激励法的目的不是解决实际问题，而是启发思路，成为垫脚石。现代科学技术发展史表明：一项技术革新或科技成果，大都先有一个创造性设想。一般说来，创造性设想越多，发明也越容易获得成功。那么，怎样才能获得大量的创造性设想呢？中国有句俗话，叫作集思广益。在创造发明活动中，应用“集思广益”的例子是屡见不鲜的。例如，日本三菱树脂公司随着生产的发展，急需研制一种新兴净化池。公司领导召集十余名技术人员，在短短的半天里就提了70种方案，并从中选了10种最优秀的方案。然后，将根据10种最优方案设计的净化池的结构画成图纸，贴在黑板上，再将各人对新方案提出的改进设想写在纸条上，贴在净化池结构图的相应部位，通过公司内部科技人员的评审，最后得出一种研制新型净化池的最佳方案。由此可见，集思广益是一种有效的创造方法。创造学家在此基础上创造了一种科学的开发创造性设想的技法——智力激励法。

智力激励法是世界上最早付诸实用的创造技法。它由美国创造学家奥斯本首先提出，以后各国创造学家又作了发展，先后提出了默写式智力激励法、卡片智力激励法、三菱式智力激励法等。

智力激励会议的具体组织方法是：参加会议的人数不超过10个，会议的时间掌握在20分钟至1小时之间。每次会议的目标要明确，到会人员围绕议题可以任意发表自己的想法。为了使会议的参加者都充分表达和发挥自己的设想，还必须作如下几项规定：决不允许批评别人提出的设想；提倡任意自由思考；任何人不能下判断性结论；提出的设想越多越好；集中注意力针对目标；参加会议的人员不分上下级，平等相待；不允许私下交谈，以免干扰别人的思维活动；不允许用集体提出的意见来阻碍个人的创造性思维；各种设想不分好坏，一律记录下来。

在智力激励会议上，每个人都可以充分利用别人的设想来激发自己的灵感，或者结合几个人的设想产生新的设想，所以要比单独思考更容易得到数量众多的、有价值的设想。一般说来讨论1个小时可产生数十至几百个设想。智力激励法的应用非常广泛，不仅可以应用于创造发明，而且还可以应用于企业管理。

有一年冬天，美国北方格外寒冷，大雪纷飞，大跨度的电线常被积雪压断，严重影响通信。电信公司经理召开了座谈会，参加会议的是不同专业的技术人员，要求他们必须遵守以下原则：第一，自由思考；第二，延迟评判；第三，以量求质；第四，互相启发。过去，许多人试图解决这一问题，但都未能如愿以偿。按照这种会议规则，大家七嘴八舌地议论开来。有人提出设计一种专用的电线清雪机、有人想到用电热来化解冰雪、也有人建议用振荡技术来清除积雪、还有人提出能否带上几把大扫帚，乘坐直升机去扫电线上的积雪。对于这种“坐飞机扫雪”的设想，大家心里尽管觉得滑稽可笑，但在会上也无人提出批评。

相反，有一工程师在百思不得其解时，听到用飞机扫雪的想法后，思维突然受到冲击，一种简单可行且高效率的清雪方法冒了出来。他想，每当大雪过后，出动直升机沿积雪严重的电线飞行，依靠高速旋转的螺旋桨即可将电线上的积雪迅速扇落。他马上提出“用直升机扇雪”的新设想，顿时又引起其他与会者的联想，有关用飞机除雪的主意一下子又多了七八条。不到一小时，与会的10名技术人员共提出90多条新设想。

（2）设问法。

我国教育学家陶行知说：“发明千千万，起点是一问；智者问得巧，愚者问得笨。”创新源于实践，始于问题。问题正是创造的源泉和起点，是激发思想火花的导火线。要发明首先要学会设问，善于设问。实践证明，能发现问题与提出问题就等于成功了一半。

所谓问题，是指对事物产生的疑问、要求回答或需要解释的题目。从对象看：自己懂、知，而别人不懂、不知的是问题；自己不懂、不理解、有不同看法的也是问题。从内容看：包括对书本里、生活中、社会上等一切的提问和质疑。

问题是发明之母，问题导致创意的机会，一些人可能忽视它们，一些人可能看到这是个问题，但是发明者看到的不只是问题而是机会。大多数人看见美丽的花时会发出“多美的花”这样的感叹，只有少数人会继续发问，“花为什么会这样红”“为什么花会开在这里”“这是什么花”，并积极求地寻答案。创新的关键是能够发现问题，提出问题。设问法就是对任何事物都多问几个为什么。

设问法的特点是：① 以提问的方式寻找发明的途径。设问法的首要特点是抓住事物带普遍意义的方面进行提问，所以它的应用范围很广，不仅可用于技术上的产品开发，还可用于改善管理等范畴。② 从不同的角度、多个方面来进行设问检查，思维变换灵活，利于突破框框。

设问法中最著名的是奥斯本检核表法，这种方法是以该技法的发明者奥斯本命名、引导主体在创造过程中对照 9 个方面的问题进行思考，以便启迪思路、开拓思维想象的空间，促进人们产生新设想、新方案的方法。奥斯本检核表法是一种产生创意的方法。在众多的创造技法中，这种方法是一种效果比较理想的技法。由于它突出的效果，被誉为创造之母。人们运用这种方法，产生了很多杰出的创意以及大量的发明创造。奥斯本检核表法的核心是改进，或者说，关键词是改进，通过变化来改进。其基本做法是：第一，选定一个要改进的产品或方案；第二，面对一个需要改进的产品或方案，或者面对一个问题，从下列角度提出一系列的问题，并由此产生大量的思路；第三，根据第二步提出的思路，进行筛选和进一步思考、完善。

这是一种具有较强启发创新思维的方法。这是因为它强制人去思考，有利于突破一些人不愿提问题或不善于提问题的心理障碍。提问，尤其是提出有创见的新问题本身就是一种创新。它又是一种多向发散的思考，使人的思维角度、思维目标更丰富。另外核检思考提供了创新活动最基本的思路，可以使创新者尽快集中精力，朝提示的目标方向去构想、去创造。奥斯本检核表法有利于提高发现创新的成功率：创新发明最大敌人是思维的惰性。大部分人的思维总是自觉和不自觉沿着长期形成的思维模式来看待事物，对问题不敏感，即使看出了事物的缺陷和毛病，也懒于去进一步思索，不爱动脑筋，不进行积极的思维，因而难以有所创新。它的设计特点之一是多向思维，用多条提示引导你去发散思考。

利用奥斯本检核表法，可以产生大量的原始思路和原始创意，它对人们的发散思维，有很大的启发作用。当然，运用此方法时，还要注意几个问题。它还要和具体的知识经验相结合。奥斯本只是提示了思考的一般角度和思路，思路的发展，还要依赖人们的具体思考。运用此方法，还要结合改进对象（方案或产品）来进行思考。运用此方法，还可以自行设计大量的问题来提问。提出的问题越新颖，得到的主意越有创意。

奥斯本检核表法的优点很突出，它使思考问题的角度具体化了。它也有缺点，就是它是改进型的创意产生方法，你必须先选定一个有待改进的对象，然后在此基础上设法加以改进。它不是原创型的，但有时候，也能够产生原创型的创意。比如，把一个产品的原理引入另一个领域，就可能产生原创型的创意。

(3) 组合法。

组合即是创造,创造与创新的组合应满足三个条件:有多个要素参与为同一目标服务产生 1+1>2 的功效。由组合求发展,以组合求创新,已成为时代的潮流。

组合思维是指把多项貌似不相关的事物通过想象加以连接,从而使之变成彼此不可分割的新的整体的一种思考方式。严格意义上讲,"组合"并不是一种创新思维形式,而是一种比较具体的创新方法,是人们创造发明的重要工具。从组合创新中思维的特点来看,仍属发散思维、收敛思维或想象思维范畴。

橡皮擦铅笔

100 多年前,美国有位名叫海曼的画家,每天要画很多画稿,画了很多年都没有出名,也没有赚到钱,始终是个穷画家。

有一天海曼在作画时,发现需要修改,便放下笔,在凌乱的工作室中好不容易找到橡皮擦后,却又找不到铅笔了。十分恼火的海曼便用丝线将橡皮系在铅笔上继续作画,这样用起橡皮来就方便了。

可没用几下,橡皮就掉了下来,这样掉了几次后,他索性连画也不画了,专门来想办法固定铅笔上的橡皮。终于,他想出了用薄铁皮将橡皮固定在铅笔尾部的办法并申请了专利,最后被著名的铅笔公司以 55 万美元买走了专利权,海曼也由一个穷画家变成了大富翁。而买了这个专利的铅笔厂,每年也因此为自己创造了上千万美元的利润。

① 主体附加法 —— 发散、想象思维为主。

主体附加法又称为主体附加法、添加法,即以某一特定的对象为主体,通过置换或插入其他技术或增加新的附件而使发明或创造诞生的方法,也称为"内插式组合"。例如,北京某公司生产的网球添加了一根长牛皮筋,牛皮筋的另一端连在已装满重物放在地上的小包上,把网球打出后自动弹回来,一个人打网球不用捡。

主题附加法的实施过程:选出主体——列举缺点——列举希望——确定插入的技术,使主体功能发挥更好或增加辅助功能。日本创造学家菊池诚博士说:"我认为搞发明有两条路,第一条是全新的发现,第二条是把已知其原理的事实进行组合。"

② 二元坐标法。

借用平面直角坐标系在两条数轴上标点(元素),按顺序轮番地进行两两组合,然后选出有意义的组合物的创新方法。

实施步骤:列出联想元素——把联想元素绘制成二元坐标图—— 进行联想和判断——选出有意义的联想—— 可行性分析。

二元坐标法(也是组合)把不同的信息分别列在二元坐标上,不同的信息进行交合,产生新的信息实施步骤:利用二元坐标法选择创新课题的程序——列出联想元素——用联想线沟通各个元素绘制联想图——进行联想和判断——从联想图中摘出有意义的联想——对有意义的联想进行可行性分析。

③ 焦点法——想象、收敛思维为主。

焦点法是组合技法的典型代表。它以一个事物为出发点(即焦点),联想其他事物并与之组合,形成新创意。如玻璃纤维和塑料结合,可以制成耐高温、高强度的玻璃钢。很多复合材料,都是利用这种技法制成的。廉价餐厅、廉价打火机都是以薄利多销为焦点。

④ 形态分析法 ——发散、收敛思维为主。

形态分析法为1942年加州理工学院美籍瑞士天文学家茨维基参与美国火箭研制过程中,利用数学中的排列组合原理提出。他一周内提出了576个火箭创新设想。

形态指构成事物的内外相关因素,不仅指事物的形状或表现,例如事物的体积、外观形状、颜色、质地等,还包括其内部构造、组成机理等内在因素。通过对研究对象相关形态要素的排列和重新组合,全面寻求各种解决问题方案的方法。

形态分析法的实施步骤:选择和确定创造对象——要素分析(尽可能全面,关键因素不遗漏;在功能上或逻辑上应相互独立;数量适当,一般以3～7个为宜)——确定形态(运用发散思维,列出的形态越多越好,范围越广越好)——形态组合)——评价筛选、组合方案。

综合是对事物的要素适当取舍后进行组合,可视为一种更高层次的组合。综合已有的不同科学原理,可以创造出新原理;综合已有的知识成果可以发现新规律;综合已有的不同科学方法,可以创造出新方法;综合已有的不同学科能够创造出新学科;综合已有的不同技术能够创造出新技术;综合各种艺术手法,能够创造出新的艺术形式。

创新方法源于来自实践。地上本无路,走多了便成了路;创新本无法,用多了便成了法。

我们每个人都具有创新能力!请坚持以下几点。

用熟悉的眼光看熟悉的事物——不放过任何细节;

用陌生的眼光看熟悉的事物——发现问题;

用熟悉的眼光看陌生的事物——进行类比、联想；

用陌生的眼光看陌生的事物——探索、深思！

案例 1

中国是文明古国，曾经为世界科学技术的发展起到了重要的推动作用。但是，如果用创新方法的思想进行反思，就会发现一些问题。

中国很早就发明了火药，但是古代中国没有制造出现代武器，八国联军拿着我们的发明创造敲开了中国大门；中国很早就发明了指南针，但是古代中国没有成为海洋大国。

思考：对于上述内容，你有何看法？对于我们振兴国家又有什么启示？

案例 2

第二次世界大战期间，美国人埃德文·H·兰德正在给他的小女儿拍照，小女儿问父亲为什么必须等很长时间才能看到照片。女儿直率的问题让他开始认真考虑。他是这样思考的：如果一位顾客买了一条裤子、一辆车，或者其他的商品，他当然希望买到商品后立刻就能用。那么照相机为什么就不一样呢？能否在一个很小的封闭空间内用几秒钟洗出相片呢？而不必在专业的暗房里花费数小时时间。1948 年 11 月 26 日，第一架 60 秒拍立得照相机在波士顿上市销售。

卡尔逊在纽约专利办公室的工作需要重复打印、复制大量重要文件，这份劳民伤财的苦差事，刺激了卡尔逊，他立志要发明一种设备，只要轻轻一按，就可以将文件复印下来。

他非常清楚，如果常规的摄影技术可以应用在日常的文件复制中，那些大公司肯定早就开发出这样的办公设备了。所以他故意避开传统照相技术，在实验室中寻找一切可以应用的其他技术。很快，他就把精力倾注到光电学和光电导性方面，发明了静电复印机。

思考：以上案例对于你提升自己的创新意识有什么启示？

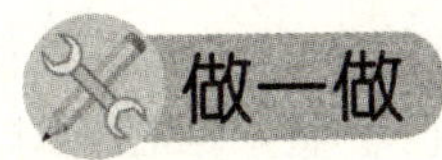

活动 1：测测你的创造力倾向

目的：了解自己的创造力，测试好奇心、想象力、挑战性和冒险性四项个性特质水平。

时间：约 15 分钟。

操作：在下列句子中，如果你发现某些句子所描述的情形很适合你，则请在题后的表格里“完全符合”的选项内打“ √ ”；若有些句子只是在部分时候适合你，则在“部分适合”的选项内打“ √ ”；如果有些句子对你来说，根本是不可能的，则在“完全不符”的选项内打“ √ ”。

注意：

每一题都要做，不要花太多时间去想。所有题目都没有“正确答案”，凭你读完每一句的第一印象作答。虽然没有时间限制，但尽可能地争取以较快的速度完成，愈快愈好。切记：凭你自己的真实感受作答，在最符合自己的选项内打“ √ ”。

每一题只能打一个“ √ ”。

题目：

1. 在学校里，我喜欢试着对事情或问题进行猜测，即使不一定猜对也无所谓。
2. 我喜欢仔细观察我没有见过的东西，以了解详细的情形。
3. 我喜欢变化多端和富有想象力的故事。
4. 画图时我喜欢临摹别人的作品。
5. 我喜欢利用旧报纸、旧日历及旧罐头盒等废物来做成各种好玩的东西。
6. 我喜欢幻想一些我想知道或想做的事。
7. 如果事情不能一次完成，我会继续尝试，直到完成为止。
8. 做功课时我喜欢参考各种不同的资料，以便得到多方面的了解。
9. 我喜欢用相同的方法做事情，不喜欢去找其他新的方法。
10. 我喜欢探究事情的真相。
11. 我喜欢做许多新鲜的事。
12. 我不喜欢交新朋友。
13. 我喜欢想一些不会在我身上发生的事。
14. 我喜欢想象有一天能成为艺术家、音乐家或诗人。

15. 我会因为一些令人兴奋的念头而忘了其他的事。
16. 我宁愿生活在太空站，也不愿生活在地球上。
17. 我认为所有问题都有固定答案。
18. 我喜欢与众不同的事情。
19. 我常想要知道别人正在想什么。
20. 我喜欢故事或电视节目所描写的事。
21. 我喜欢和朋友在一起，和他们分享我的想法。
22. 如果一本故事书的最后一页被撕掉了，我就自己编造一个故事，把结果补上去。
23. 我长大后，想做一些别人从没想过的事。
24. 尝试新的游戏和活动，是一件有趣的事。
25. 我不喜欢受太多规则限制。
26. 我喜欢解决问题，即使没有正确答案也没关系。
27. 有许多事情我都很想亲自去尝试。
28. 我喜欢唱没有人知道的新歌。
29. 我不喜欢在班上同学面前发表意见。
30. 当我读小说或看电视时，我喜欢把自己想成故事中的人物。
31. 我喜欢幻想200年前人类生活的情形。
32. 我常想自己编一首新歌。
33. 我喜欢翻箱倒柜，看看有些什么东西在里面。
34. 画图时，我很喜欢改变各种东西的颜色和形状。
35. 我不敢确定我对事情的看法都是对的。
36. 对于一件事情先猜猜看，然后再看是不是猜对了，这种方法很有趣。
37. 玩猜谜之类的游戏很有趣，因为我想知道结果如何。
38. 我对机器感兴趣，也很想知道它的里面是什么样子以及它是怎样转动的。
39. 我喜欢可以拆开来玩的玩具。
40. 我喜欢想一些新点子，即使用不着也无所谓。
41. 一篇好的文章应该包含许多不同的意见或观点。
42. 为将来可能发生的问题找答案，是一件令人兴奋的事。
43. 我喜欢尝试新的事情，目的只是为了想知道会有什么结果。
44. 玩游戏时，我通常有兴趣参加，而不在乎输赢。
45. 我喜欢想一些别人常常谈过的事情。
46. 当我看到一张陌生人的照片时，我喜欢去猜测他是怎么样的一个人。

47. 我喜欢翻阅书籍及杂志，但只想大致了解一下。
48. 我不喜欢探寻事情发生的各种原因。
49. 我喜欢问一些别人没有想到的问题。
50. 无论在家里还是在学校，我总是喜欢做许多有趣的事。

题目	完全符合	部分符合	完全不符	题目	完全符合	部分符合	完全不符
1				26			
2				27			
3				28			
4				29			
5				30			
6				31			
7				32			
8				33			
9				34			
10				35			
11				36			
12				37			
13				38			
14				39			
15				40			
16				41			
17				42			
18				43			
19				44			
20				45			
21				46			
22				47			
23				48			
24				49			
25				50			

评分方法：

本量表共50题，包括冒险性、好奇性、想象力、挑战性四项。

冒险性：1、5、21、24、25、28、29、35、36、43、44这11道题。其中29、35为反向计分题目。得分顺序分别为：正向计分题目——完全符合3分，部分符合2分，完全不符1分，反向计分题目——完全不符1分，部分符合2分，完全符合3分。下同。

好奇性：包含2、8、11、12、19、27、33、34、37、38、39、47、48、49这14道题，其中12、14为反向计分题，其余为正向计分题目。

想象力：包含6、13、14、16、20、22、23、30、31、32、40、45、46这13道题，其中45题为反向计分，其余为正向计分题。

挑战性：包含3、4、7、9、10、15、17、18、26、41、42、50这12道题，其中4、9、17为反向计分题，其余为正向计分题。

计算自己的最后得分，得分高说明能力强，得分低说明能力差。

活动2：穿越A4纸

目的：打破固有的思维，将可用资源合力的利用扩大。

时间：约20分钟。

操作：将身上所有硬物全部摘下，要求全组成员从一张A4纸钻过去，要求不能将纸撕成两半。

1. 什么是思维？什么是创造性思维？
2. 为什么创造性主要表现在青年期？
3. 如何培养创造性人才？
4. 联系实际，谈谈如何提升个人的创造性。

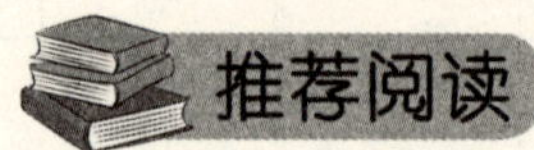

聪明人之所以会做出坏决策，那是因为，就像其他普通人一样，他们的思维软件也都装有相同的出厂设置，不过，这套软件的设置并不是为了处理今天的诸多问题。因此，我们的头脑往往想以一种方式——系统默认值——来看待世

界,而一种更好的方式则需要一些心智上的努力。一个简单的例子是光学错觉:你感知到某个图像,但现实中却是另一回事。

除了思维软件问题以外,聪明人还会因为怀有错误信念而做出糟糕的决策。例如,众所周知,阿瑟·柯南·道尔爵士是侦探夏洛克·福尔摩斯的塑造者,他相信多种形式的唯心论,如仙女的存在。这些信念会妨碍清晰的思维。为了做出好的决策,你必须经常运用反直觉的思考方式——可我们的头脑宁可靠直觉思考。

——摘自〔美〕迈克尔·莫布森《反直觉思考》

当我们深入创造性活动之中时,会觉得比其他时候过得更充实。艺术家在画架前或科学家在实验室中所体验到的兴奋,接近于我们希望获得的最理想的自我实现感,但这种感觉我们却极少能从日常生活中获得。也许只有性、运动、音乐和宗教狂热能让我们体会到比自我更宏大的深邃感,虽然这些体验也总是稍纵即逝。然而,创造力却能让未来变得更丰富多彩。

——摘自〔美〕米哈里·希斯赞特米哈伊《创造力:心流与创新心理学》

参考文献

[1] 桑志芹，邓旭阳．大学生心理素质训练［M］．上海：上海教育出版社，2006.

[2] 白羽．改变心力——团体心理训练与潜能开发［M］．杭州：浙江文艺出版社，2006.

[3] 郑洪利，刘国秋，李逸龙．阳光心旅——大学生心理健康教育［M］．青岛：中国海洋大学出版社，2012.

[4] 蓝济华．潜能训练［M］．武汉：武汉大学出版社，2004.

[5] 孟娟，周华忠．自助与成长——大学生心理健康教育［M］．北京：国家行政学院出版社，2013.

[6] 肖永春，齐亚丽．成功心理素质训练［M］．上海：复旦大学出版社，2005.

[7] 陆剑清，丁沁南．心智管理——从“心”认识自己［M］．北京：北京大学出版社，2014.

[8] （美）贝尔•格里尔斯．本能［M］．刘屈霁曦，译．北京：同心出版社，2013.

[9] （美）杰拉尔德•柯瑞．团体咨询的理论与实践（第六版）［M］．刘铎，等，译．上海：上海社会科学院出版社，2005.

[10] 樊富珉，岳晓东．七彩人生——案例式大学生心理发展丛书［M］．北京：高等教育出版社，2008.

[11] 田国秀．团体心理游戏实用解析［M］．北京：学苑出版社，2010.

[12] 黄惠惠．团体辅导工作概论［M］．成都：四川大学出版社，2006.

[13] 廖冉，张静．大学生团体心理辅导方案指南［M］．北京：知识产权出版社，2013.

[14] 田缘，张弘．安东尼•罗宾潜能成功学［M］．北京：经济日报出版社，1997.

[15] 李中莹．重塑心灵［M］．北京：世界图书出版公司，2014.

[16] 钟谷兰，杨开．大学生职业生涯发展与规划 [M]．上海：华东师范大学出版社，2008.
[17] 彭贤，马恩．大学生职业生涯规划活动教程 [M]．北京：清华大学出版社，2010.
[18] 陈敏．大学生职业生涯发展与管理 [M]．上海：复旦大学出版社，2008
[19] （美）理查德•尼尔森•鲍利斯．你的降落伞是什么颜色？[M]．李春雨，等，译．北京：中信出版社，2002.
[20] （美）马库斯•白金汉．现在，发现你的职业优势 [M]．苏鸿雁，等，译．北京：中国青年出版社，2007.
[21] 林永和．大学生职业生涯辅导 [M]．北京：经济管理出版社，2008.
[22] 曲振国．大学生就业指导与职业生涯规划 [M]．北京：清华大学出版社，2008.
[23] （美）卡尔．罗杰斯．个人形成论——我的心理治疗观 [M]．杨广学，等，译．北京：中国人民大学出版社，2004.
[24] 韩黎．大学生网络人际交往研究 [D]．广州：暨南大学，2013.
[25] 耿燕．人际沟通与交流 [M]．北京：清华大学出版社，2015.
[26] （美）维吉尼亚•萨提亚．与人联结 [M]．于彬，译．北京：世界图书出版公司，2015.
[27] （美）C. R. 斯奈德，沙恩•洛佩斯．积极心理学——探索人类优势的科学与实践 [M]．王彦，译．北京：人民邮电出版社，2013.
[28] 陈悦．人际交往心理学 [M]．北京：经济科学出版社，2013.
[29] （美）威廉•W•威尔莫特，乔伊斯•L•霍克．人际冲突——构成和解决（第7版）[M]．曾敏昊，译．上海：上海社会科学出版社，2011.
[30] （美）卢森堡．非暴力沟通 [M]．阮胤华，译．北京：华夏出版社，2016.
[31] 刘颖，赖丹凤，张迪．心理健康辅导团体训练 [M]．北京：世界图书出版公司，2007.
[32] 岳晓东．怎样做最好的自己 [M]．合肥：安徽人民出版社，2011.
[33] （美）费尔德曼，黄希庭．心理学与我们 [M]．黄希庭，等，译．北京：人民邮电出版社．2008.
[34] 陈斌斌，王婉婷．进化心理学视野下的创造力研究 [J]．苏州大学学报（教育科学版），2014（4）：14-23.

[35] 林崇德，林琳．创造性人才的成长与培养［J］．创新人才教育，2014（1）：9-14.

[36] 贾绪计，林崇德．创造力研究：心理学领域的四种取向［J］．北京师范大学学报（社会科学版），2014（1）：61-67.

[37] 张海萍．团体辅导对大学生核心价值观教育的影响研究［D］．重庆：重庆交通大学，2012.

[38] 张新奎．团体辅导对大学生适应能力的影响研究［D］．大连：大连理工大学，2010.

[39] 向宇．拓展训练对人的自信心、社会适应性和人际信任感影响的实验研究［D］．湘潭：湖南科技大学，2015.

[40] 岳晓东．如何提高我们的创力．2013. http://www.xinli001.com/site/note/10327.

[41] 李中莹．没有不好的情绪，只有不被尊重的情绪．2016. http://mp.weixin.qq.com/s？__biz=MzA3NjQ4Mjc4MQ==&mid=2652287067&idx=1&sn=b0f4f2ca8d598fde458b29a8527db349&mpshare=1&scene=1&srcid=05209mNK0ftk9C285gPSqN1W#rd.

[42] 金颖，张德芬．有时候负面情绪是生命的信号．2016. http://mp.weixin.qq.com/s？__biz=MjM5ODA3NzEyMA==&mid=2651583997&idx=2&sn=4baabba9ba26f6fd906094d9f1bc50ed&mpshare=1&scene=1&srcid=0608Nb9XQv90ezkgao7nQArR#rd.

[43] 袁小华，CPPA 幸福中国．5 大情绪管理水平，你处在什么层次？2016. http://mp.weixin.qq.com/s？__biz=MjM5MzAxMjMwOQ==&mid=403668269&idx=1&sn=9fc35613bf86b6dfe53a959d3e58809a&mpshare=1&scene=1&srcid=0516PQET6bnwsXXPWutRxk95#rd.

[44] 高校辅导员联盟．你不是迷茫，你是自制力不强．2016. http://mp.weixin.qq.com/s？__biz=MzIwMDE2NDU3OA==&mid=402527599&idx=2&sn=904c18246874867d14f99524e947c0f3&mpshare=1&scene=1&srcid=01307cS3w3Lyn3L4Rw2Mqus8#rd.

[45] 人民日报．年轻人，别总把别人的梦想当成自己的．2015. http://mp.weixin.qq.com/s？__biz=MjM5MjAxNDM4MA==&mid=217243540&idx=1&sn=5f4ae866717ca36479ff0ad7354332ae&mpshare=1&scene=1&srcid=0410YNlONwVLo4EnBwmgqrth#rd.